大川周明

イスラームと天皇のはざまで

臼杵 陽

Akira Usuki

青土社

大川周明　目次

大川周明

イスラームと天皇のはざまで

凡例

一、本文での引用文は、旧漢字は新漢字に改めて、ルビを適宜つけ、誤字にはママを付した。また、原文での改行は／で示した。

一、引用文における〔　〕は引用者による補足である。

一、引用文では、現代においては不適切と見られる語句や表現が用いられている場合があるが、当時の時代状況を反映するものとして原文のままに使用した。

序章　黙殺された思想家

イスラム研究だけをとってみても、大川〔周明〕の業績は無視できないはずです。かれの『回教概論』は、純粋の学術論文であって、日本のイスラム研究の最高水準だと思います。日本帝国主義のアジア侵略と直接には何の関係もありません。ところが、戦後のアジア研究者で、これに言及した人は、私の知る範囲では一人もないんですね。……否定なら否定でよろしいんですが、少なくとも先人の業績として認めてだけはほしいんですがね。(1)

大川周明(一八八六(明治一九)年一二月六日―一九五七(昭和三二)年一二月二四日)にとってイスラームとは何であったのか。(2)本書ではこの問いに答えてみたい。とはいえ、そもそもこのような問いを投げかける前に、彼は戦後長い間、無視されてきた事実を思い起こす必要がある。否、それは黙殺といっていい状態だった。もちろん、大川は戦前、北一輝とともに国家改造運動の指導者で、天皇への帰一、民主主義・個人主義の否定、「君民一体の実」を回復する復古としての第二維新といった、日本ファシズムの中核としての国体イデオロギーを担っていたことを踏まえる必要があろう。(3)また、敗戦後は民間人で唯一のA級戦犯に指名され、東京裁判(極東国際軍事裁判)において東條英機の頭を叩いたことで「狂人」として記憶されてしまったことが無視あるいは黙殺の背景にあるのかもしれない。

しかし、大川が第一次世界大戦前後から「大東亜戦争」[4]期間中、そして敗戦後に至るまで一貫してイスラーム研究を続けてきた事実は残っている。そのようなイスラーム研究者としての彼に対する意図的な黙殺の状況に対して公然と反旗を翻したのが、冒頭のような大胆な発言を行った竹内好（一九一〇年―七七年）であった。竹内は魯迅全集の個人全訳を完成させた著名な中国文学者である。また、彼は同時にアジア主義や「近代の超克」論などのテーマを中心に、同時代においてときに反時代的と受け止められることもいとわずに精力的に発言をしてきた骨太の言論人でもあった。

竹内は戦時中、回教圏研究所[5]に勤務し（一九四〇年四月―四三年一二月の期間）、イスラーム研究にも携わっており、大川の著作も読み込んでいた。その竹内が、敗戦後イスラーム研究を止めて四半世紀ほど経過した一九六九年にアジア経済研究所で行った講演「大川周明のアジア研究」の中で、戦後の日本の学界において大川周明の業績を認めない風潮があることをはっきりと述べた。否定するなら否定するでいいから、とにかくその業績は認めてほしいと訴えたのである。本書も、竹内が何故『回教概論』は純粋の学術論文であり、日本帝国主義のアジア侵略とは何の関係もないと明言することができたのかという疑問から出発している。竹内は、大川が日本型ファシストの一典型であることを承認した上で、体制としてのファシズムに便乗して言論を弄んだのではないので、彼が独立した思想家であることも認めなければならないと主張している。その証明は、彼がイスラームに傾倒したことからも十分に与えられるとまでいうのである[6]。竹内のこのような大川評価については賛否両論もあろう。しかし、イスラームに関して彼の問いに正面から向き合って議論した大川周明論はそれまでなかったと思う[7]。

竹内講演から四〇年以上が経過した現在、大川周明を取り巻く環境は大きく変わった。とりわけ、この数年、大川の再評価の動きが徐々に広がっている。[8] 日本ファシズムの巨魁とみなされた彼の評価が変わりつつあるのも歴史的条件が変化したからである。「ファシズムは、大まかに言えば、第一次大戦後の資本主義社会の動揺、ベルサイユ体制と呼ばれた資本主義国家間の国際的関係、ロシア革命につづくコミンテルン型世界革命運動の展開という三つの歴史的条件を前提として形成されてきたものであった」[9] という指摘にもあるように、ファシズム形成の第三の要因であるロシア革命を契機に誕生したソ連が崩壊したために、第二次世界大戦後の米ソ冷戦体制も終焉を迎えて、大川周明の思想と行動を改めて読み直すという大きな流れが作り出されたといえる。とりわけ、米ソ冷戦終焉後、ハンティントンの「文明の衝突」論の登場などもあいまって、大川の「東西文明対抗論」が注目されるようになった。さらに、アジアにおける地域共同体において日本をいかに位置づけるかという今日的な問題も、彼のアジア主義の文脈で新たに提起されている。

本書もそのような大川の再評価の大きな流れに棹さすことになろう。しかし、本書がこれまでの大川周明論と視点が異なるのは、イスラーム研究者としての大川に焦点を当てて、彼の内在的な論理の中でイスラーム研究やその認識を再考してみようとする点にある。それはイスラームという補助線を引いて大川の思想を新たに解釈し直し、イスラームを合わせ鏡としてこれまで隠れて見えなかった彼の別の姿を映し出そうとする試みである。

むろん、これまでもイスラーム研究の先駆者として大川周明は論文・エッセイ等によって論じられてきた。[10] 振り返ってみれば、イスラーム研究者としての大川の復権の端緒は、戦時中、彼の下でアラビア語整理のアルバイトをしていたというイスラーム学の碩学・井筒俊彦（一九一四―九三年）の発言であった。「私自身も彼〔大川周明〕に興味をもったのは、彼がイスラームに対して本当に主体的な興味をもった人だったからなんです。知り合いになった頃、これからの日本はイスラームをやらなきゃ話にならない、その便宜をはかるために自分は何でもすると、私にいっていました」と司馬遼太郎との対談で大川との関係を初めて語ったのである。[11] この発言がなされたのはソ連崩壊の直後のことであり、また、井筒自身が逝去する直前であった。井筒は大川の『回教概論』（一九四二年）の出版の前年に興亜全書の一冊として『アラビア思想史――回教神学と回教哲学』（一九四一年）という著作を上梓している。『回教概論』と『アラビア思想史』は、「外《ザーヒル》」と「内《バーティン》」に向いたイスラームを相互に補完するかのような内容の構成になっている。

本書ではイスラーム研究者としての大川周明を、イスラームには「外」と「内」に向いた二つの顔があるということを踏まえて、是々非々の立場から論じたいと思っている。ここでいう「イスラームの二つの顔」[12]というのは井筒俊彦の表現に依拠したものである。すなわち、一つはシャリーア（イスラーム法）による統治を重視するイスラーム共同体（ウンマ）的なイスラーム、もう一つは個人の精神的内面を重視するスーフィー的あるいはシーア派的なイスラームという二つの顔である。換言すれば、①律法に基づいて外面的生活を律する共同体的イスラームと②内面的生活を重視する精神的イスラームといってもいいであろう。もちろん、この二つの顔はあくまで一つのイスラームが前提となっている。ただ、これまで日本のイスラームに対するイメージでは、厳しい戒律に縛られ、「テロ」と結びついたジハードを敢行する前者のイスラームがマスメディアなどで前面に押し出される傾向があった。また、五・一五事件や東京裁判などのイメージがあまりに強烈すぎる大川を、後者の内面的生活を重視する精神的イスラームと結びつけて語ることはこれまであまり試みられなかったことであった。だが、先に引用した司馬と井筒との対談で司馬が指摘したように、大川にはロマン派的な顔があることもたしかなのである。いずれにせよ、この「イスラームの二つの顔」に関しては第二章で詳しく論じる予定である。

さて、大川を是々非々の立場から論じるというのは、毀誉褒貶に取り巻かれた彼のこれまでの評価をとりあえず棚上げして、イスラーム研究者としての大川を彼の生きた時代状況の中に位置づけつつ、そのイスラーム研究を時代の流れの変化をも含めて、正負両面から評価しようということである。換言すれば、ファシスト、国家主義者、そして「大東亜共栄圏」のイデオローグなどとレッテル貼りされる大川を自明の前提として、「大東亜共栄圏」と彼のイスラームへの関心とを直結させて説明するような方法は取らないということである。たしかに、大川のイスラームへの関心はその生涯を通じて一貫してはいるものの、その関心のあり方は必ずしも一定ではなく、時代状況の中で微妙に変化しており、彼がイスラームのどの側面に関心をもっていたかという問題はそれほど単純に割り切れるものではないと考えるからである。

とはいうものの、歴史的評価として大川周明は丸山眞男のいう「超国家主義者」の一人であるし、「日本ファシズム運動の理論的指導者」あるいは「急進ファシスト」でもある。[13] 本書でも「大東亜戦争」時のイデオローグとして大川の果した政治的役割をもちろん否定するつもりもない。しかし、松本健一がいみじくも指摘したように、彼に右翼のレッテル貼りをしても思想的には何も生まないのであって、彼とイスラームとの関係を考える場合にもそのような固定的な通念を取り外して考えてみる必要がある。[14] もちろん、頭山満のようにアジア主義者として直接イスラームにかかわっていた「右翼」の重鎮もいたが、この場合もそれはアジア主義とイスラームの結びつきの問題であって、右翼という問題の位相とはとりあえず切り離して考える必要がある。繰り返しになるが、大川は右翼だ、「超国家主義者」だ、と規定するだけでは収まりきらないイスラーム研究者としての一面をもっていることもたしかであり、それをどのように評価するかが問題なのである。
「復古革新主義者」としての大川像を提示した大川研究の第一人者である大塚健洋は、『日本歴史大事典』の「大川周明」の項目において、彼を「国家主義者」としてだけではなく、「日本のイスラム研究の先駆者」でもあることを強調して紹介している。少し長くなるが大川の略歴の紹介を兼ねて大塚の記述を全文引用してみよう。

大正後期・昭和初期の国家主義者。日本のイスラム研究の先駆者。法学博士。山形県に生れる。東京帝国大学在学中、松村介石の日本教会に入会。一九一二年（明治四五）歴代天皇の伝記編纂を契機に、日本的なるものに価値を見いだす。翌一九一三年（大正二）ヘンリー・コットンの『新インド』を読み、アジアの植民地化に憤慨。一九一六年逃亡中のインド人革命家グプタをかくまうなど、アジア復興のために尽力する。一九一九年満川亀太郎らと猶存社を結成。上海に北一輝を訪ねる。一九二五年国家改造の宣伝のため行地社を創立し、陸軍幕僚層に働き掛ける。一九二九年（昭和四）東亜経済調査局理事長。一九三一年三月事件、満洲事変、十月事件に関与。翌一九三二年五・一五事件に連座し逮捕される。一九四二年『回教概論』出版。敗戦後A級戦犯容疑で逮捕されるが、精神に異常をきたし、東京裁判で東条英機の頭を叩き免訴。病状が回復し、一九五〇年『古蘭』を出版した。山形県酒田市立図書館光丘文庫には大川周明旧蔵書が所蔵されており、目録も刊行されている。(15)

大塚はこの項目の最後の部分で大川が「一九四二年『回教概論』出版。……病状が回復し、一九五〇年『古蘭』を出版した」と、大川の二つの代表的なイスラーム研究・翻訳を紙幅の限られた文章の中で挙げている。このような紹介の仕方はやはり新たな大川周明論を展開する際には注目してしかるべきであろう。

イスラーム研究を中心にもう一度、大川の経歴を簡単に振り返ってみると以下の通りになる。大川は一九一八（大正七）年五月、「南洋と回教」「植民政策より観たる回教徒」などの論文が認められて[16]、三一歳で南満州鉄道株式会社に嘱託として入社、翌年には同社東亜経済調査局編輯課長に抜擢された。一九二〇年には拓殖大学学長・後藤新平と知り合い、請われて同大学教授に就任し、植民史・植民政策・東洋事情などを担当して一九二八（昭和三）年まで同大学で講義を行った。翌二九年七月には山本条太郎・満鉄総裁を説いて、東亜経済調査局を満鉄より分離・独立させて財団法人として改編し、自ら理事長に就いた。しかし、一九三二（昭和七）年にはいわゆる「五・一五事件」に連座して拘引され、さらに三五年一〇月には反乱罪禁固五年で下獄した。三七年一〇月に一年一〇ヶ月ぶりに釈放されたが、獄中で『近世欧羅巴植民史』の草稿を完成させた。三八（昭和一三）年四月、東亜経済調査局付属研究所、いわゆる「大川塾」を開設する。翌三九年八月には『新亜細亜』創刊号が刊行され、四〇年一〇月発行の同誌第二巻第十号から大川はその巻頭言を執筆した[17]。そして『回教概論』が出版されたのが「大東亜戦争」勃発後の翌四二（昭和一七）年八月で三〇〇〇部刷られたが、『日本二千六百年史』がベストセラーとなり国民的に著名な大川の著作ともあって、この種類の概説書としては売れ行きも好調で、同年一二月には再版となりさらに三〇〇〇部が増刷された。戦後になって一九四五年一二月一二日、A級戦犯容疑によって巣鴨拘置所に収容され、翌年獄中において精神障害を起こして五月に米軍病院（同愛病院）、六月に本郷東大病院、八月に松沢病院に移されて治療を受け、国際軍事裁判から分離除外の措置を受けていたが、回復しても拘禁を解かれなかった。しかし四八年一二月、不起訴となって釈放された。松沢病院では『古蘭』の翻訳に没頭して訳を完成させ、並行して『マホメット伝』（未定稿だが全集に所収）も執筆した。

本書は前述のように、大川周明をイスラームの観点から読み直そうとする試みである。しかし、少し紹介しただけでもわかるとおり大川の著作活動は非常に広範囲にわたっており、そもそも彼の思想体系の全体の中でイスラームがどのように位置づけられるのかをまずもって知る必要があろう。そのためには、とりあえず便宜的な手段として『大川周明全集』(18)の構成を一瞥するのが一番の近道であろう。というのも、大川全集はテーマごとに全七巻から構成されており、それぞれの巻に以下のような著作が所収されているからである。それでは各巻を簡単に概観してみよう。

第一巻は国史・日本通史、および歴史観・宗教観・天皇観を含む世界観に関する原理論である。その主要著作は『日本及日本人の道』（一九二六年）、『日本精神研究』（一九二七年）、『日本的言行』（一九三〇年）、『国史概論』（一九二九年）、『日本二千六百年史』（一九三九年）、そして『安楽の門』（一九五一年）である。日本通史として『国史概論』『日本文明史』のほかに『日本文明史』（一九二一年）、『国史読本』（一九三五年）も刊行しているが、内容の重複が多いとのことで全集には収められていない。また、原理論的な著作は『日本及日本人の道』『日本的言行』であり、『安楽の門』は大川自身が呼ぶところの「精神的自伝」である。

第二巻はアジア問題あるいはアジア主義関係である。その主要著作は『復興亜細亜の諸問題』（一九二二年）、『亜細亜建設者』（一九四一年）、『印度に於ける国民運動の現状及び其の由来』（一九一六年）、『米英東亜

侵略史』（一九四二年）、『大東亜秩序建設』（一九四三年）、『新亜細亜小論』（一九四四年）、『新東洋精神』（一九四五年）である。

第三巻は思想・宗教論である。その主要著作は『中庸新註』（一九二七年）、『中国思想概説』（全集のみの編集）、『印度思想概説』（一九三〇年）、『宗教論』（未定稿で全集のみ）、『宗教原理講話』（一九二一年）、『マホメット伝』（未定稿で全集のみ）などである。

第四巻は人物評伝などである。その主要著作は『佐藤信淵集』（一九三五年）、『清河八郎』（一九二七年）、『佐藤雄能先生伝』（一九四四年）、『時事論集』（全集のみの編集）、『特許植民会社制度研究』（一九二七年）、ポール・リシャールの翻訳『永遠の智慧』（一九二四年）などである。

第五巻・第六巻はヨーロッパ植民史である。その著作は『近世欧羅巴植民史』であり、第一巻から第三巻までである。ただし、第一巻のみが一九四一年に刊行され、残りは刊行されず、全集に所収されているのみである。

そして最終巻の第七巻がイスラーム関係である。『回教概論』（一九四二年）、『古蘭』（一九五〇年）が所収されている。

もちろん、これですべての著作を網羅したわけではないし、それぞれの巻に各テーマに沿った著作が厳密に分類されて収められているわけではない。しかし、以上のような全集の構成が、活字で残した大川の問題の射程ということになる。つまり、大川が生涯を通じて関心を抱いてきたテーマあるいは問題系は、①日本通史および原理論、②アジア論、③宗教論、④人物評伝、⑤ヨーロッパ植民史研究、⑥イスラーム論、というキーワードで示すことができる。世界観に関する原理論を中心にして、各巻の相互の関係が大川の思想全体のなかでどうなっているのかが問題を解く鍵になる。その作業が彼の思想の中でイスラーム論を位置づけるためにも不可欠であろう。

いささか図式的な整理になってしまうが、この六つのテーマあるいは問題系の相互関係をまとめてみると次のようになろう。すなわち、大川のイスラーム論を読みなおす本書の立場からすると、大川周明の思想は、①の原理論の部分と③の宗教論が中核をなしており、彼の思想的な中心部分ともみなすことができる。④人物評伝は、①日本通史を叙述するに当たっての理念が個人に実現されている事例として取り上げられており、この二つは総論・各論として相互に補完しあう同一のテーマとみなすことができる。[19] そして大川のイスラーム論と密接にかかわる②のアジア論は、⑤のヨーロッパ植民史研究と対をなしている。すなわち、前述のとおり、大川といえば米ソ冷戦終焉後に注目を浴びた「東西文明対抗論」が人口に膾炙《かいしゃ》しているが、近現代における西洋と東洋、つまり、この欧米とアジアという植民地主義と民族解放運動の二項対立的な構図がここで浮かび上がる。また、大川のアジア論の特徴はヨーロッパ植民史・植民政策という問題設定からして当然であるが、経済史的な観点が前面に押し出されている点にある。

さらに、大川評価に際してもっとも議論を呼ぶのが、東洋＝アジアの抵抗と解放において中心的かつ指導的な役割を果たす日本という位置づけであり（大川の思想における「アジア＝日本」という等式の問題性）、その文脈の中で①の日本通史とその原理論が重要な意義を持つことになる。若き日の大川は英領インドからの亡命者との交流を通して、そのアジア論を構築していった。彼の通史的な概説を読むと、意外なほどであるが、排外的に閉じられた皇国史観ではなく、アジアとの相互交通の中で「アジアの中心の日本」という文化的な実体が形成されていく交流史としての「国史」が描かれていることがわかる。実はそれも当然で、大川は、岡倉天心の「アジアは一つ」を、アジア文明を代表するのが日本文明であるという意味で継承して、日本通史を叙述しているからである。中国とインドから儒教と仏教の文明を取り入れ、「日本的」なるものを維持する、つまり、外からの文明を消化して日本文明として自分のものにするという「日本主義」の立場である。ただし、その際、日本の長い歴史を超えて、「君民一体」の下に国民を統合して来たのが天皇であるという位置づけがあり、さらに「道義国家」論を天皇論に重ねて論じる点に、「超国家主義者」としての面目躍如たるものがあるが、その点の評価も分かれるところでもある。

そして、本書の関心からいえば、大川の思想的構図におけるもっとも注目すべき問題系は⑥のイスラームである。①日本通史↔④人物評伝（総論と各論）、②アジア論↔⑤ヨーロッパ植民史（東西の二項対立）、という位相の異なる二つの対になる組み合わせを、①の原理論と③の宗教論が統合的につなぎ合わせている。これに対して、⑥のイスラーム論は一見すると無関係に孤立しているように見える。しかし、①〜⑤のテーマは直接イスラーム論の中で触れられることはないものの、イスラームがそれぞれのテーマと合わせ鏡のようになって、見えない論点を可視化させている。つまり、テーマの孕む論点が断層面のように現れて、結果的にそれぞれのテーマの参照基準として機能しているのではないかというのが、本論の仮説的な立場である。換言すれば、大川の思想全体の中でイスラームという補助線を引くと、これまで語られなかった彼の意外な側面が見えてくるということである。

実際、①〜⑤のテーマを前提としてイスラームに関連させた場合、大川周明の思想には、二項対立的な発想に基づいて、形而上レベルと形而下レベルを統合して体系的であろうとする志向性があるがゆえに、当然、矛盾が生じていくつかの断層面が現れてくることが分かる。その「断層」がむしろ思想家としての彼の問題性を浮かび上がらせている。大川の思想はいささかダイナミズムに欠けるが、矛盾が矛盾としてそのまま同居しているとも、また丸山眞男の指摘する「精神的雑居」とも言い換えることができるのかもしれない。

竹内好はそのような大川の矛盾を、宋学的教養の文脈において、経世済民と形而上学への志向の二重性あるいは折衷性に由来すると考えて、「〔大川は〕北一輝などとくらべますと魅力に乏しいのですが、その理由も一種の折衷性にかかっている」と批判する。折衷とみるか、統合と見るかは思想家としての大川の評価の分岐点ではあるが、ここで指摘しておきたいのが、竹内の大川周明論については次章で詳しく論じる予定である。しかし、やはりここで指摘しておきたいのが、イスラームなどの文明をその理想型において理解しようとする大川の文明論にこのような竹内の批判が出てくるのも当然であるという点である。いずれにせよ、竹内の大川論が本書の議論の前提としてもっとも重視されるものであることは言うまでもない。

それでは、今触れた大川の「断層」について詳しく見ていこう。まず、大川は儒教的な合理主義に基づく理知的な考え方や体系的志向性をもっているにもかかわらず、その内部に背反する要因も持っており、その要因を包摂しようとするために文脈によってはしばしば内部矛盾が露呈される。大川の思想のわかりにくさはこの点にかかわっている。丸山眞男は『日本政治思想史研究』で朱子学的世界観の解体過程を、荻生徂徠《おぎゅうそらい》の古学に焦点を当てて「自然」から「作為」への推移を通して解明したが[20]、大川はむしろそのはるか後の時代において、「自然」に基づく伝統的な世界観に固執して、その「逆コース」を行くかのような思想遍歴を辿った。徂徠に「近代」の萌芽を見いだした丸山だが、大川から見れば徂徠は「支那崇拝者」であり、本居宣長のように「徳川時代の思想界に向かって「漢意を去れ」と警告せる如く、現代日本の思想界に向かって「洋意を去れ」と警告せんと欲する」と述べる。[21]一方で大川は国学的な日本主義者の顔も見せながら、他方では日本文明は儒教・仏教をも包摂しているがゆえにアジア主義を体現しているという主張も行っている。

大川の儒学的な合理主義はたとえば、『中庸新註』の冒頭において「道義国家」論につながる自身の世界観を非常に図式的に示すことにも現れる。

> 儒教の志すところは、疑もなく「道」の闡明《せんめい》に在る。而して道とは人格的生活の原則に外ならざるが故に、儒教は人間が如何にして正善なる生活を営むべきかを究尽せんとするものである。然るに正善なる生活とは、吾等がまさしく「我」と呼び得るものと、我に非ざる「非我」との間に、正しき関係を実現し行く生活である。儒教に於ては、此の「非我」の世界を、天地人の三才に分類する。故に儒教の道とは天地人の道である。……儒教は、宗教、道徳、政治の三者を包容する一個の教系である。そは人生を宗教、道徳、政治の三方面に分化せしむることなく、飽くまでも之を渾然たる一体として把握し、其等の三者を倶有する人生全体の規範としての「道」を闡明せんと努める。[22]

大川の世界観では、外に超越的存在を想定しないで、我を中心にしながら非我の世界へと拡大していってその天地人の道を宗教、道徳、政治に分化することなく全体として把握するのが儒教の道であるというのである。このようなパターン化された認識は大川の他の著作でもかたちを変えて現れる。大川は太平洋戦争勃発後に刊行した『大東亜秩序建設』では、この「非我」の「道」を「超個人的秩序」に、また

「天・地・人」を「神・自然・人生」に置き換えて、次のように説明している。

東洋の超個人的秩序は、宇宙全体を一貫するものとされる。東洋に於ては万物の宇宙的秩序と人間の社会的秩序との間に如何なる分裂をも認めない。東洋は天・地・人即ち神と自然と人生とを、直観的・体験的に生命の統一体として把握して来たので、西洋に於ける如く、宗教と政治と道徳との分化を見なかった。支那の「道」、印度《インド》の「ダルマ」、乃至《ないし》回教の「シャル」は、皆な人生を宗教・道徳・政治の三方面に分化せしめず、飽くまでも之を渾然たる一体として把握し、此等の三者を倶有する人生全体の規範とされて来た。此点に於て神と人とを峻別し、自然を無生命のものとなし、存在論に哲学の主力を集注する西洋の主潮と、著しき対照を示して居る。(23)

大川は背反する要因を包摂する「抱一無離」(『老子』第十章からの引用で「統一をしっかりたもち、それから離れないようにする」)を理想としており、この言葉は彼の基本的な思想の中核を表している。自己から宇宙まで万物の根本となる真理である「道」は「一」であり、分解し対立させることができない。少なくとも、大川の思想体系では、イスラームも含めて「東洋」の秩序においてはこのように統合的に理解されている。大川がここで挙げている「シャル」とは「正統性、法」などの意味をもち、「シャリーア(「イスラーム法」であるが「水場への道」の意味もある)」と同じアラビア語の語源を持つ単語でもあるが、この「シャル」は「道」「ダルマ」と同じく、人生を宗教・道徳・政治の三方面に分化しないといっている。しかし、超越的な絶対神としての「神と人とを峻別」するイスラームと、神と自然と人生とを直観的・体験的に生命の統一体として把握する「シャル」のイスラームとの間の両極分解の断層を大川はどう捉えているのか。これが第一の断層である。

次に、第二の断層は第一の断層に直接的にかかわる。第二の断層は大川のイスラーム観である。彼は生涯にわたってイスラームへの関心を持続していたが、そのイスラ!ム観には断層がある。それは「イスラームの二つの顔」の間での断層である。前述のとおり、外面的生活における律法的イスラームと、内面的生活における精神的イスラームの間の断層である。大川のイスラーム観を見ると、青年期と晩年に預言者ムハンマドという人物に尋常ではない関心を抱いている。「抱一無離」を信奉して信仰を道徳と考える大川の立場から見れば聖人としてのムハンマドは「完全な人間」であり、晩年に評伝を書くまで預言者ムハンマド個人に傾倒することはその意味では当然の帰結ではある。にもかかわらず、太平洋戦争期の代表的著作『回教概論』においてイスラームを語るとき、内面的なイスラームを代表するスーフィズムについてまったく触れていない。大川が語るのは預言者の生涯であり、クルアーンであり、スンナ（ハディース）であり、五行六信であり、イスラーム史であり、イスラーム法（シャリーア）である。つまり、律法的宗教として経世済民に重心を置くイスラームに比重があり、内面的なスーフィズムは空白なのである。竹内好は「大川は宗教者にはなれない性格だが、宗教学者としては一流ではないか[24]」と評価するが、彼の評価する大川は預言者ムハンマドに傾倒するスーフィー的な聖者のような晩年の大川ではない。

そして、ここでもう一つ確認しておきたいのが橋川文三（一九二二―八三年）の次の議論である。橋川は「〔大川の〕イスラムへの関心は他のほとんどのアジア主義者には欠如し、ただ一人大川が一貫して保持してきたものであった。そのコーラン翻訳への執心は、すでに大学卒業直後に抱かれ、幾度かの挫折ののち、戦後松沢病院においてようやく完成したという因縁つきのものであった」と指摘し、さらに続けて橋川は一体不離を求めた「詩人的思想家」としての大川の信条を次のように指摘している。

大川が個別宗教としてのイスラムに関心があったというより、むしろ宗教と政治の一体化された世界そのものへの熱望が彼を導いているという側面を私は重視したい。彼〔大川〕が宗教について抱く究極の姿は、その『安楽の門』にきわめて鮮かに描かれているが、それはもっとも普通の表現でいえば、日常的人格性に内在化された信仰とでもいうべき合理的な姿をとっており、なんら神秘的な要素はもたない……。信仰と道徳はもとより一体であり、宗教と政治もまた不離でなければならぬというのが、この詩人的思想家の信条であったようである。彼がイスラムに見出したものは、その意味での信仰＝政治の統一形態であった。(25)

本書の立場からいえば、「宗教と政治の一体化された世界そのものへの熱望が彼を導いている」という部分には同意するが、「個別宗教としてのイスラムに関心があったというよりも」という部分を問題にしたいのである。つまり、橋川はイスラームを一枚岩に捉え過ぎており、前述の断層を問題にしていない。橋川のいう「日常的人格性に内在化された信仰」はむしろ大川の預言者ムハンマドへの思い入れの中で具現化されており、個別宗教としてのイスラームへの関心があったとは必ずしもいえないという指摘は再考されなければならない。ただ、橋川が感じた大川は「なんら神秘的な要素はもたない」という点は竹内好も同様に感じている。

大川という人は、文章もそうだし、実物から受ける印象も、非常に理性の勝った冷い感じの人であって、宗教的情緒は稀薄なのですが、それだけに逆に宗教へのあこがれが強かったのかもしれません。したがって、かれのあこがれる宗教は、いわば普遍的宗教なのです。この辺がかれとイスラムとの結びつきを解く鍵かもしれません。[26]

竹内は橋川とは逆の筋道でイスラームとの結びつきを説明する。つまり、大川は理性の勝った宗教的情緒が希薄である人物であるがゆえに逆に宗教へのあこがれが強く、彼があこがれる宗教は「普遍的宗教」で、それがイスラームによって代表されると示唆している。この「普遍的宗教」とは、竹内の「普遍仏教」という使い方から推測される、「一神教」的な絶対的存在を想定した宗教と思われるが、彼が絶対神の下で宗教と政治を包括する総合的体系としてのイスラームを想定しているのであれば、橋川のイスラーム観と極めて近いということになる。

橋川と竹内はそのアプローチの仕方は違うが、いずれも大川とイスラームとの関係を説明するときに、彼の合理主義から説き起こし、彼とイスラームとの接点を模索している。ただし、本書が問題にしたいのは、この二人がイメージしている「イスラーム」の内容である。橋川は、大川のイスラームとのかかわりを「個別的宗教としてのイスラム」への関心ではなく宗教と政治の一体化された世界そのものへの熱望ということで説明している。同様に、竹内は「普遍的宗教」として捉えている。橋川も竹内も、その「イスラーム」に対するイメージは「イスラームの二つの顔」のうち律法的・超越的側面のように思われ、もう一つの側面の個人的・内面的なイスラームではなさそうである。しかし、果たしてどうなのか。これが第二の断層である。

この第二の断層からさらに新たな第三の断層が見出せる。第三の断層から見えてくるのは、イスラームの「場」（＝イスラーム教徒の信者共同体としての「ウンマ」）あるいはイスラーム教徒の世界観としてのダール・アル・イスラーム（字義通りには「イスラームの家」、いわゆる「イスラーム世界」）を考えた場合、大川が使用する「東洋」と「アジア」という用語のあいだに横たわる矛盾である。この用語の矛盾は彼のイスラーム認識と密接にかかわっている。「回教は往々にして東洋的宗教と呼ばれ、其の文化は東洋的文化と呼ばれて居る。さり乍《なが》ら回教は、ゾロアスター教・猶太《ユダヤ》教・基督《キリスト》教を包擁する宗教群の一宗派であり、此の宗教群に共通なる根本信仰の上に立つて居る。そは決して印度《インド》又は支那の宗教群と同類のものに非ず、従つて若《も》し印度及び支那を東洋的と呼ぶとすれば、明かに之と対立する西洋的性格を有《も》つて居る」(27)。大川は別の著書においても「東洋」という場合、「ペルシア・小亜細亜・アラビアの諸国は、亜細亜のうちに含まれては居りますが、之を地理学の上から見ても、また世界史の上から見ても、明かに西洋に属するものであり、真実の意味の東洋は疑ひもなくパミール高原（中央アジアのタジキスタンとアフガニスタン・中国にまたがる高地で「世界の屋根」と呼ばれている）以東の地であります」(28)と述べている。換言すれば、大川は、イスラームはアジア的ではあるが、東洋的ではないとみなしているとも取れる表現である。そのような物言いはたんにアジアや東洋の「定義」の問題ではないかと反論があるかもしれない。実際、大川はしばしばアジアと東洋を相互に互換可能な仕方で使用している。しかし、このようなアジアと東洋の意味づけの差異の議論が登場するのはイスラームを語る文脈に限ってなのである。これが第三の断層である。

そして、イスラーム研究者としての大川を語るとき、最大の断層は彼の天皇観とイスラームの関係にある。もちろん、この第四の断層については、大川自身は沈黙を保ったままで何も語っていない。したがって、以下の議論は推測にすぎない。しかし、大川が自ら「宗教と政治とに間一髪なき」(29)イスラームへの関心を語る場合、天皇制との関係をどのように考えていたのかという疑問は当然出てくる。イスラームへの関心がどのように彼の天皇観とつながるかは具体的に語っていないが、その関心には明らかにイスラームの信者共同体であるウンマと日本の国民とを置き換え可能とする発想が見え隠れするのである。しかし、もしそうだとすると、ウンマにおける預言者ムハンマドを天皇に擬することになり、宗教＝政治という大川の発想からすると、いささか問題を孕むことになる。大川が君民一体の下で天皇を崇拝する天皇主義者であることは論を俟たない。しかし、一神教のイスラームの文脈において天皇を位置づけるとなると、天皇は預言者的な存在ではあっても「現人神」ではなくなる。イスラームでは神はアッラー以外にはいないからである。大川自身が天皇機関説を否定しながら、少なくともイスラームの文脈では、事実上天皇機関説を容認する立場に立ってしまうことになる。大川による「神」に関する理解も問題になる。これが第四の断層である。

大川のイスラームにかかわる思想の四つの断層をどのように考えるのか。本書は次のように構成されている。第一章「戦前と戦後をつなぐ想像力」ではまず、米ソ冷戦後、とりわけ九・一一後の状況において、戦前と戦後という時空間を超えた現在において大川周明を読み直す意味はどこにあるかを検討したい。その上で、橋川が一九七五年に『大川周明集』を編集した当時、唯一議論するに値すると評価した竹内好の講演記録「大川周明のアジア研究」を改めて振り返ってみたい。「大川周明のアジア研究」は講演という形式をとっているが、彼が戦時期にイスラームを研究していただけに、本書でも避けて通れない論点のほとんどを含んでいる。したがって、読者と論点を共有する上でも議論の出発点として位置づけることができる。竹内という知識人の問いかけを通して大川を問題化することは、二一世紀を生きるわれわれの想像力が試されることでもあるからである。

第二章「青年期の転回と晩年の回帰」では、大学時代から晩年に至る大川のイスラーム研究の特徴と彼のイスラーム観の変遷を概観する。まず、大川が二三歳でまだ東京帝国大学の学生であった一九一〇年五月に発表した「神秘的マホメット教」というスーフィズムに関する習作的な論考に注目し、彼のイスラームへの関心の出発点にスーフィズムがあったことを確認する。そして大川が「一九一三年夏」に『新インド』を読んで植民地インドの悲惨な状況に衝撃を受けて「宗教と政治とに間一髪なきマホメットの信仰に、いたく心惹かれ(30)」て、イスラームへの関心のあり方を変えていくのもこの頃のことであった。大川はこの精神的な転回を経て「政教一致」のイスラームに関する諸論考を執筆し、一九二二年に『復興亜細亜の諸問題』を刊行するに至る。しかし、第一次世界大戦後、大川が最も注目していた軍人ケマル・アタチュルクによるトルコ革命の成功と「スルタン＝カリフ制」の廃止(31)の頃からイスラーム観を再び変えていくことになると考えられる。太平洋戦争勃発後に出版した『回教概論』に見られる問題関心や叙述の仕方を通して、その変化が何であったのかを検討し、戦後何故『コーラン（古蘭）』を翻訳するに至ったかを、とりわけ発狂を機に預言者ムハンマドに回帰する大川自身の非合理主義的な契機に重きを置いて検討することになる。

第三章「日本的オリエンタリスト」では、大川のイスラームに関する代表作『回教概論』を当時のヨーロッパの研究の中で学術的に位置づけて、竹内が『回教概論』を「純粋の学術論文であって、日本のイスラム研究の最高水準だと思います。日本帝国主義のアジア侵略と直接には何の関係もありません」と高く評価した論点をめぐって考える。『回教概論』はその構成・内容といい当時のヨーロッパのイスラーム学の蓄積を大川が自家薬籠中のものとした著作であった。それは大川が当時の最先端を行くヨーロッパの研究者のイスラーム観をそのまま受容したことも意味した。しかし、不思議なことに、東洋学者によるイスラーム概説には必ず章として設けられるスーフィズムについての言及が『回教概論』においてはまったくなく、むしろその欠落が特徴となっているともいえる。この欠落は大川が意図的にそうしたのであれ、そうでないのであれ、彼のイスラームへの関心のあり方の転換を示唆しており、彼の関心が「政教一致」のイスラームから離れていっていることを意味しているのではないかと本書では考える。本章では、さらに大川のイスラーム観をその宗教観の中で位置づけ、彼が自ら述べた「精神の遍歴」を辿ることで、彼の変化の契機を「神秘主義」的なるものへの回帰に求める。最後に、大川のイスラーム研究の特徴が理想型から現実を見るという演繹的な思考法にあることを指摘した上で、野原四郎に代表される同時代の回教圏研究所の研究者によるイスラーム研究との方向性の違いを見極める。

第四章「アジア論から天皇論へ」では、まず大川周明のアジア研究の問題点をいくつか重要な論点を取り上げながら指摘した上で、彼のアジア観をイスラームとの関係で議論する。とりわけ、大川のアジア観をめぐってしばしば読者を混乱に陥れるのは、先ほども触れた彼のアジアと東洋の概念の使い分けである。この問題が生じるのも、現在の中東地域(32)の一部を形成する西アジアをどのように位置づけるか、すなわち、ムスリムが多数派を占める地域をアジアあるいは東洋という文脈でどのように位置づけるのかという問題があるからである。次に、大川のヨーロッパ植民史研究の意義をアジア研究との関連で考える。さらに、大川にとって植民史研究の一環としてみなされるシオニストのパレスチナ入植の問題もある。大川のシオニズムへの関心はこれまで看過されてきたが、それは彼の代表作『復興亜細亜の諸問題』初版で「猶太民族の故国復興運動」の章が立てられたものの、同書が一九三九年に再版された際にはこのシオニズム運動に関する章は削除され、全集でも脱落したままであったからである。この問題を出発点として、大川にとってシオニズム運動とは何だったのかを一九二〇年代初めの彼の親ユダヤ的な姿勢に関連させて考えてみる。また、そのシオニズムへの関心にはユダヤ教とユダヤ民族の関係に関する大川の理解が現れており、大川の特別なユダヤ観、つまり、ユダヤ人の「神、民、国」という三位一体的把握は「天皇、国民、国家」という日本人の三位一体論に容易に置き換えることができるという発想を窺わせる。そして本章の最後に、大川にとっての天皇の問題をイスラームとの関連で検討することになる。ここでの論点は彼の考える天皇＝「神」がいかなるものであったかである。天皇＝「神」という場合、大川は明らかにこの日本の「神」を、宇宙をも超越する一神教的な絶対神（アッラー）とは区別して、宇宙から生成したものと考えている。この論理をイスラームと比較しつつ敷衍し、天皇が一神教的な神でないとすると、前述のとおり、天皇は預言者ムハンマドに相当することになって、現人神であることとは矛盾する。イスラームとの関連でこのような天皇理解を示す大川は、当然のことながら違った理由からではあるが、狂信的な原理日本社の蓑田胸喜《みのだむねき》らからその天皇観が批判されることになり、『日本二千六百年史』の不敬書事件[33]につながっていくことになる。

　そして次の第五章はこれまでとは視点を変えて「東京裁判とイラク問題」をテーマに検討する。本章では、東京裁判において免訴となった大川周明とイラク高等法廷において死刑判決を受けたサッダーム・フセインの比較を「勝者の裁き」の観点から試みる。大川は『復興亜細亜の諸問題』の中で、イラクという国家が生まれた第一次世界大戦直後、いち早くイラク国家の孕む諸問題をある意味では予言していた。第一次世界大戦と冷戦終焉後の現代という二つの時代を挟んで、ソ連という国家が生まれた出発点の時期に大川は「メソポタミア問題」について論考を書いた。そのことを念頭に置いて、免訴になったとはいえ、大川が「平和への罪」「人道への罪」等でA級戦犯となった東京裁判をモデルの一つにしたイラク高等法廷の意味をどのように考えるべきなのか、あるいは歴史の教訓から何を学ぶべきなのかを検討する。

終章「大川周明にとってイスラームとは何であったのか?」では、まず、この序章の冒頭で提起した、『回教概論』は日本帝国主義のアジア侵略に直接には何の関係もなかったという竹内の発する問いに対して、本書での立場を表明することになる。そして同じくこの序章で提起した「四つの断層」についてそれぞれ検討した上で、大川にとっての「大東亜戦争」とアジア主義とはいったい何だったのかを、そして最後に彼がイスラームに関して達した境地とは何だったのかを井筒俊彦の「東洋」との関連で検討して行くことにしたい。

第一章　戦前と戦後をつなぐ想像力

今日日本の領土内には回教徒がない。之を以て回教に関する研究は、全然等閑に附せられている。さり乍《なが》ら、日本と最も密接なる関係を有する支那に在りては、回教徒の総数三千万を下らざるべく、孫逸仙〔孫文〕の如きも、今後の支那研究者は、決して支那に於ける回教徒の勢力を等閑すべからざるを力説して居る。而して日本が現に盛んに経済的発展を遂げつゝある南洋諸島〔東南アジア〕は、米領比律賓《フィリピン》を除き、土民の約九割は回教を奉じ、更に支那に次で将来日本と最も親密なる関係を結ばざる可からざる印度《インド》に於ては、回教徒の総数実に六千万を超えて居る。加之《しかのみならず》日本の国際的関係は、今後益々複雑を加ふべく、従つて土耳古《トルコ》・波斯《ペルシア》等の回教諸国も、亦日本の考慮中に入り来るべく、之と共に従来風馬牛の観ありし土耳古問題・波斯問題は、日本将来の政策と重大なる関係を生ずるに至るであらう。回教の研究、決して忽諸《こっしょ》に附してはならぬ。（1）

一　現代に蘇る大川周明

冒頭に引用したのは、一九二二年、大川周明が三五歳の時に出版した『復興亜細亜の諸問題』の中の、アジアのイスラームについての一節である。この一節に書かれている内容のほとんどが二一世紀の現在に置き換えてもおおむね当てはまる。大川の炯眼というべきであろう。彼の叙述は、日本のムスリムの人口数から始まり、中国、東南アジア、英領インド（現在のインド、パキスタン、バングラデシュなど）、トルコ、イラン（ペルシア）まで言及する。日本の近くから遠くへという大川得意の議論の仕方ではあるが、当時のイスラーム研究者の常套的な叙述の仕方でもあった。おそらく、彼の議論に当てはめていけば、現在であれば、中国の新疆ウイグル自治区、フィリピンのモロ解放戦線、インド・パキスタンの対立、アフガニスタン問題、イランの核疑惑、イラク問題、トルコ・イスラエル関係の悪化、パレスチナ問題などに置き換えることができるのであろう。

大川が執筆した時代の第一次世界大戦後と、米ソ冷戦終焉が終わって二〇年が経過した二一世紀の現代とで、日本とイスラーム地域との関係を比較した場合、近年急速に改善されつつあるものの、依然としてイスラームだとか、中東だとかは日本における異文化認識上の、あるいは国益的観点からのインテリジェンスの上での盲点であるといえるだろう。この一世紀を隔てる二つの時代を結ぶキーワードがソ連である。ロシア革命とソ連崩壊という、体制としての共産主義の誕生とその終焉というそれぞれの時代相において両者に共通性がある。この二つの転換期の「弱い環」において噴き出したイスラーム問題が焦眉の急を告げる事態となっているわけである。

現代を考えてみると、冷戦終焉後、とりわけ九・一一事件を契機に実施された「対テロ戦争」（実質的には「対イスラーム戦争」であった）において日本の対中東イスラーム認識の弱点が露呈されたのではなかろうか。中東の石油に対して全面的依存に近い状態にあるにもかかわらず、日本が中東やイスラームという対象を長期間にわたり等閑に伏してきたのは、国益という長期的な観点から見てやはり摩訶不思議というしかあるまい。もちろん、イスラームの「テロ・ネットワーク」への対策などといったレベルに限定して話をしているわけではない。エネルギー安全保障の観点から見た場合もそうなのである。アラビア半島で石油の採掘が本格的に始まるのは一九三〇年代なのであるが、大川が『復興亜細亜の諸問題』の中で、彼にとっての同時代である第一次世界大戦直後のメソポタミア、つまり、現在のイラクの石油問題の重要性についてすでに論じているにもかかわらず、である（第五章参照）。

日本の中東あるいはイスラームへの長期的な国家戦略における関心が欠如している典型例は、イスラームのみならず、中東地域そのものを対象とする国公立の大学・研究機関が存在しないことであろう。アカデミックな研究機関が存在しないのは、経済大国になった日本の国際的なステイタスを考えると脆弱すぎると多くの人びとが痛感しながら、新たな研究機関を創設しようとする試みはこれまで挫折し続けてきた。中東あるいはイスラームを他の地域よりも優先して地域研究の中心に据えることは、緊急を要する他の地域を対象とする国立の地域研究機関もまだ存在しない以上、理にかなわない。こういう、緊急の争点に関するプライオリティを決めることのできない、悪しき意味でのバランス感覚に基づく「お役所的」な発想が障害になってきたともいえるかもしれない。また、学術的な基礎研究のための研究機関設立に投資したところで、当面は直接的利益につながらないという近視眼的な理由もあるだろう。もちろん、拠点となる研究機関や個別の研究者の間にネットワークを形成し、大規模な研究プロジェクト「イスラーム地域研究」（代表　佐藤次高・早稲田大学文学学術院教授）の拠点となっている早稲田大学、東京大学、京都大学、上智大学、東洋文庫などでイスラーム地域研究所が設立されていることは慶賀の至りである。しかし、それだけでは必ずしも十分だとはいえないのは言うまでもない。

これまでこの国において中東やイスラームへの対応は、九・一一事件後もまた再び同じことを繰り返しているというのが率直な感想である。要するにイスラームや中東への関心が一過性の現象だったことの深刻さが現れている。どういうことかというと、中東・イスラームに対する日本の関心が、常に日本が直接間接に深くかかわった戦争の勃発とともに高まったにもかかわらず、丸山眞男の指摘を俟つまでもなく、のど元過ぎれば何事もなかったかのように忘れてしまい、それまでの知の蓄積が継承されず振り出しに戻ってしまうのである。この国は危機に対して場当たり的にしか対応しないことが常態になってしまっている。過去を振り返ってみると、古くは戦前の一九三七年からの日中戦争のときであり、戦後は一九七三年の第四次中東戦争、一九九〇―九一年の湾岸危機から湾岸戦争に至る時期、そして二〇〇一年の九・一一事件から二〇〇三年のイラク戦争にかけて、いずれも日本の進むべき道を変更することを余儀なくされた重大な事態に直面したときに現れている。それぞれの時期にはそれなりに中東イスラーム研究の重要性とその緊急性が叫ばれた。しかしながら、結局、そのような危機感は一過性の表面的な現象として通り過ぎてゆき、インテリジェンスの基礎である知の集積がなされないままだった。

　日本のインテリジェンスが直面するこの種の問題は別に中東イスラーム地域に限った話ではない。いささか古めいた書籍を持ち出して恐縮であるが、日中戦争勃発の二年後に出版された尾崎秀実《ほつみ》『現代支那論』（岩波新書、一九三九年）の「自序」において次のような驚くべき一節を見出すことができる。尾崎秀実は、周知のように、ゾルゲ事件に連座してソ連のスパイとして処刑されたものの、当時の中国事情に精通し現状分析の専門家としても高い評価を得ていた。尾崎の言が本当に正しく、日本が侵略した中国への認識あるいは研究体制がこの程度であったのであれば、いささか驚きを禁じえない。

支那の正体をはつきり掴むことの必要は今や日本人全体の切実なる問題である。二年間の戦争の経験は、支那の正体について明かにされてゐなかつた部分の多かつたことを感ぜしめた。／支那の正体を余すことなく正確に把握することは至難なことであらう。蓋《けだ》し支那を正当に理解するためには局部的でなく全体的に把握することと、動きつゝあるままで捉へることが必要であらうと思はれる。(2)

日本は当時「日華事変」「支那事変」などと、宣戦布告がないことをいいことに「事変」と呼んでごまかそうとしながらも、実際には中国に戦争を仕掛けたのである。にもかかわらず、中国という「対象地域について明らかにされていない部分があまりに多かったことを痛感させた」という文章を読むと、当時も、また現在も、日本のインテリジェンスが抱え込んでいる他地域に対する基本的認識の構図があまり変わっていないことに愕然としてしまう。戦争を仕掛けた相手である中国を知らないのである。尾崎は続ける。

日支抗争の嵐の中に我々日本人の支那に対する理解も亦否応なしに深められつゝある。身命を抛《なげう》つて血みどろの戦を大陸に展開しつゝある幾十百万の日本の若者たちが大陸からその身をもつて得た理解を提げて帰り来る時に日本に於ける現代支那論は一層の高き水準に進むであらう。支那はたしかにその相貌を既に変じつゝある。大陸出征の若人たちによつて新しい現代支那論が、現実に築き上げられ、形となつて現はれる日を我々は期待するのである。(3)

この「支那」を九・一一事件後のアフガニスタン・イラクに置き換えたら、現在の状況をそのまま映し出すことになるだろう。幸運なことに、日中戦争時とは異なり、イラクに派遣された自衛隊員に死者や負傷者は出なかった。しかし、イラクに関してどこまで正確な情報を収集した上で、また、どこまで現地での的確な状況判断をした上で、日本政府が自衛隊を派遣する決定を行ったかははなはだ疑問である。自衛隊派遣という歴史的な決定はイラクの状況を総合的に把握した上でなされたのではなく、あくまで日米同盟維持という政治的必要性から決定されたのであった。

もう一点、尾崎が指摘する戦場から生まれる「現代支那論」の「一層の高き水準」とはいかなるものを意味するのであろうか。現在においても問い続けなくてはならない地域研究が宿命的に背負った課題である。なぜなら、アメリカの地域研究は、第二次世界大戦を遂行する中で「敵国研究」としてその産声をあげたために、絶えず戦略的要請を背負わざるをえなかったからである。もちろん、第二次世界大戦後の日本で発展した「地域研究」はアメリカのような戦略研究としてではなく、基礎研究を目ざす臨地研究として展開してきた。このような日本の地域研究は、欧米諸国とは異なる独自の歴史があるのは当然認識しておかねばならぬ事実ではある。

言うまでもなく、日清・日露戦争以降、近代日本が台湾・朝鮮半島・樺太・南洋諸島（第一次世界大戦後日本の委任統治領となったミクロネシア）などの「植民地」を領有するに伴って、新渡戸稲造や矢内原忠雄など、東京帝国大学の官学の研究者に先導されて植民政策学の学問的な伝統も形成された。大川周明のように、拓殖大学などの帝国日本の対外進出の「先兵」を養成していた私学において植民史あるいは植民政策学を講じたものもいる。また南満州鉄道株式会社、東洋拓殖株式会社、台湾拓殖株式会社のように、特殊会社のかたちをとって実際には国益そのものを代表した国策会社もあった。とりわけ、満鉄調査部は巨大な調査研究組織として広く知られていた。大川は満鉄東亜経済調査局に勤めていたが、当時満鉄が政党政治の争いの伏魔殿と化するに及んで山本条太郎・満鉄総裁を説いて、調査研究の自主性を確保するために東亜経済調査局を満鉄から分離させ、財団法人として独立させて同調査局の理事長に就任したといわれている。一九二九（昭和四）年のことである。[4]

大川はその後、国家主義者として五・一五事件などに連座して下獄したが、釈放されてから、三八（昭和一三）年四月、東亜経済調査局付属研究所、いわゆる「大川塾」を設立して、イスラーム圏を含むアジア諸国の言語を学び、現地の事情に精通する旧制中学卒の青年たちを教育・育成して、現地に派遣するという事業を始めた。戦後、米占領軍によって中野学校などと一緒にされてしまったために、スパイ養成機関というイメージが強いが（第五章参照）、決してそのような性格の教育機関ではなかったと元塾生たちは証言している。[5] これは当時の状況において大川一流のインテリジェンス的な発想である。次節で詳しく述べる竹内好も大川の教育者としての資質を高く評価する。「かれ〔大川〕は研究者であると同時に天性の教育者だった。もし正規の大学のプロフェッサーだったら、たくさんの弟子が育ったでしょうが、アカデミイから閉め出されたために、そうならなかった。これはある意味では日本の学問のために不幸なことです[6]」。

このような帝国日本の植民政策学の伝統は、敗戦で断絶はあるものの、歴史的に鳥瞰すれば第二次世界大戦後に推進された地域研究のプロトタイプであるとも位置づけることができる。当然ながら、戦前・戦時中のイスラーム研究も当初は国策的要請、つまり国家戦略的な動機で出発したが、学術研究を目ざした研究機関が設立されてそれなりの研究体制を準備した。もちろん、イスラーム研究は当時の用語法では回教研究あるいは回教徒研究と呼ばれたが、時局的な「回教徒問題」という表現がより頻繁に使われた。つまり、時局という危機的状況に直面して国家として対応しなければならない「〜問題」として立ち上がってきたのである。「支那問題」もしかりであり、「亜細亜問題」も当然ながらその例外ではなかった。要は日本は周辺地域について何の組織的な知の蓄積もなかったために、このような「〜問題」という講座なり、叢書なりが突然緊急の課題として浮上したのである。「大東亜共栄圏」という壮大なアジア解放の夢によって多くの若者たちを酔わせて、死地に赴かせた美しいスローガンが帝国政府によって掲げられたにもかかわらず、である。

日中戦争勃発後、学術研究機関として設立されたのが回教圏攷究所（後に回教圏研究所と改称。以下では原文を引用する場合を除き「回教圏研究所」と表記）であった。回教圏研究所は一九三八年にトルコ研究者である大久保幸次を所長として設立された。大久保はその設立目的を同研究所の機関誌で次のように述べている。

回教圏に関する真正なる研究は必須なり。そは学的態度をもつて着実に企てらるべきものと信ず。かくてこそ、初めて回教徒問題に対する健全なる指針は確保せられん。然るに、我が日本においては該研究の機関なく、またそれに関する大学講座も殆どあることなし。故に、これに鑑み、これを憂ひ、ここに多年回教研究に従へる篤学の学徒と相謀り、回教学の基礎を築き、我が学界並びに我が国策に対する学的寄与をなさんとの切なる念願をもつて、学術研究機関としての「回教圏攷究所」を設立し

たり。(7)

日本は中国大陸に戦線を拡大するとともに否応なく中国のイスラーム教徒の存在に直面することとなった。それが「回教徒問題」として急浮上して「我が国策に対する学的寄与をなさん」とイスラーム研究の組織化が緊急の課題となった。にもかかわらず、当時、研究機関も大学講座もなかったことを大久保は設立趣旨で憂いているのである。しかし、回教圏研究所という学術的研究機関はとりあえず設立されたわけである。

研究所長の大久保幸次は同研究所調査部長となる小林元と共著で『現代回教圏』(四海書房、一九三六年)を研究所設立前に出版した。研究所自体は『回教読本』(回教圏攷究所、一九三九年)、『概観回教圏』(誠文堂新光社、一九四二年)、『回教圏要図』(平凡社、一九四二年)などの啓蒙書を刊行したが、一連の出版物の中に「大東亜戦争」勃発直前に刊行された回教圏攷究所編『回教圏史要』(四海書房、一九四〇年)という概説書がある。同書において、イスラーム教徒の人口分布はアジアに集中している事実が述べられている。そのような説明の仕方は今日のイスラーム認識のあり方に照らしても興味深い。というのも、イスラームといえばアラブ世界などの中東をもっぱらイメージしてしまう見方が今でも日本では広く流布しているからである。インドネシアが国民国家としてはムスリム人口が世界一であるにもかかわらずである(ちなみに二位がインドで、パキスタン、バングラデシュと南アジアの国々が並び、中東諸国ではイランが五位に入り、トルコ、エジプト、そしてナイジェリアと続く)。

回教圏をよく見つめるとき、われわれは回教徒の主力がアジアに置かれてゐる事実に想ひいたるにちがひない。それはアジアの回教徒数から考へても、たやすく察せられるはずである。事実、アジアは回教徒の総数の約八十パーセントを抱擁してゐる。さうして、インドなどは回教信奉者の最大集住地である〔当時はまだパキスタン・バングラデシュは英領インドの一部であったのでインドが世界最大のムスリム人口を抱えていた〕。……回教はアジア的宗教としてとり扱はれてよい。……われわれは回教徒がアジアを中核として世界的に分布してゐるといふ現実を認識しなければならない。けだし、回教がアジアから産れた以上、回教圏のアジア的姿勢は当然である。(8)

アジア地域に「アジア的宗教」を信奉するイスラーム教徒が八割も集中している事実から、大東亜共栄圏構想に引き付けつつ、アジア的姿勢を取ると期待されるイスラーム教徒の地政学的な重要性を強調する戦略的視座を見て取ることが可能である。さらに続ける。

植民地ないし半植民地に屯居している回教徒の概数は、イギリス領一〇〇、〇〇〇、〇〇〇人、オランダ領六〇、〇〇〇、〇〇〇人、フランス領三〇、〇〇〇、〇〇〇人、イタリア領七、八〇〇、〇〇〇万人……である。いふまでもなく、これらの人口数のうち、アジアにおけるものは、他の諸大陸におけるものよりも、圧倒的に多数である。しかも、有力な国家的権威を誇りつつ、アジアとヨーロッパとの間に位するトルコ共和国以外の回教独立国の多くは、いかに自主的気勢に燃えてゐるにせよ、それぞれの国力において鞏固《きょうこ》性に乏しく、未完成の姿相を呈してゐる。したがつて、現段階における回教徒はともすればヨーロッパ人への屈辱的奉仕を要求されてゐる貌である。はたして、これは正しいか。回教徒はみづから輝やかしい信仰の威力と限りない潜勢力とをいまも失つてはゐないのである。(9)

このように、植民地下にあるイスラーム教徒の信仰と潜在力の主体的な可能性を強調する一節を付け加えることで、日本の戦争がアジア諸民族解放のために意義あることを強調することも決して忘れないのである。

さらに、大日本回教協会が一九三九年三月に刊行したパンフレット『東半球に於ける防共鉄壁構成と回教徒』において、大東亜共栄圏とイスラーム世界とを、イスラーム的な連帯運動との協力関係でつなごうとする壮大なグローバル戦略を開示している。

防共の盟邦満洲帝国、蒙古防共自治国、西北防共回教自治国等これらを貫く東亜防共連盟の結成、これを更に延長して中部及び西部アジアの回教徒及び回教国集団と連結することに依って、はじめて真の意味において極東と近東とを繋ぐことが出来、皇国と回教圏とを結ぶことが出来るのである。そして、この線を確保することは、防共政策、回教政策、アジア民族解放政策を実践する上に必要であるのみならず、対支、対ソ、対英政策を遂行するため最も重要なるものである。(10)

もちろん、このようなイスラーム教徒をも含む「アジア人のためのアジア」というアジア民族解放政策は、欧米植民地支配からの解放とそれへの対抗という側面においてのみ有効なのである。したがって、日本によるアジアの諸民族に対する優越的な覇権あるいは指導性が自明の前提となっているのであれば、イスラーム教徒を含むアジアの民の熱い期待を簡単に裏切ってしまうといった意味では残念ながら絵空事である。実際、「回教徒問題」として立ち上がった日本の回教徒政策では、イスラーム教徒の熱狂的な支持を取り付けることができなかったのも厳然たる事実である。つまり、それはエネルギー資源欲しさの植民地主義的野望を大東亜共栄圏の政治的なスローガンでたんに正当化するためのものにすぎなかった、という大方の評価も甘受しなければならないのである。しかし、繰り返しになるが、今現在必要なのは過去の一方的な断罪だけではなく、同時代的な文脈の中で虚心坦懐に改めて当時の回教徒政策あるいは回教研究を再検討することなのである。

そのような戦時中のイスラーム研究の試みの代表が大川周明の仕事であろう。これまで竹内好、松本健一、大塚健洋、板垣雄三、あるいは山内昌之といったごく一部の先達によってしか彼のイスラーム研究は再評価されてこなかった。しかし、大川を再評価するときにも当時の回教研究の興隆という文脈の中で位置づける必要がある。というのも、『回教概論』はもちろん大川の才気溢れる流麗な文体を持った類い希な優れた作品ではあるが、この作品を竹内好のようにことさらに優れた「学術論文」として特別視する必要はないと思うからである。前述の回教圏研究所が刊行した概説書は言うまでもなく、例えば、笠間杲雄《あきお》『回教徒』（岩波新書、一九三九年）などのような啓蒙書が版を重ねていたし、大川の東亜経済調査局の図書室でアラビア語蔵書整理のアルバイトをしながら、新進気鋭のイスラーム学者として登場した井筒俊彦『アラビア思想史――回教神学と回教哲学』（博文館、一九四一年）も出版された。とりわけ、井筒の『アラビア思想史』は、体裁は異なるが現在でも古典として読み継がれて『イスラーム思想史』(11)としてわれわれも容易に手に入れることができるものである。したがって、当時のイスラーム研究の水準を考えると、異論もあるかもしれないが、大川の『回教概論』は読者を惹きつけるかどうかというレベルでは出色であったが、とりわけ研究レベルから極端に突出していたわけではないのである。換言すれば、当時、相当数の回教概説が出版されており、そのような一連の書籍との比較の中で、あるいは当時到達したイスラーム研究の水準の中で『回教概論』は再評価されなければならないということなのである。これは大川の『回教概論』の価値を貶めることではなく、そうしてこそ、彼のイスラーム研究を是々非々の立場からより客観的かつ正当に位置づけて歴史的に評価することができると私は思っている。

また、米ソ冷戦後「文明の衝突」論が脚光を浴びる過程で、松本健一のような論者のおかげで大川周明の壮大な東西文明対抗史観が注目されるようになったが、大川のようなグローバルな発想をもった理知的な人物は、日本のインテリジェンスを考える場合に、現在において再評価されなければならないことは言うまでもない。とりわけ、大川のインテリジェンスの出発点にヨーロッパ植民史・植民政策の研究があったことは忘れてはならない。先に述べたように帝国日本の「官学」の伝統に植民政策学があった。この伝統は敗戦後、国際経済学、開発経済学、国際関係論、低開発論など、政策学としても機能する諸分野に継承されて今日に至っている。大川周明が何故このような植民政策学の研究に取り組んだかは、この分野の戦前と戦後の連続性や断続性のありようを再考するためにも、彼の仕事を新たな文脈で蘇らせて、改めて検討する必要のあるテーマである。ただ、その場合にも大川の研究自体が、満鉄東亜経済調査局という国策を担う研究機関が置かれた同時代的な制約の中で生まれたものであり、尾崎秀実のいう「一層の高き水準」に至りつつあった当時のイスラーム研究と同様、総力戦体制の中での植民政策学としても必ずしも突出していわけでも、あるいは例外的なものでもなかったことに留意しなければならない。

村松剛は、今は品切になっている中公文庫版『回教概論』においてその解説を書いている。その中で村松は「現在では回教諸国との交流は、往年とは比較にならないほどひろがっている。それでも回教についての啓蒙書の数は多いとはいえないし、一般の回教にたいする認識がいちじるしく向上したとも思えない。／だからこそ半世紀まえに刊行された本書が、依然として輝きを失わないのである[12]」と復刊の理由を説明する。村松がすでに湾岸戦争を経験した一九九一年一二月の時点で、「回教」という用語を何の断りもなく使い続け、なおかつ日本にイスラームに関する啓蒙書が多いとはいえないなどと認識していること自体がやはり問題なのである。村松は日本を代表した知性ではあったが、皮肉にも大川を積極的に評価・擁護しようとして、逆に盲点であるイスラームをめぐる誤認というところで躓いているのである。現在において大川を蘇らせる必要があるのは、むしろこのように彼を擁護しようとする、現在に生きるわれわれの中に潜む偏見から自由になるという課題を、大川という存在が問いかけているからである。

二　竹内好の大川周明論とイスラーム

序章の冒頭でも紹介したが、竹内好が戦時中、回教圏研究所の所員（一九四〇年四月—四三年一二月）であったことは今日では徐々にではあるが知られるようになった。最近、竹内の思想におけるイスラーム的契機を積極的に評価する鶴見俊輔に代表されるように、回教圏研究所にいた彼に注目する動きがでてきている。鶴見は「国家を超えて交通するネーション」としてのイスラームの意義を強調して次のように述べるのである。

〔竹内好は一九三九年に北京留学から〕日本に帰ってきてから、回教圏研究所に入るんだよ。このことが非常に大きいんですね。イスラムの考え方にはね、国家というものを超えたネーションがあって、お互いに交通してるでしょ。巡礼の通路をつくったりして。あのネーションという考え方が竹内さんの中に入ってくるんだよね。／つまり、もともと日本にいた時から国家はひどいじゃないかと思う。次に〔留学で〕北京に暮らすようになってから、国家とほとんど無関係に平気で暮らしているネーションという考えをもつ。日本に帰ってきて回教圏研究所に入ると、今度は国家を超えて交通するネーションを知る。この三つの契機が寄って、戦中の竹内さんの中に入ってくると思うね。そういうふうにして竹内思想というのはがっちり形成されてきて、〔軍に招集された〕中国から日本に引き揚げてきた時も、日本が戦争で負けて「屈辱の事件」というエッセーを書いた時も、これは揺るいでないね。(13)

鶴見は「国家を超えて交通する」イスラームに注目して竹内の思想を再評価しようとするのであるが、少なくとも竹内が回教圏研究所在職中に書いたイスラームに関する文章は、中国という「国家の中のマイノリティとしてのムスリム」への視点である。つまり、竹内はイスラームを国民国家論の文脈で語っている。とはいいながら、竹内をイスラームの文脈で位置づけるとするならば、彼の大川周明論を何よりもまず議論せねばならない。それほど竹内にとって大川は大きな存在である。序章でも述べたように、実は今日に至るまで、大川周明のイスラーム研究を語るときに、今なお、何よりもまず参照すべきなのが、竹内好が一九六九年三月にアジア経済研究所で行った講演の記録「大川周明のアジア研究[14]」である。これまで大川のイスラーム研究についてさまざまなことが語られてきたが、竹内のこの講演録ほどイスラームにかかわる大川の思想構造に肉薄するものはない。そして残念ながら、大川のイスラーム研究に関する竹内の問題提起に対してこれまできちんと検討した論考は、少なくとも管見の限りでは松本健一の著作以外知らない。したがって、とにもかくにも、まず、本書の関心にしたがって、竹内の議論の概要をざっと振り返って見てみることにしたい。

竹内は講演の冒頭においてまず、大川が重要な思想家の割には人気がないことを嘆く。「大川周明というのは、かなり重要な人物だと思うのです。いわゆる右翼思想家と一括されているなかでも、ちょっと特異な場所を占めていて、十分に研究の必要があると思うんですが、どうも大川は人気がないんですね。一時は大川と並び称された北一輝のほうは、戦後もかなり人気があって、たくさん研究家が出ましたけれども、それにひきかえ大川のほうは、さっぱり研究者がおりません[15]」。もちろん、現在は大塚健洋らの登場で状況は異なっている。そして「思想家としての大川の魅力のなさ、たしかに北一輝などとくらべますと魅力に乏しいのですが、その理由も一種の折衷性にかかっているように思うのです。あまりに漢学的教養によって浸透され過ぎている。そのため損をしているような気がします[16]」と竹内は述べる。この点は彼の大川論の中でもっとも重要な指摘であろう。

別の箇所では大川復権の狼煙《のろし》を上げる。「大川が右翼思想家であり、東亜経済調査局が侵略機関であったという理由、この理由も吟味を要すると思いますが、かりにその理由を認めたにせよ、それによって一切の業績を抹殺してしまう風潮は、真理追求の学問の立場からしてよろしくないと思います[17]」と述べて、当時の大川抹殺あるいは黙殺の風潮に対して公然と異議申し立てをするわけである。当時、世界的に学生運動の嵐が吹き荒れる中で、戦前の反動的な超国家主義者とみなされる「右翼」の首領の仕事を学問的という理由で復権しようという大胆な発言に対しては、おそらく今では考えられない心理的、物理的な圧力がかけられたことは容易に想像できる。

ところで、竹内自身のイスラームとのかかわりの始まりであるが、鶴見俊輔の発言にあるように、この講演の中で戦時期の回教圏研究所時代のことを次のようにまず振り返る。

私は昭和十四〔一九三九〕年の秋に北京留学から帰りまして、定職がなかったものですから、友人にすすめられて、イスラム研究のなかでの中国部門を担当するために入所しました。私は正規の就職はこれがはじめてなんです。それまでイスラムについてはまったく無智でしたが、この研究所にはいったお蔭でいくらか勉強することができました。実物の大川と会えたのもその縁からであります。(18)

竹内は、それ以前から大川の名前は知っていたが、ただその著書はあまり読んでおらず、右翼陣営の重鎮ということで毛嫌いしており、大川が五・一五事件などに連座して逮捕されたりして世間的に有名になればなるほど彼の著作を読む気をなくした、と当時の大川へのマイナス・イメージについて率直に語っている。ところが、竹内は仕事とはいえ、大川に無知のまま回教圏研究所でイスラーム研究を本格的にやり始めると、どうしても大川という大きな存在にぶつかってしまうのである。

いろんな人が〔イスラームについて〕本を書いたり、論文を発表したりしているが、どれも思想的に低調であって、心の琴線にふれてこない。そのもどかしさの中で大川を発見したのであります。私たちのボスの大久保幸次さんは、どちらかというと詩人タイプの人で、情操はゆたかだけれど論理の骨組みは太くない。大川はそれとまったく反対のタイプなので、二人はあまり仲よくなかったけれども、私は両方ともすきでした。[19]

とはいっても竹内は大川には一度しか会っていないという。それでも、後に述べるように、竹内は大川の思想的特徴を中国文学研究者として鋭く見抜いて肉薄している。これは竹内以外にはできなかった観察であろう。そこで、まずは竹内自身のイスラームに関する問題意識の原点ともいうべき現地体験についての報告に触れてみたい。竹内は回教圏研究所に在職中、イスラーム関係では、概説などを除けば、二本の論文と一本の紀行文（竹内の表現を使えば「旅日記」）を書いている。すなわち、論文は「顧頡剛と回教徒問題」（『回教圏』第五巻第三号、一九四一年三月）および「東亜共栄圏と回教」（『支那』一九四二年七月号）であり、紀行文は「北支・蒙疆の回教」（『回教圏』第六巻第八号、一九四二年八月）である。前二者については別の論文で論じたのでそちらを参照していただきたいが、[20]後者は竹内の見た中国ムスリムの雑感であり、当時の日本の植民地政策の一環としてのイスラーム対策の問題点を鋭くえぐり出した記録でもある。ただ、この旅日記は現在ほとんど忘れ去られてしまっているので、この旅日記で述べられている二つの重要な論点について触れておきたい。まず、回民女塾という女子ムスリムの教育機関についてと、次に日本の中国ムスリムへの工作者（いわゆる工作員つまり「スパイ」）の活動の抱える問題についてである。

竹内はこの旅日記において、清真寺（中国のモスク）、ムスリムの礼拝、東来順（北京の回教の料理店）、回教徒の生活、回回営（北京のムスリム地区）、文化および政治問題（北支の中国回教総連合会と蒙疆の西北回教連合会という二つの中国のムスリム組織を中心とした説明）、対中国ムスリムの日本人指導者（文中では「工作者」と表現されている）についての印象を書き残している。この中で「文化および政治問題」で触れられている回民女塾について紹介してみたい。ムスリムが多く住む中国西北地域の入口に位置する張家口という多民族都市にある中国ムスリムの少女たちを教育する日本の学校についての印象記である。これ自体が貴重な記録である。張家口は当時、日本の傀儡《かいらい》政権だと云われた蒙古聯盟自治政府の首府であった。

〔回民女塾は〕昭和十五〔一九四〇〕年創立、善隣協会の援助の下に、是永章子氏が塾長となり、日本語を主としたかなり自由な方針によつて、普通学科と集団訓練を授けてゐる。唯一の女子教育の施設である。小学卒業程度の十七八歳の少女を収容し、修業年限二年、その中一年は実習に充て、下級生を指導する。第一期生四名は既に卒業、第二期生三名と第三期生十一名が今年度の学生である。原則として寄宿、塾長以下起居を共にし、時間表に従つて規律ある日常生活を送る。従つて指導者の人格的陶冶が強く働くわけである。塾長の是永氏は、この仕事に献身することに熱意を有《も》たれてゐるやうであつた。似た趣旨の北京の生活学校などに較べると（この方はジャナリ《ママ》ズムが既に大いに宣伝してゐる）困難は比較にならぬくらゐ大きいのに、財力に恵まれぬらしく、施設や日々の食事まで、意外なほど粗末であつた。[21]

以上が回民女塾そのものについての竹内の叙述である。文中にある善隣協会は一九三五年に設立された、主に内モンゴルの「文化工作」を担う国策機関であった。発足当初から理事長は陸軍将官が就任し、陸軍の影響が強かった。竹内自身が当時所属していた回教圏研究所も同協会の傘下にあった。以下はイスラームに関連させての竹内の印象である。

是永氏は回教徒ではない。しかし、自ら、回教徒が回教徒としての自覚に立帰ることが、回教徒の進歩であるばかりでなく、よき社会人として隣人と交はる道であるといふ確信の下に、貧しい日本の刊行物を頼りに、回教圏を中心にした世界史や、地理さえ教えてゐるといふことである。恵まれぬ環境の中で、不屈の意志を貫いて、華やかさのない、地味な努力を続けてゐる氏の熱意に、僕は心から感動した。塾長と塾生たちとは、見るから和やかで、その内に自然の礼譲もあつた。さゝやかな楽園である。是永氏の教育方針は恐らく一点の非もないであらう。たゞ旅行者の僕は、漠北の地にさうした立派な教育の行われてゐることを喜ぶ感情の奥に、何やら割切れない不安なものをかすかに感じてゐた。是永氏の態度が立派であればある程、その揺ぎない確信の生れてくる根拠が、傍観者には不可解に見えた。つまり是永氏の「神」を問ひたかつたのだが、敢てする勇気はなかつた。勿論、この印象はいささかも是永氏に関することではなく「神」を疑ふ僕自身に問題があるわけである。そして回教《ママ》女塾を訪問した際、とくにこの不遜な印象が強かつたのは、他の青年学校その他の文化施設に較べて、回教《ママ》女塾の教育全般に浸透してゐる精神の反射が最も強烈に感じられたからである。女塾の第一回卒業生四名は、各地の回教関係機関で既に社会的な活動に従つてをり、いづれも評判がいゝといふことであつた。その影響は大きい。是永氏の努力は必ず酬われる日が来るだらう。[22]

このような回民女塾などの国策的な教育機関は当然、敗戦とともに消滅したわけであるが、ここで注目したいのは、竹内の「不遜な印象」が強かったのが彼自身の「神」への信仰、つまり、アッラーへの絶対帰依に対する疑問である。この疑問は、一神教の信仰をもたない「日本人」として、個人であれ、国家であれ、イスラームとどう向き合うかという問いにも通じる。以下の中国ムスリムに対する「日本人指導者について」においては、この問いがいっそう深刻な様相を帯びてきて、大東亜戦争における日本のムスリム工作とは一体何であったのかという日本の宗教政策全般に深くかかわる問題にまで展開していく。まず、以下は竹内が報告する日本人の対ムスリム工作者の訴えのうちの第一のものである。

〔ムスリムへの工作者たちの中には〕以前に回教を全く知らなかつた人も少くないのである。書物を多く読んだり、学校へ長く通つたりしたものは、このやうな地味な仕事には入りたがらないのが普通である。だから多くの人は、日常回教徒に触れ、その生活に親しむ中、自づと回教の何であるかを、知識としてでなく、体験として会得するやうになつたのである。さうなると自然、旺盛な知識欲も生れてくるので、心眼を以て文献を判別する。この人たちの一様に訴へるところは、さうした欲求に応ずる書物が極めて少いといふことである。近ごろは日本でもかなり回教関係の書物は出るやうになつたが、その多くは、実際の工作者の満足を買はないらしい。難解であつて、実地の用に立たぬといふのである。……この問題は、現在の出版が総じて漠然とした読書層のみを対象としてゐるといふ、出版文化の面からも考へることが出来る。いづれにしても、工作者の要求と研究者あるひは出版者の供給とが合致しないといふ状態は、お互に不幸である。(23)

竹内はこのような状況に対して「現実に回教徒との共同生活を体験しつつある人々にとって、現在の書物が、難解であるとか非実用的であると感ぜられる事実の面、つまり研究者側の立場から僕はこの問題を解決していきたいと思う」とまで言及する。そして「理論だけあって、もし本当に技術がないとしたら、その学問は、歴史学にしろ回教学にしろ、形而上学である。ところが現に技術書の不足が訴えられている」と現場の現実をまず踏まえる必要性を指摘する。竹内は次に工作者たちの第二の訴えに耳を傾ける。

日本人指導者たちの第二の訴へは、一般の日本人、ことに政治の責任の地位にあるものに、回教に関する常識が欠如してゐて、事に当つて当惑するといふことである。その実例もいくつか聴いた。まことに尤《もっと》もな話である。回教事情を調査するなら、現地日本人の回教知識の調査も必要な項目だと冗談を云つた人があつたが、笑つて済まされない感じがした。(24)

当時の日本においてイスラームに関する常識が欠如しており、さらに実際に工作活動のために派遣された日本人もイスラームを知らないという訴えは、現在における「経済協力」という名の下に行われている日本の国際協力事業にもいえることであり、むしろ異文化理解という観点から別途議論すべき問題ではある。この問題が前提となって次の第三の訴えにつながる。すなわち、大東亜建設においてムスリム工作に携わる者一人ひとりの個人の役割とは何かという訴えである。

第三は難問である。大東亜建設の根本理念、その各部面への具体的適応、および実現の方策がはつきりしないで困るといふ意見。云ひかへれば、自分の現在の地位が大東亜建設の如何なる部分を担当するかといふ自覚を与へてもらひたいといふ希望である。これには前に記した政治問題の未解決や、現地各機関の間の不統一や、その他錯雑した事情が心理的に作用してゐる点も認められるが、問題の提出それ自体は、かゝる事情に関係なく、素朴でまた感動的である。(25)

竹内はこの第三の訴えに対して「この声を聞き得ただけでも、僕の旅行は意味があったと思った。……僕に限らず何人にも解答できないのではないか。つまり、自ら創りつつあるものは、創りつつあるという自覚と、創らんとする希望の形があるだけで、完成した姿は現実には与えられないのだ」という、とりあえずの解答を提示するにとどまる。そして最後の問いはいっそう深刻の度合いを増す。回民女塾の際に問われた「神」の問題であり、神道とイスラームの関係をどのように位置づけるか、もっと具体的にいえば、大東亜共栄圏における他宗教、とりわけ一神教への政策をどのようにするかという共栄圏構想の根幹にかかわる宗教政策の問題でもある。ある青年の訴えである。

第四の問題は、微妙であつた。蒙疆回教徒の訓練に当つてゐる一青年の述懐である。自分は日本人として、日本の神を唯一尊厳なものに信仰してゐる。(現に、その青年の自宅には神棚が祭られてゐた)しかし回教徒たちの信仰の対象は、別の唯一神である。自分は回教徒ではないが、回教の信仰が、彼らにとって正しいものであることを理解できる。ところが、命令によつて回教徒を神社参拝に連れていかなければならないことがある。自分は敬虔な気持ちで神社に参拝するが、彼ら回教徒が本心から神社に拝礼するかどうかといふ疑問がいつも起る。もし本心からの拝礼でなかつたら、それは神社に対する不敬でもあり、自分はその苦痛に堪へない。また信仰の篤い回教徒ほど、その絶対神への帰依の心は強いはずであるから、一面で回教徒の啓蒙運動に従ひながら、他面で回教の神を否定するやうな矛盾を演じたのでは、訓練の目的が達せられない。だから自分は、回教の神を認めながら、われわれ日本人の神が、更に高くおはすことを、自分でもはつきり知り、彼らにも納得させたいと思つて、いろいろの本も読み、日夜考へているが、いまだに解決が得られない。[26]

竹内はこの青年の訴えに「僕はそれを聴いて、問題の深刻さと、微妙さに、思はず嘆声を発するだけであつた。僕には今でも、この問題を分析したり批判したりする資格がないような気がする」ということしかいえなかった。しかし、問題の性格は厳粛だということを前提として、やはり何か指摘しなければならないという責務から次のように問題点を指摘する。すなわち、「それと関連して考へられることは、宗教に限らず、すべて国内問題と対異民族の処置とは区別されなければならぬこと、また単なる些細な不注意からよく大きな事件が引き起されること、ことに宗教の場合にそれが多いこと、わが日本の文化が本質的におほらかで包容性に富んだものであること、厳粛な問題が俗吏などの手で目前の功利や低い観念に利用されることがあつてはならぬこと、などである」[27]。

竹内は、日本軍の占領地域において実施された神社の建立や参拝の強制、皇居への遥拝などの皇民化政策に対して、「国内問題と対異民族の処置とは区別されなければならない」と述べて暗に批判的な見解を記しているが、日本文化がおおらかで包容性に富んだものであるという彼の言明にもかかわらず、イスラームは戦時中のこのような神道を強制する宗教政策においてはもっとも深刻かつ矛盾に満ちた問題として浮上したのである。もちろん、本書で取り上げる大川は、アジア主義との関連でも、この問題についてまったく沈黙を保っているが、竹内が『回教概論』を読んで「この本が出たときはびっくりしました。じつに要領よく、基礎知識が一冊にまとめてあるのですね[28]」と感じたのも彼が中国でのムスリムの実態と日本軍のムスリム工作に関する実際の見聞があり、その現場で最も切実に要請されているのがイスラームに関する技術書だったからなのであろう。しかし、その観点からは『回教概論』は難解すぎてこの現実的要請に応えられなかったのかもしれない。もし応えられていたら竹内は「日本帝国主義のアジア侵略と直接には何の関係もありません[29]」とはいえなかったはずだからである。

以上が竹内の中国イスラームに関するレポートである。本書の諸論考を執筆するに当たって、常に竹内の大川論を参照した。彼の議論に同意できるところもあれば、そうでないところもあるが、いずれにせよ本書の議論の大前提であることにはまちがいない。したがって、読者諸氏にも竹内の議論を共有していただくために、以下の四つの観点から彼の議論を紹介し、現在の時点で、彼の大川論から何を学び、そして彼による大川のイスラーム研究の紹介について何を語ることができるのか考えてみたい。順序としては以下のとおりの流れで検討してみる。すなわち、(1)大川の思想の核としての宋代儒教とその合理主義、(2)大川のアジア観、(3)大川の宗教観、(4)大川のイスラーム観、である。

（1）大川の思想の核としての宋代儒教とその合理主義

序章でも述べたように、竹内好は大川周明の思想の根幹にあるものは漢学、それも宋代儒教だとの判断を行っている。しかも宋代儒学には経世済民と形而上学の両極に分解するような志向性が働いていて、その相互抑止の思想的な二重性（折衷性）の上に西洋の思想が肉づけされているというのだ。そして同時に皮肉なことだが、北一輝に比較した場合の大川の魅力のなさは、前述のとおり、その二重性、つまり折衷性にあると言及するのである。

大川の教養の根幹にあるものは、漢学、とくに宋代儒学だと私は思います。教養の根幹ばかりでなく、思想の核、あるいは思想のワクがそれで作られている感じです。ということは、経世済民と、形而上学への志向との合体ということであって、この両極分解が絶えずかれの内部にはたらいていたと推定されます。そのワク組みの上に西洋思想が肉づけされている。そのため、比喩的に申しますと、プラトンとアリストテレスが相互に抑止力となっているような感じがします。これが大川の思想構造の特徴なのではないか。大川は該博な知識の持ち主であり、私はまるきりその反対の性格ですから、あるいはこの理解は的はずれかもしれませんが、どうも私の直観ではそうなんです。この二重性に大川の秘密があるような感じがします。同時に、思想家としての大川の魅力のなさ、たしかに北一輝などとくらべますと魅力に乏しいのですが、その理由も一種の折衷性にかかっているように思うのです。(30)

その上で、竹内は大川を「あまりに漢学的教養によって浸透され過ぎている。そのため損をしているような気がします」という評価を下す。繰り返すが、この点は大川論を展開するときに銘記しておかねばならない論点であろう。というのも、大川の文体は漢学的なバックボーンによって作られたからであり、われわれが彼の文章に魅了されるとすればその漢学的素養によるものであると思う。虚心坦懐に彼の文章を読むとわれわれは「右翼」などのレッテル貼りとは違った大川像を発見することになる。逆にいえば、別に大川だけに当てはまるわけではないが、彼を頭から否定して読めば、これほどつまらない文章はないということにもなる。竹内が大川を評して損をしているといっているのは、彼の書くものはパターン化され、漢文の形式的様式の枠にはまった表現方法をとっていることにも通じる。しかし、現在のわれわれの世代からすると、漢学的な教養がほとんど忘れ去られて過去のものになってしまっており、むしろ大川の文体は秋霜烈日と評されるように厳かで重厚さが伴っている印象を強く受けるのである。

竹内は、大川の思想が宋学における経世済民と形而上学との志向性の合体であるために、二重性あるいは折衷性があり、その思想の両極の分解が彼の内部に働いているという重要な指摘をしている。もちろん、この二重性は体系的世界観としての宋学自体に内在している問題でもあり、それを大川個人に帰することはできないのは言うまでもない。竹内はこれをプラトンとアリストテレスの相互抑止と比喩的に述べている。ぶっきらぼうなまでの表現しか残していない竹内の真意はともかくとして、本書の文脈で非常に重要だと思われるのは次の点である。すなわち、プラトン的な形而上学、とくに新プラトン主義を代表するプロティノスの系統から、キリスト教であれ、イスラームであれ、神秘主義の流れが出てくるが、若い頃の大川はこの思想の流れに非常に大きな影響を受けていた。とりわけ、「新プラトン主義《ネオ・プラトニズム》」の名づけ親であるドイツの神秘主義的な宗教学者シュライエルマッハーやロシアの神秘主義的思想家ソロヴィヨフの議論に、大川は生涯もっとも親近感を持ち続けていたのである。

他方、アリストテレス的な「経世済民」の流れは、第二章で述べる「一九一三年夏」の思想的転回、つまり広い意味での政治に大川が積極的に関与していく流れにかかわっている。「経世済民」の方向性は植民史の研究においてヨーロッパによるアジアの侵略への批判につながっていく。もちろん、大川は内面的・個人的生活と外面的・社会的生活が統一されることを理想として述べているが、竹内はこの二つの方向性が結局、彼の中で統一されることはなかったことを指摘しているとも解釈できる。大川の思想の評価はこの点にかかっているともいえる。

さらに、同じ宋代儒学、広義での宋明理学とはいっても、大川は朱子の性即理の流れを踏まえながら、陸象山や王陽明の心即理の流れに傾倒したことを自ら回想している（第三章参照）。王陽明の良知説から知行合一説までの実践的儒学が、ともすれば自分の中の判断力を重視しすぎて独我論へとつながっていくことにもなる。そのような陥穽が竹内のいう二重性あるいは折衷性のもつ欠陥ということになるのかもしれない。ともあれ、大川は晩年、若かりし頃に熱意をもって取り組んだ預言者ムハンマドを完全な人間のモデルとして、その人格に回帰してゆくが、これは王陽明的心即理あるいはプラトン的哲人政治への志向性の帰結ともいえるし、敗戦を契機とする大川流の形而上学と「経世済民」の矛盾が深まり、結局そのイデオロギーが破綻したということであるとも考えられる。

さらに、大川の文章の特徴としては論理的に整理されたある種の体系性と簡潔さをもっている。たとえは悪いが予備校でチャート式の教え方に基づいて諄々と説かれているような印象をもつ。端的にいえば、大川の文章の特徴は、内容のわかりやすさである。この点は竹内の表現を使えば以下のようになる。

〔大川は〕なにしろ自分で理性的に方針をきめて、その方針でまっしぐらに勉強したのですから、しかも自分流の整理の方法をはやくに体得しているのですから、古今東西の学説が自家薬籠中に収められている。概説書として、じつにわかりよい……ともかく知識が身についている感じがして納得がいくのです。なぜそうなのか、ということは整理の方法の問題になるわけですが、範疇区分なり概念の把握なりに漢学の素養がきわめて巧みに利用されているからだと思います。たとえば、天地人だとか、知情意だとか、そういった伝統的な思考のワクに当てはめて解釈されている。そのためどんなに博引旁証でも安心してつき合っていられるところがあります(31)。

竹内のこのような指摘は大川の講演記録である『日本及日本人の道』(一九二六年)にもっとも典型的に現れているといえる。この『日本及日本人の道』を読んでいると、学生時代に訳したブッセット『宗教の本質』(一九一四年)から、晩年の未定稿である『宗教論』や精神的自伝である『安楽の門』まで大きく変化せず、大川は生涯、基本的にはその宗教観をほとんど変わらず維持したことがわかる。そのためもあるのか、実は大川の書くものには同じようなパターン化された内容が繰り返されており、竹内のいう意味とは違って「安心してつき合っていられる」印象もある。若いころに形成された竹内のいう「範疇区分」がずっとそのままであるので、その意味での逸脱がないという印象である。大川の書くものは彼自身の頭の中で整理されており、それを引用文献なしで書いているために、内容の繰り返しになるのかもしれない。

そして、竹内が大川の宗教観の根底に宋学の一種の合理主義があると指摘する点は、彼の大川論の白眉といったところであろう。

かれの教養の根幹になっている漢学、とくに宋学の一種の合理主義とも関係すると思います。宋学は、これを認識論としてみれば、老荘や仏教の非合理的なものを排除するのでなくて一切取り入れて合理づける認識の体系とも見られますから、ある意味では超越者が現世化されてしまいます。大川のような整理による体系づくりを志す人には利用価値があるわけです。(32)

竹内は大川の宋学的合理主義を強調する一方で、「私はかねて、大川のような合理主義者がどうして日本主義――かれ自身は日本精神と申します――のとりこになったのか疑問でならなかったし、いまでも疑問がなくなったわけではないが、この宋学的認識論と秩序尊重とを援用すれば、あるいは解釈できるのではないかと思います(33)」と指摘している。この点については、たとえば、丸山眞男の説明が示唆的である。すなわち、「朱子学的「合理主義」においてはその規準たる「理」が道徳性を本質とするため、その歴史観は……きはめて特徴的な形態をとる。そこでは歴史はなによりも教訓でありかゞみであつて「名分を正す」ための手段でしかない。さうした規準から離れて歴史的現実の独自的な価値は認められない」（傍点は丸山）(34)というように、朱子学においてはあくまで自然法則は道徳規範と連続しながらも道徳規範に従属している。と同時に、倫理が自然と連続することによって、朱子学の人性論は自然主義的なオプティミズムが支配的となる。つまり、誰でも善性を具えているのでその善性はそれを蔽っているものを取り除けば顕現するという発想になる。丸山の指摘は大川の思想にも当てはめることができ、「修身斉家治国平天下」（「天下を治めるには、まず自分の身を修め、次に家庭を平和にし、次に国を治め、次に天下を治める順序に従わなければならない」という、儒教の経書の一つ『大学』の中の一節）的な連続した秩序観に基づきつつ、大川の日本主義も位置づけられ、実際に人性論に関して楽観主義であるといえる。

さて、竹内は大川が「日本主義のとりこ」になったことに疑問を呈しているが、初期の大川に対しては間接的にではあるが、「たとえば『日本文明史』これは大川の傑作の一つであって、のちに書きかえた『二千六百年史』などよりずっと戦闘的で、はるかによいと思うのです[35]」といって、一九三九年に発行してベストセラーになった『日本二千六百年史』よりも、『復興亜細亜の諸問題』の前年の一九二一年に出版した『日本文明史』の方をはるかに高く評価するのである。

(2) 大川のアジア観

前節で述べた大川周明の日本主義あるいは日本精神は、アジア主義と一体となっているが故になかなか理解し難いところがある。竹内好がその戦闘性において評価する大川の『日本文明史』の序文の中で「吾等の今日の意識は全亜細亜意識の総合であり、吾等の文明は全亜細亜精神の表現である。従つて徹底明瞭に日本精神を理解する為には、孔老の思想の種々なる局面を観察せねばならぬ。仏教の種々なる理想信仰を検討せねばならぬ。……総じて之を言へば、亜細亜一切の理想が、如何に日本に於て摂取せられ、日本の国民精神が、大陸の影響を蒙りつつ、如何に自己を実現して来たかを知らねばならぬ[36]」と高らかに宣言し、日本文明こそが全アジア精神の表現であるとまで明言するのである。つまり、この考え方は岡倉天心の「アジアは一つ」の思想を継承したものであるが、少々乱暴にいえば、日本にこそアジア全体のエッセンスが詰まっているということになり、日本精神を追求していけばアジア主義の実現に至る、という一見するとご都合主義的な論理にもなりかねない。ただし、逆の論理も成り立つということになる。つまり、アジアの本質を探求すれば、日本に至る、と。竹内はそのような大川のアジア主義をどのように評価していたのか。

かれ〔大川〕の多彩な著作活動は、その思想の自己展開である。あるいは思想の証明のためであると考えられます。というのは、きわめて体系性があり、かつ均整がとれている。著作に関してはちっとも逸脱がない。それだけに、おもしろみがないといえばないわけです。たとえばアジア論についていうと、かれの主著は『復興亜細亜の諸問題』と『亜細亜建設者』でありましょうが、前者が総論、後者が各論という関係であって、前者についても巻頭の「革命欧羅巴と復興亜細亜」が総論であって、あとが地域別の各論です。(37)

竹内は実に素っ気ない評価を下す。すなわち、あらかじめ理想のアジア〔竹内のいう総論〕が想定されていて、その立場から演繹的に現実を見ていく〔各論〕という方法を大川がとっているので、面白みがないというわけである。『復興亜細亜の諸問題』で扱われている地域は「チベット、シャム〔タイ〕、インド、アフガニスタン、ペルシア、ロシア領のアジア地域、トルコ、エジプト、それにヨーロッパ内のイスラム地域という順になっています。一方、姉妹篇である『亜細亜建設者』であつかわれているのは、アラビアのイヴン《ママ》・サウド、トルコのケマル、イランのパフラヴィ、インドのガンディとネルー、こういう人たちです」と竹内は大川が議論する具体的な国名と地域を挙げてその炯眼を評価し、以下に引用するような彼の英雄史観あるいは偉人史観への言及を行うのである。大川の英雄史観にはカーライルの『英雄崇拝論』の影響が色濃く反映されており、明治・大正期の知識人の同時代的な傾向であるともいえる。復興アジアにおける建国の偉人への大川の志向性、つまり歴史は偉人によって代表されるという思想については第四章でも言及したいが、とりあえず竹内の指摘に耳を傾けたい。

人間は精神において人間である、という大川の根本思想についてはさっき申し上げましたが、その系として、歴史は偉人によって代表されるという思想でありますから、当然こういう人たちが選ばれるわけであります。むろん、今日から見ればこの人選は古いかもしれないが、書かれた当時は斬新であり、適切であったわけです。民族運動を指導者を通して見るということは、それ自体として非難すべきことではないし、ケマルを除けば、ほかはすべて日本に紹介された最初期のものだと思います。(38)

竹内は、アジア論との対比で日本論に関しても言及しており、『日本文明史』と『日本精神研究』との関係が『復興亜細亜の諸問題』と『亜細亜建設者』との関係に相当すると説明する。すなわち、一方が総論、他方が各論という関係が同一であって、各論が偉人伝で代表されているのも同一だというのである。そして竹内は大川の人選がおもしろいという。『日本精神研究』であつかわれているのは、まずは当然の人選である横井小楠《しょうなん》、佐藤信淵《のぶひろ》は順当で「その次が石田梅厳というのはおもしろい。それから平野国臣、あとは宮本武蔵、織田信長、上杉謙信、源頼朝、こういうのが大川の選んだ典型人物なんですね。一風変った、独特の史眼だと思います」と具体的にはその内容については踏み込まないで淡々と述べる[39]。

そして、竹内による大川のアジア論の指摘において最も鋭い角度から切り込むのが、先に触れた大川の思想的資質といってもいい次の点である。というよりも、より正確にいえば、大川の思想の最大の長所でもあり、同時に短所でもある「諸刃の剣」のような世界観である。このような傾向は竹内自身にも見受けられるところでもある。

インドにおけると同様、中国についても大川は、理想化された中国、ということは儒教倫理、とくに宋学によって代表されるそれを指すわけでありますが、その観点から演繹して現実批判をおこなう傾向が強いのであります。理想型に対する偏差として現実を見る。そうしますと当然、一切の現実は混沌たる、汚濁にみちたものにならざるをえない。そうしてそれを改革すること、大川流にいうと本然の性にたちもどることがアジアの復興にただちにつながることになります。まことに現実遊離といえばそのとおりですが、これを大川だけの罪に帰するわけにはいきません[40]。

大川が理想化された中国やインドという視座から現実の中国やインドを見るという傾向、つまり「理想型に対する偏差として現実を見る」という傾向は中国やインドばかりではなく、イスラームに対してもこのような傾向を見て取ることができるのである。この指摘は大川の思想的特徴として重要である。竹内はこのような傾向を現実遊離といったんは批判的にいってはいるが、「反対側の左翼の中国観だって、コミンテルンの教条をうのみにしている時代ですから、大川だけが現実遊離とは申せません。ただ大川は、無条件で日本の侵略を肯定することはなかった。この点はほかの多くの時局便乗型の思想家とはちがいます」[41]と述べて、「アジア主義の展望」で徹底的にこきおろした、戦時中の「自称アジア主義者」平野義太郎に比べて、大川を「節操のある思想家」として「救済」するのである。

（3）大川の宗教観

竹内の大川の宗教観に関する評価は序章でも触れた「大川は宗教者にはなれない性格だが、宗教学者としては一流ではないかと思います」という一節に集約される。竹内がこのように言い切れたのも大川に関する資料、とりわけ大川の日記[42]が公開されていなかったということが大きいのかもしれない。つまり、当時は青年期大川の研究がほとんど進んでいなかったからであるが、大塚健洋、刈田徹らの研究[43]で若き日の大川については徐々に明らかにされつつある。また、大川の宗教（とりわけ、キリスト教を介した）と社会主義についても新たな研究が生まれている[44]。その意味では、竹内の認識とはだいぶ異なった大川像が再構築されつつある状況にあるといえるのかもしれない。それはともかくとして、竹内の議論に立ち戻ろう。大川の旧制中学時代の教会通いを次のように話す。

中学時代にもう一つ伝記上の特筆事項があります。それは天主教会に通ったことです。最初の目的は、フランス語を習うためだったらしいが、結果としてこれがキリスト教への開眼となりました。高等学校に熊本を選んだのも、家から遠く離れるという当然に予想される理由のほかに、熊本バンドへのあこがれがあったのかもしれません。まったくの当て推量ですが(45)。

大川が鶴岡にあるカトリック教会に通っていたことはよく知られている。熊本バンドは、札幌バンド、横浜バンドとともに明治期プロテスタントの源流の一つとなったグループのことで、熊本洋学校のアメリカ人教師ジェインズの影響で多くの入信者を生み出した。竹内が当て推量といっている熊本バンドへのあこがれは当然ながら、大川の尊敬する横井小楠の出身の地であり、また小楠の長男である横井時雄が熊本バンドの設立メンバーの一人であることを考えれば十分にその可能性があるといえる。さらに、大川が『安楽の門』の中で「私は中学校を卒《お》へてから熊本の第五高等学校に入学した。明治日本のプロテスタント教の発展は……西では明治九年、熊本郊外花岡山に会して一身を基督《キリスト》教に献げることを盟《ちか》ひ、次で挙《こぞ》つて新島譲の同志社に来り投じた横井・金森・宮川・海老名・小崎の諸氏に負へるものであるから、熊本は基督教と因縁最も深い土地である。五高には、花岡山に因んで花陵会と呼ぶ基督教信者の団体があり、私は花陵会員の数人と親しく交はつた(46)」と熊本バンドを好意的に記している一節があり、熊本バンドの存在が大川を熊本に向かわせる動機になったと推測することは可能である。ところで、竹内は大川の宗教への関心を次のように説明する。

> 大川に若いころ使命感が萌した……が、その内容は、人間の本性の探求といったのではなかったかと思います。この人間というのは、あくまで精神的なものです。精神において人間は人間である、という抜きがたい固定観念のようなものが大川には内在しています。精神とか、本然の性とかは大川の愛

用語です。……精神の最高表現形態が宗教である、ということから大川は学問の対象として宗教学を選びます。(47)

さらに竹内は、大川の宗教観においては道徳と宗教は連続したものとしてとらえられると指摘して、次のように述べるのである。

大川の宗教観では、宗教は人間精神の発現の最高形態だといいながらも、かなり道徳と接近したとらえ方になります。むしろ道徳の究極にあるもの、したがって連続したもの、という匂いが強いのです。宗教が道徳と背馳するという考え方は排除されているように見えます。宗教を知的に認識しようとすれば、どうしてもこうなるものかどうか、その辺のことは私にはよくわかりませんが、ともかく宗教と道徳との間に断絶を認めたがらない、いいかえると人と神との間に断絶を認めたがらない傾向はたしかにあります。(48)

宗教と道徳の間の断絶を認めたがらないという竹内の大川の宗教観は、大川がカントに関して述べているところに由来するようにも思える。晩年の大川の理解にしたがえば、カントは「自由と不死と神とは、理智によつて証明せらるるものに非ず、唯だ道徳的証明によつて信ぜらるべきものとした。従つて宗教とは、吾等の本務を神の命令として総括せるものの異名となり、その形式は異つても、実質に於ては道徳と異るところなきものとなつた(49)」ということになる。また、宗教と道徳の間、つまり、神と人との間に断絶を認めたがらない傾向が大川にはあるという竹内の指摘は、大川自身が三四歳のときに出版した『宗教原理講話』（一九二一年）の中ですでに現れている。すなわち、「自己以外若《も》しくは自己以上の生命の存在を自覚して、自身の上に之を実現せんとの要求……これが取も直さず宗教的要求である。……宗教的生活に於て、此の超個人的生命は神と云ふ名を与へられて居る。従つて宗教的要求は神人合一の要求であると云ふ事が出来る。即ち神と一致せる生命に対する要求、神の完《まっ》たきが如く完たからむとする要求である(50)」。「神人合一」こそが宗教的要求であるという考え方である。晩年の大川が達した宗教観を語る際にしばしば引用されるのが『安楽の門』の以下の一節であるが、このような考え方はすでに青年期から抱いていたものであった。

形相は様々であつても、結局宗教とは自己の生命の本原に還ることである。自己の生命は、父母から祖先、祖先から国祖、国祖から全人類の祖、全人類の祖から宇宙万有の親にさかのぼつて、遂に最後の生命の本源に帰一する。本原は一でなければならぬ。一でなければ本原でない。それ故に宇宙は一生命であり、その唯一無二の生命が万物に周流して居るとせねばならぬ(51)。

竹内が「さっき〔大川の〕信仰の対象が、母親からはじまって次第に拡大される自伝の書きぶりを紹介しましたが、これは宗教――あるいは宗教心といったほうがよいかもしれないが、宗教の本質は感情だとする大川からすると両者はほとんど同義になります――ばかりでなく、一切の認識――宗教も認識の一形式とみて――に当てはまることであります(52)」という説明をするのも、自ら信仰の対象とする人をまず何よりも母親から始めるところに大川の宗教観の特異性が現れているからである。もっとも、このような個人の内面から家族、社会、国家を経て宇宙まで拡大しつつ抱擁してしまう宗教観＝世界観こそがファシズム的であり、個人の自由を国家によって統制する全体主義的なメカニズムを提供するものだという批判が出て来るのも当然であり、この意味において大川が日本的ファシストのイデオローグとして断罪される根拠となっている点も付け加えておかねばならない。しかしながら、本書ではそのような批判を踏まえつつも、この宗教観をむしろ大川の内在的な論理として説明していくという方向性に力点を置きたい。

大川は「道徳的基礎として、価値においてわれわれよりも優れているものに対して我々が抱く感情である「帰依」、「敬畏」、「尊信」があ」り、それは子供が親に対してもつ感情でもあると指摘する。また「自分の生命の本源に対して我々が自然にもっている所の感情が尊敬帰依の情である。父母は我々の生命の源であるが故に、我々が父母に対して敬畏の情を抱き、この情が取りも直さず儒教の「敬」という道徳の基準である。そしてこの一面だけを特に抽象して、これを一個の体系としたのが宗教である」とも述べている。少なくとも大川の中では道徳も宗教も彼の価値規範の中で系統だっているのである。竹内は系統性を宋学における「修身斉家治国平天下」的な秩序観に引き付けながら次のように説明する。

修身斉家治国平天下という成語がありますね。これは政治論でもあるし、道徳論でもあるが、同時に認識の順序を述べたものとも解釈できるのではないでしょうか。近くから遠きに及ぼすということです。少なくとも大川周明の思想形成の過程なり、到達点なりを見るには、そういう解釈が便利なようです。宋学は一切のものを現世化すると同時に、諸価値を相互関連のもとに秩序づけているわけです

が、大川の作業がまさにそうなのです。近くから遠くへです。(53)

(4) 大川のイスラーム観

以上、竹内が理解した大川の思想の大枠を見てきたが、さらに竹内は大川が何故イスラームに関心をもったのかを問う。竹内の見方では、前述のとおり、大川は人間とは何かを問い続け、人間は精神において人間であるという固定観念を自身に内在させるということになる。精神の最高表現形態が宗教であるから宗教学を学ぶ。そして大川は普遍的宗教にあこがれるからこそイスラームと結びつくと説明する。この場合竹内は、普遍的宗教の絶対者は神でも、アッラーでも、天でも、みな同一であるといった「理神論」的な考え方に通じるような認識にある。

そして竹内は大川のイスラーム観の核心部分に触れる。それは「剣かコーランか」のイスラーム観であり、その前提として大川にあるのがソロヴィヨフの東西対抗史観であるという説明である。ちなみに、「剣かコーランか」という表現は、イスラームは攻撃的であるというキリスト教の伝統的な見方を表しており、イスラームの拡大は戦争(=剣)か、改宗(=コーラン)かという二者択一を強制するジハードによって成し遂げられたという説明の仕方である。むろん、ムスリムはそのような見方はキリスト教徒によるイスラームへの偏見であり、「啓典の民」であるユダヤ教徒・キリスト教徒には納税による信仰の自由が認められていると反論している。

大川が終始イスラムに関心をもちつづけ、それが次第に深まっていった事情も、この歴史観(=東西対抗が歴史の原動力だというソロヴィヨフの歴史観」との関係で説明するのがわかりよいかもしれません。と申しますのは、大川はイスラムの本質を「剣かコーランか」という一句に真髄があるというとらえ方をします。宗教と政治が一体であって、間髪を入れぬ、というわけです。しかもイスラムは、歴史事実としても、戦争を媒介にして東西を融合させるのに大きな要因となってきた宗教であります。超越的であってしかも現世的であり、活気にみちて、未来性がある。イスラムによる世界征服というヴィジョンが大川にはあるような気がします。(54)

いよいよ竹内の大川論の真骨頂である。大川は思想家として論理の一貫性を失わなかった。「思想家としてはせめて論理の一貫性だけは失ってはならない。それだけは最低必要条件ですが、その条件を大川は満たしている」と竹内は指摘する。日米戦争はもともと大川が抱いていた終末観に近い「東西対抗史観」のヴィジョンに沿って勃発したに過ぎず、大戦勃発と云う「時局」が彼の歴史認識に基づく予言の通りになっただけのことだと突き放すのである。換言すれば、『米英東亜侵略史』を出版した太平洋戦争開始時には大川はもう思想家として創造性は失ってしまっていたと明言する。

大平洋戦争の開始後、大川はラジオその他でさかんに講演をやり、矢つぎ早やに本を出しておりますが、これはみな啓蒙的なもので、たまたま時局がかれの予言どおりになったために売れっ子になっただけのことです。思想家としての創造性はこの時期にはなくなっていると思います。予言の的中というのは、かれの歴史認識のことであって、世界は東西の対抗をくり返すことによって自己展開され、終局の統一まで導かれるという一種の終末観が本来的に大川の内部にひそんでいて、日米戦争はその証明になるからであります[55]。

このように、大川の内在的な論理の中で彼の言動を説明することで竹内一流の議論は展開される。そしてイスラームに関する大川の認識の核心部分に入っていく。竹内らしい物議をかもす非常に危うい物言いである。しかし、実にこと大川のイスラーム認識を考えた場合、的を射た指摘でもある。

大川が日本型ファシストの一典型である、ということは承認されてよいと思います。同時にかれが独立した思想家であることも認めねばなりません。つまり、体制としてのファシズムに便乗して言論を弄んだのではないということです。その証明は、かれのイスラムへの傾倒からでも十分に与えられるでしょう[56]。

なぜイスラームに傾倒することが時局便乗型思想家ではないといえるのか。大川が「宗教と政治に間一髪なき」イスラームに心惹かれて以来、イスラームこそが彼の理想の形態を実現するはずだったからである。

精神すなわち内的価値の最高表現形態としての宗教と、それを社会的に実現する手段である力すなわち政治との結合という一点においてイスラムをとらえる。それが大川にとって理想の形態であるから、かれはその探求のために全生命力を注ぎ込んだ。たとい現実のイスラム世界がどんなに汚濁にみちていようとも、そんなことはかれの学問は関知しない。かれは政策とは無縁の場所に立っているのだから。(57)

大川は一民間人であり、政策とは無縁であったからこそ、その現実のイスラームが汚濁にみちていても、彼の学問は関知しないと、これまた竹内しか吐けない名台詞を残すのである。そして、大川は「政治家、あるいは革命家としてはかれは失敗者であるが、かれの学問業績が今日なお生命があり、継承する意味があるのは、この学者としての節操がかかっているからであります(58)」と講演を結ぶのである。

竹内の結論は、彼の大川論の前提となっている「理想型に対する偏差として現実を見る」傾向のある大川にとって、学問も、政治的理想もこの思考パターンから自由ではなかったということである。それは大川の思想家としての強みでもあり、弱みでもあるし、また、思想家としての面白みのなさでもあろう。この竹内の結論はわれわれが大川論を展開するときの共有すべき出発点であろうかと思う。大川をあらかじめ「超国家主義者」と決め付けて議論を展開していくよりも、彼の思想構造を内在的かつ批判的に議論する際には有効であると考える。

しかし、大川のイスラーム研究あるいはイスラーム観を論じる本書の立場からすると、「理想型に対する偏差として現実を見る」ことが、「宗教と政治に間一髪を入れぬ」イスラームに心惹かれるということと符合するというだけでは不十分である。それだけでは、次の第二章で議論する「神秘的マホメット教」を書いた学生時代の大川から、『古蘭』を翻訳し「マホメット伝」を執筆するに至る晩年の大川までを貫く「執拗低音」ともいうべき内面的な情念を、彼のイスラーム観の変遷の中でうまく位置づけることができない。つまり、「大川周明のアジア研究」の文章を読む限り、竹内による大川のイスラーム理解の仕方だけでは晩年の大川の預言者ムハンマドへの傾倒を説明できないのである。竹内の錯綜した議論の仕方についてては終章で再び取り上げることにしたい。

第二章　青年期の転回と晩年の回帰

スウフィズムは殆ど基督教《キリスト》と云ふを妨げず。少くとも、プラトー及新プラトー哲学を基礎とせる精神的基督教と同一の信仰を有す。スウフィズム信者自身は決してこの断定を拒まざる可し。彼等は常に耶蘇《やそ》を至高のオーソリティーと呼び、新約の言語を自在に使用し、旧約の神話を借用す。若し今日に於て而く相敵視する基督教と回々教（殊に前者が后者に対する態度は偏狭且つ厳酷を極むると雖《いえども》）とが他日手を握るの時ありとせば、スウフィズムこそ両者相会し相知り相助くる最良なる共通の地盤たる可し。（主としてマクスミュラーに拠る）(1)

一 「イスラームの二つの顔」との邂逅

冒頭に掲げた一節は、大川周明が、一九一三（大正二）年以前に執筆した、イスラームに関する最初の論考「神秘的マホメット教」の締めくくりである。この論文は一九一〇年五月、白川龍太郎のペンネームで道会雑誌『道』に掲載された(2)。大川がまだ東京帝国大学の学生だった二三歳の時の論文ということになる。ここでわざわざ「一九一三年」という年を強調したのにはそれなりの理由がある。それは、大川が一九二二年に刊行された『復興亜細亜の諸問題』の序において「宗教と政治とに間一髪なきマホメットの信仰に、いたく心惹かれしも、亦実に此頃のことであった」と述べており、ここでいうところの「此頃」とは、彼の進むべき道を変えることになった一冊の運命的な本『新インド』を神田の古本屋でたまたま見つけた一九一三年夏だったと明示しているからである。つまり、大川自身が説明する、イスラームに心惹かれるようになった時期と、「神秘的マホメット教」の執筆の時期の間には、約三年のズレがあるからである。もちろん、大川は「いたく心惹かれ」たと、わざわざ「いたく」を入れて強調しているので、イスラームそれ自体への興味がそれ以前からあったとしても不思議ではない。ただ、ここでまず確認しておきたいのは、「神秘的マホメット教」の執筆の時期と、インドの凄惨な現実を描いた運命の書籍との出会いとの約三年のズレが、本書において議論したい中心的テーマと密接にかかわっているということである。(3)

学生時代の若き日の大川周明が関心をもっていたイスラームとは、実は「一九一三年夏」以降に邂逅したイスラームとは別のイスラームであった、という問題を本章では考えてみたいのである。つまり、大川のイスラームへの関心の出発点に、「神秘的マホメット教」の論文タイトルにも窺えるスーフィズムがあった点を強調しておきたい。冒頭に挙げた論文の結論では、スーフィズムはキリスト教だといっても差しつかえないものであるとして、プラトンと新プラトン主義を基礎とする精神的キリスト教と同じ信仰をもっているというその系譜に注目し、お互いに反目するイスラームとキリスト教との共存の可能性を見いだすとしたらスーフィズムが共通の基盤となるだろう、といったことで議論を締めくくっている。

これまでいささか回りくどい表現をしてしまったが、第一次世界大戦前後の学生時代の大川と、太平洋戦争後に東京裁判を免訴になって松沢病院でコーランを翻訳するエネルギーを維持した晩年の大川をつなげるキーワードとして、「スーフィズム」をあげておきたいのである。おそらく、スーフィズムとはいったい何だという向きもあるかもしれないので、とりあえず、『岩波イスラーム辞典』の「スーフィズム」項目（私市正年執筆）の「定義」の部分だけを紹介しておこう。

イスラームにおいて内面を重視する思想・運動。原語のタサウウフ taṣawwuf はスーフィーたちの営為を表す。神との合一（＝ファナー）を説く神秘主義を一つの核とするため、〃イスラーム神秘主義〃と訳されることが多いが、スーフィズムとイスラーム神秘主義を一対一対応させることには、問題がある。たとえばイスラーム哲学の一部やシーア派の秘教主義にも、神秘主義的要素は顕著であるし、他方スーフィズムは日常世界のなかでよりよく生きるための指針を示す側面も強く、必ずしも非日常性と結びつくとはいえないからである。(4)

この項目での「定義」をわざわざ引用したのは、大川のイスラーム観を考える際に示唆的だからである。大川はペンネームで書いた「神秘的マホメット教」以来、その後スーフィズムについて自身が語ったり書いたりすることはなかった。少なくとも、活字では何も残していない。名著といわれる『回教概論』においても何故かスーフィズムは章として設けられていない。『大川周明全集』に所収の『宗教論』と題する未定稿の中において、大川は「第六　回教に於ける神秘主義」を執筆予定だったと思われるが、章名が一枚の原稿用紙に記されているだけで原稿そのものは残っていないとして、全集の編集委員は「第六は起稿されず原稿全く欠如」と注記している。(5)ただ、大川においては、「神人合一」をめざす「イスラーム神秘主義」への思いが、晩年になって預言者ムハンマドへの関心とともに蘇ることになる。しかし、大川は理念から現実を見る傾向があるために、辞典の「定義」にあるような「日常世界でよりよく生きるための指針」である生きたスーフィズムについてはほとんど関心を示さなかった。この問題点については後に再び触れることになるだろう。

「一九一三年夏」以来大川は、アジアが植民地化されたのは、内面的・個人的生活と外面的・社会的生活の分離が生じてしまったからだと考えるようになった。アジア、とりわけインドの人びとは出世間的な生活をあまりに慕う心のために、内面的・精神的自由の体得によって達成される平等一如の精神的原理を外面的・社会的生活に実現する努力を怠った、と大川は見たのである。以来、彼は個人的生活と社会的生活の両者の統一という理想の実現のために深く政治にかかわるようになり、その文脈において「宗教と政治とに間一髪なきマホメットの信仰にいたく心惹かれ」るようになった。つまり、一本の髪の毛の幅ほどのわずかな隙間もないほどに「宗教と政治の一致する（政教一致）」イスラームに心惹かれるようになったのである。そのため、内面を重視するイスラームであるスーフィズムは大川の中心的課題からいったんは遠ざけられてしまった。太平洋戦争の敗北に至るまで大川が辿った道は、内面的・個人的生活と外面的・社会的生活が統一された理想（道）を求めて、天皇と国民とが「君民一体」となった道義国家の実現のための国家改造運動に誠心をもって尽くすことであった。大川の理想はあくまで、個人と国家が一体化する英雄的な指導者像であり、イスラームに関する限り、政教一致の理想を実現している以上、事実上、内面的・個人的生活の問題は捨象されてしまっていた。したがって、少なくとも敗戦に至るまで表立って大川が関心を示したのは「イスラームの二つの顔」の一つの側面だけであった。

ここでいう「イスラームの二つの顔」というのは、序章でも述べたように、井筒俊彦の論文による分類であるが、シャリーア（イスラーム法）による統治を重視するイスラーム共同体（ウンマ）的なイスラーム（井筒はウンマが成立するメディナ時代の現世主義に対応するとし、スンナ派的、あるいはアラブ的とも呼んでいる）と、個人の内面を重視するスーフィー的あるいはシーア派的（あるいはペルシア的、イラン的）なイスラームである。この二つの顔をもつイスラームは相互補完関係にあり一体ではあるが、一般にはイスラームのイメージとして、超越的で全知全能の絶対者であるアッラーの前にすべて服従し、厳しい戒律を遵守する律法的な側面の方がよく知られている。一方、個人の内面を重視するスーフィズムの場合、聖者（ワリー）を介してアッラーとの神秘的合一を体験することにより、個人の内面的統一を探求することになる。

井筒は以上の「イスラームの二つの顔」の、まず外面的・律法的イスラームに関して「イスラームの現実主義、すなわち現実肯定的性格とは、ウンマと称する信仰共同体が主体となって、人間の生きるこの現実の世界、いわゆる現世を、シャリーアを通じて、神の意志の正しい実現の場として積極的に構築していこうとする前向きの姿勢を指すのであって、聖と俗の区別もなければ教会制度もないイスラームの、これが決定的な特徴をなすのである。このような宗教が、本性上、政治的であることは言うまでもない」(6)と述べる。他方、内面的・精神的イスラームはメッカ時代の来世主義に呼応し、後の「ペルシア的、イラン的形態、シーア派（Shī'ah）のイスラームがある。スンニーとシーア、この対立が正にイスラーム文化を二つに分ける。……シーア派的イスラームは内面的リアリティーにすべてを賭ける。内面への視座、それがシーア派的イスラームの最も根本的な特徴である。……あらゆるものについて、それの真のリアリティーは表面《ザーヒル》（ẓāhir）にはなくて内面《バーティン》（bāṭin）にある、と考えるのである」(7)。

井筒はシーア派とスーフィズムの両者についても説明する。「内面性の重視、内側への道の選びにおいて、シーア派はスーフィズム（イスラーム神秘主義）と完全に一致する。シーアとならんで、スーフィズムもイスラームの第二の顔を形成する重要な思想系譜である。／同じく内面への道を取りながらも、スーフィズムとシーアとは別々の道を行く。しかし広い意味で、歴史を究極まで遡って見れば、両者は同じ一つの源泉に由来すると考えられないこともない。ここで広い意味での同一の源泉とは、古代オリエント一帯、特に地中海的世界に拡がって各地の文化に一種独特の精神主義的色彩を与えたヘルメス的秘教主義、密儀宗教、錬金術などの、いわゆるグノーシスの大潮流であって、この潮流がイスラームに入って、イスラーム的形態をとって現れたものが、大ざっぱで大胆な言い方をすれば、スーフィズムでもあり、またシーアでもある」(8)。井筒による「イスラームの二つの顔」の区別は大川におけるイスラーム理解の変化を理解する上では非常に重要になってくる。つまり、学生時代の大川と晩年の大川のイスラーム理解の特徴は、井筒のいうところの内面的イスラーム、つまりスーフィズム的であるといえるのである。

大川が二〇歳代前半を除いてその後自ら直接言及することのなかった「内面的・個人的」なイスラームへの回帰は、敗戦後、東京裁判中に乱心して白日夢で預言者ムハンマドと会見したことを契機に、コーランの翻訳と預言者ムハンマドの伝記執筆を通じてなされたと考えられる。そのことは一九四〇年春から終戦まで東亜経済調査局回教班で大川の下で働いていた前嶋信次（一九〇三―八三年）の「証言」からも窺い知ることができる。前嶋は戦後、慶應義塾大学教授としてイスラーム文化史における先駆的仕事を残した日本のイスラーム研究の誇るべき先達である。前嶋は、大川が一九五一年に出版した精神的自伝『安楽の門』を謹呈され、その返礼の書簡の中において、大川訳コーランについて、とりわけ大川とコーランとの深い縁故に注目して、次のように言及している。

全巻に亘って啓蒙をうくる点多き中にも、先《ま》づ心を惹かるるは古蘭と先生との深き縁故で御座います。マホメットもアラーの啓示を受け初むる前しばらくの間は、恍惚たる心境に入る時多かりし由聞き及びましたが、先生も愈々《いよいよ》訳筆を下さるる前に殆ど同じ様な御経験を味はれし様に思はれます。神意一度びジヤバル・ヌール〔アラビア語で「光の山」の意味〕の洞窟〔メッカ近郊にある預言者が啓示を受けたヒラーという名の洞窟〕に下つてより千数百年、戦火に洗はれし東京にまたかくの如き奇蹟の起りし事は畢《ひっ》竟《きょう》古蘭が千古不磨〔永久に変わらない〕の真理をふくむが故に、時来れば雷霆《らいてい》〔激しい雷〕の如く鳴りひびいて達人の心を打つものかと愚考致して居ります。(9)

これは公開されることを前提としていない、前嶋が大川に宛てた個人的な書簡であるとしても、その内容は尋常ではない。大川をムハンマドと並べて、預言者と同じような神秘的体験を大川は味わった、と前嶋は最大の賛辞を与えているからである。預言者ムハンマドが「完全な人間」のモデルであるとするならば、それに連なる聖者としてのスーフィーのファナー〔アッラーとの合一〕の体験と同じだと指摘していることになる。戦災で荒涼とした焼け野原となった東京でムハンマドと同じような奇跡が起こったことは、「古蘭が千古不磨の真理をふくむが故に、時来れば雷霆の如く鳴りひびいて達人の心を打つ」ものであるからだと前嶋は記している。このことはスーフィズム的ファナー体験の前提がなければ理解できないことである。何故そのような賛辞になったかを想像するに、少なくとも前嶋が日ごろから大川をスーフィー的な資質をもつ達人とみなしていたからだと推測することは許されよう。実際、大川自身もまた「〔コーラン〕の伝ふるところの精神は略《ほ》ぼ之を領会するを得たり」と『古蘭』の「はしがき」で述べており、その訳業の完成に際し、「私を加護してくださる見えざる力に篤い感謝を献げ」ている。さらに晩年の精神的自伝『安楽の門』でも「私が乱心中の白日夢で屢々《しばしば》マホメットと会見し、そのために古蘭に対する興味が強くよみがえつたからである」と非日常的な体験を語っているのである。(10)

　大川が預言者ムハンマドと会見したという体験に関連して興味深いのが、晩年に執筆したと思われる未定稿『宗教論』において彼が教祖論を語っていることである。その中で大川は、仏教、キリスト教、イスラーム、そして儒教を「始祖中心の宗教」と位置づけてその比較を試みているが、本書の関心から興味深いのは、仏教およびキリスト教に対してイスラームと儒教を類似のものとして分類していることである。大川の晩年の宗教認識を示すものであるので、若干長くなるが引用してみよう。

　始祖中心の宗教のうち最も著しいのは言ふまでもなく仏教及び基督教で、回教及び儒教を之に加へて差支ない。但し前両者〔仏教・キリスト教〕に於ては、教祖が直ちに神として崇拝せらるるに対し、後二者〔イスラーム・儒教〕に於ては神使又は仲介者として尊敬せらるるに止まる相違がある。詳しく言へば、前者〔仏教・キリスト教〕に於ては、万有の本源たり信仰の対象たる神は、世界を超絶しては居るけれど、一個の人格の中に、神性が単に其の一部でなく、その全部が完全に表現されてゐるのが其の教祖であると信ずるが故に、教祖は単に尊敬すべき人間たるに止まらず、崇拝すべき神である。之を崇拝することによつて、神の力が吾等の上に加はり、その救済に与かることが出来る。然るに回教及び儒教に於ては、教祖は飽く迄も人間で、理想的人格として尊敬するけれど、決して神と同位に置かれることはない。此の一事は、わけても回教に於て厳重に禁ぜられて居る〔傍点は大川〕[11]。

このように大川はイスラームと儒教の教祖に共通性を見出し「理想的人格」という大川流の表現を用いて示している。

また、大川は教祖中心の宗教の特徴を、教祖の人格または神性に関する研究が熱心に行われるとして以下のようにまとめるのである。とりわけ、イスラームに関しては教祖の「人格」に関する記録である言行録ハディース（大川は「聖伝」と呼んでいる）が重要視されると考えるのである。

> 但し其の何れにもせよ、教祖中心の宗教は、教祖を以て人間の極致とし、その生涯を以て完全なる行為の規範とする。教祖の如くあることが信者の理想であり、信者の採るべき最高の道は、この崇高なる理想のために生き、教祖に現れたる神を信じ、教祖のうちに見出したる新しき生命の真実なることを、現実の生活の上に立証することである。かくて此の宗教に於ては、教祖の人格又は神性に関する研究が熱心に行はれる。仏教に於ける仏身論、基督教における基督論、回教における聖伝は、此等の宗教に於ける教祖崇拝が、如何に強きかを示す最もよき証拠である[12]。

以上の引用からわかる通り、敗戦後、大川がコーラン翻訳に注いだ情熱といい、預言者ムハンマド伝の執筆を通して預言者と自己同一化することといい、大川の「理想的人格」つまり「完全な人間」である教祖＝預言者ムハンマドを通したスーフィズム的な体験を抜きにしては、大川のイスラームへの回帰を理解できないのではないかというのが本書で述べたい中心的な論点なのである。(13)

二　学生時代のスーフィズムへの関心

大川周明は一九一一（明治四四）年に東京帝大を卒業して、二〇歳代後半には東大の図書館に通ってイスラームの研究に没頭していた。大川は学生時代から道会に関係していた。道会というのは、もともと日本教会と名乗っていた松村介石（一八五九―一九三九年）が一九〇七年に設立した儒教的キリスト教ともいうべき新宗教の団体である。老荘思想や王陽明の思想などを融合し、その信条としては信神、修徳、愛隣、永生の四ヶ条を掲げた。大川はこの道会雑誌『道』の編集などにおいて中心的役割を担っており、また毎号のように論考を執筆していたのである。松村自身、キリスト教宣教師を批判した上で、欧米のキリスト教の制度、儀礼、教義をともなわない「純粋」で「霊的」なイエスの宗教そのものを取り入れ、日本に「土着」させるためには日本的なかたちをとる必要があると考えていた。したがって、松村は、イエス・キリストに対する「他力依存」はキリスト教徒としての人生の始まりにすぎず、真正の信仰には自力行使も必要だと結論づけていた。松村の自力への道のキーワードが自己修養であり、自己鍛錬であった。(14)

大川も旧制中学時代にキリスト教に触れ、宋学的素養も豊かであったために、大学時代にこのような儒学的キリスト教の考え方をもつ道会に魅了されたのだと思われる。ただ、大川自身は松村に対する尊敬の念はほとんど語っておらず、むしろ道会を通じて知り合った東北学院大学設立者でキリスト者の押川方義《まさよし》や海軍大将の八代六郎などに「抱一無離の宗教人」の理想像を認めている[15]。
イスラーム関係の論考に関していえば、大川は卒業後、一九一三年（大正二）年六月と八月、『大陸』第一号・第二号に「支那における回教」と題する論文を二回にわたって連載した。中国におけるイスラームを論じたこの論文の中で非常に興味深いのが、若き日の大川が、中国の儒教、仏教、キリスト教が宗教的生命を失ってしまっていると断じているのに比べて、イスラームは純一なる信仰を抱いていると高く評価し、むしろ過剰といっていいほどの期待を表明している点である。本章冒頭で述べた一九一三年夏の「間一髪を入れぬイスラーム」というイスラーム観への転回の萌芽はすでにこの論考の中にも用意されていると考えることもできるのである。

支那の精神界に於て、独り回教のみが二千三百万の信者に宗教的生命を与へて居る。殆ど五億に近き支那人の間に在りて、二千五百万は僅かに其の二十分の一を占むるに過ぎぬ。されど儒教徒や仏教徒は仮令《たとひ》其数が如何に夥《おびただ》しからうとも、所詮は唯だ統計表の上だけでの信者たるに反し、苟《いやし》くも回教を奉ずる人々は、多かれ少なかれ教祖の精神と交感し、其定めたる律法に随順して居る真実の宗教信者たる点よりすれば、二千五百万の信者を有する回教徒は、現代支那に於ける最も有力なる宗教と言ひ得る事と思ふ[16]。

大川は辛亥革命直後の中国ムスリムを少数ながら最も有力な宗教とまでいっているのである。このような大川のムスリム評価は他方で植民地主義的野心を露骨に表わすキリスト教宣教師の傲慢な態度への強い非難と裏腹の関係にある。道会の松村介石や無教会派の内村鑑三らのような日本的キリスト者と同様、大川は外国人宣教師による欧米的な伝統の押しつけに対して反発を感じていたのであろう。大川的に表現すれば「白人宣教師」は侵略者だということになる。彼は後になってもこの点に関しては一貫していた。

支那の国家組織の薄弱と其の法律の不備とは、白人宣教師をして往く可からざる路を往かしめる誘惑となつた。彼等は神の前には謙遜であるかも知れぬ。されど一般の支那人に対しては憎むべき倨傲《きよごう》の態度を取つた。彼等は本国の権威を楯として支那の俗権に関渉する暴慢を敢てした。従つて一般の支那良民の眼底に映ずる白人宣教師は、決して高潔な人格を具ふる博愛の使者に非ずして、寧ろ排斥す可き無遠慮なる侵略者であつた(17)。

大川は続けて、教会にやって来る中国人たちは信仰を求めるよりも物質的な利益のために集まっているのであり、多くの中国人の無頼漢が白人宣教師の下に隠れて自国の法律を無視して中国の民衆を脅かしているとみなす。そして「基督教が真に支那人の宗教的生命たるまでには、更に純一なる信仰を抱き、更に真摯なる努力を惜しまぬ有為なる伝道者にまたねばならぬ」と結ぶのである。

以上に述べた論考の三年前に大川が発表した文章が、本章冒頭で述べたように、「神秘的マホメット教」であった。この論考は、基本的にはスーフィズムに関する研究動向を紹介したものではあるが、大川が学生時代にどのような角度からイスラームに関心を持っていたかをはっきりと示すものである。この習作的論考は今でいう「研究ノート」ではあるが、道会という宗教団体の雑誌『道』に掲載されたということもあり、引用した文献の典拠がまったく示されていないという欠点がある。しかし、当時の大川が、スーフィズムが神秘主義の流れの中でどのように位置づけられるかという関心をもっていたことを示している。本章のはじめで論じたように、大川は、スーフィズムを新プラトン主義の中でキリスト教神秘主義と同じ潮流に属するものであり、スーフィズムはキリスト教だといっても差しつかえないと結論づけた。この論考はキリスト教とイスラームとの「共存」のあり方を大川なりに模索しようとしたものと考えられるのである。

しかし、同時に大川は、この頃からすでにキリスト教のイスラームに対する偏向にも端々で触れており、その後のイスラームへの関心のあり方を萌芽的に示すような文章でもある。大川はこの頃、すでに「イスラームの二つの顔」を認識しており、この論考ではむしろ二つの顔のうちの「神秘主義」的側面によりいっそう知的な関心を寄せているものの、スーフィズム的な顔と超越的・律法的な顔をもつ「イスラームの二つの顔」の隔たりの大きさにも注目している。預言者ムハンマドそのものへの関心も芽生えており、大川が預言者に何を見いだしていたのかという問題にもつながる。

さて、ここからは「神秘的マホメット教」の論文の内容を概観し、井筒俊彦の『イスラーム思想史』におけるスーフィズムの叙述と比較してみたい。井筒を引き合いに出すのは彼と大川の関心のあり方が交差しているからである。大川の論文は冒頭から、スーフィズムに関する学説の紹介に入る。すなわち、スーフィズム関係の典籍はペルシア語で書かれているのでインド思想がペルシアからイスラームに入ったものだとみなされていたが、この点は事実とは反しており、むしろヒジュラ暦（イスラームの暦で西暦六二二年が元年に相当）二世紀初めに「アラビヤ」に起こったものだと記している。[18] そして、大川はスーフィズムの

系譜を次のように説明するのである。(19)

後年マホメット教徒が波斯《ペルシア》及印度《インド》を征服するに及んで、両国の思想がスウフィズム〔スーフィズム〕の信仰並《ならび》に文学に、大なる影響を与へたるは拒む可からず。然れども外部よりスウフィズムに向つて最も大なる刺激を与へたるは東方基督教なり。アラビヤに於ては紀元三世紀の頃、已にプラトー〔プラトン〕、アリストートル〔アリストテレス〕、及歴山〔アレクサンドリア〕註釈家の著書の翻訳ありて、新プラトー派の哲学及グノスティック〔グノーシス〕説は広く東方に行はれたりき。スウフィズムは約翰《ヨハネ》〔十二使徒の一人で「ヨハネ黙示録」等の筆者といわれる〕の基督教、又は宗教的プラトー派及グノスティックの基督教を根幹とし、之に加ふるに彼等が希臘《ギリシア》のモゼス〔モーセ〕と呼びたるプラトーの哲学を以てせる神秘的マホメット教と云ふを妨げず。(20)

大川は、スーフィズムがもっとも強い刺激を受けたのは東方キリスト教であるとして、紀元三世紀頃にはアラビア〔むしろシリアおよびエジプトであろう〕でプラトン等の翻訳が行われ、さらに新プラトン主義やグノーシス主義の考え方も広まっていたというのである。だからこそ、スーフィズムは新プラトン主義とグノーシス主義のキリスト教を基礎として、プラトンの哲学が加わったものだと述べているのである。グノーシス〔ギリシア語で「認識」の意味〕主義とは、大川の認識では、キリスト教異端思想と捉えられており、電子辞書版『広辞苑』にしたがえば「人間が肉体・物質世界から浄化され自分が神であることを認識することで救われると説く」ものである。さらに続けて、大川の説明に耳を傾けよう。

〔スーフィズムが〕その一《ワン》と多《メニー》を説き、非有を説き、エクスタシー及直観を説くは、之をプラトー又は新プラトー説より学べりと解すべく、殊に人間美を以て感覚の世界と観念の世界とに架け渡されたる橋なりとし、愛を刺激して人を真美の大洋に導くものとなせるは、明かにプラトーのファイドロスの説を採れるもの也。(21)

大川は、スーフィズムはのちに新プラトン主義やキリスト教神秘主義に影響を与えたプラトンの対話編『パイドロス（ファイドロス）』の考え方を採ったものだと指摘している。彼は続いて、スーフィズムに対するキリスト教の影響に関する研究を紹介したのちに、七世紀の女性イスラーム神秘家として知られるラービア・アダウィーヤを取り上げる。

マホメット教徒にして斯の如き〔神秘主義的な〕信仰を最初に表白せるものはラビヤ Rabia と呼ぶ婦人なりとせらる。ラビヤは教祖匪走《ヘジラ》後一三五年に死せる未婚の女なり。アラビヤの伝記家が伝ふる、ラビヤの生涯は、直ちに基督教の諸聖徒の生涯と云ふを妨げず。(22)

大川はそれから、ラービアにまつわる「神我合一」のエピソードをいくつか紹介して、「ラビヤの信仰は全然その哀心より湧き出でたるものにして何等外来の影響を認むる能《あた》はず。その思想に於いては明かにスウフィズムの先駆たれども、之を一宗として組織せるはやゝラビヤに後れて出でたるアブ、サイド、アブル、チェイル Abu Said Abul Cheir なり」(23)と述べる。アブー・サイード・イブン・アビー・ハイルはセルジューク朝最初期のホラーサーン地方の高名な神秘主義者であるが、大川はまったく説明は省略する。さらに、スーフィズムの略史を追いつつ、スーフィズムの語源の諸説を簡単に述べて、スーフィーたちにはさまざまな呼び方があり、「蓋《けだ》し直観に由りて神と接し、疑惑なき動揺なき境地に住せるを以て也」とその由来を説明する。そしてスーフィーその人の苦行について述べるのである。

〔スーフィーは〕霊の眼を開いて神を直観し以て浩蕩《こうとう》〔広々として大きなさま〕の境に遊び得る事を信じ、且苦行を以て之を得るの善方便と思惟せり。此苦行は当初に在りては飲食にその他の肉欲を断つにすぎざりしが、後には極めて矯激なるものとなれり。その甚しきに至りては印度の婆羅門《バラモン》僧に劣らざる苦行を敢てせしも、アッタール〔ファリードッディーン・アッタール、一一四五?—一二二一年。ペルシアの神秘主義の代表的詩人〕及びゼラール、エッディン、ルーミー〔ジャラールッディーン・アッ・ルーミー、一二〇七—七三年、ペルシア文学最大の神秘主義詩人〕の如きは、その愚劣なるを知りて苦行を斥けたりき。真正なるスウフィズム教徒は単にその才能ための みならず、その聖者の如き生涯の為に常に深重なる尊敬を受けたり。(24)

大川は以上の一節に続けてルーミーについて説明を加えた後、ルーミーの代表的著書『精神的マスナヴィー』がイスラーム教徒たちによってコーランに次ぐ至宝として尊敬を受けているけれども、思想においては両書の間には天地ほどの隔たりがあるというのである。大川は言及していないが、同書はシーア派の人びとにとってペルシア語で書かれたコーラン注釈書だといわれる。そして本書にとって極めて重要な意味をもつ「イスラームの二つの顔」について、大川がこの頃からすでに認識していたことが示されることになる。

コーランに現はれたるマホメットの神は旧約の神なり。アラーは主として権威の神、強大なる超在的人格神なり。彼は畏るべくして近づき難き神なり。其の宗教とは神の意志に服従する事にしてイスラームの語義は神への屈服の意なり。メスネヴィ〔マスナヴィー〕に現れたるゼラール、エッディン〔ルーミー〕の神は約翰の神、若しくはプロティノスの神にして著しく汎神論なり。マホメット曾て曰く、後年吾が民は七十三の分派に岐《わか》る可し。その中に正しきものはただ一つあるのみと。スウフィズムはその正しき一つと言ふを得ざる也。[25]

大川はスーフィズム的（あるいはシーア派的）な神を著しく「汎神論」であると断定している。つまり、「あらゆるものに神が宿り、一切万有は神であり、神と世界とは本質的に同一であるとする宗教観・哲学観。インドのウパニシャッドの思想、ソクラテス以前のギリシア思想、近代ではスピノザ・ゲーテ・シェリングなどの思想はこれに属する」（『電子辞書版　広辞苑』）ものであり、多神教的な信仰とともに一神教的な信仰とは対立するものとなる。このような関心の方向性は第三章で紹介する大川の「精神の遍歴」と重なり合うものである。

後年、ルーミーを翻訳[26]することになる井筒俊彦は、ことイスラームに関しては司馬遼太郎との対談での発言以来、大川の精神的な後継者とみなされたりしているが、彼はスーフィズムの成立に関して次のように説明している。すなわち、イスラームという宗教そのものが教祖ムハンマドの沈鬱な終末的なヴィジョンにはじまる。メッカにおけるムハンマドの預言者としての活動は、唯一なる正義の神を信じ、近づき来る大審判の日を信じよという告知に尽きる。コーランのいわゆるメッカ期（ムハンマドの宗教活動の前半期）の章句を根本的に特徴づけているものは「審判の主」神に対する深い懼《おそ》れの情である。そのためムハンマドが最も激しく非難詰問したものは物質的快楽を追求することだけに専念して、自己の霊魂の救済をいささかも顧みようともせぬ傾向であった。つまり、現世は根源的に悪と見られているのである。

井筒は続ける。ところが、西暦六二二年、教祖がメディナに遁行してからは、事態は全く予想外の方向に好転し、ムハンマド自身も意外とするほどイスラームは急速に隆盛の一途を辿り始めた。そしてそれと同時に「天啓」の性質も次第に積極的・現世肯定的となり、さらには著しく政治的性格すら帯びて来るに至った。しかもムハンマドの死後、イスラームは実際、世界文化と化していよいよその現世的勢力を増していった。イスラーム史初頭の武力征服事業成功を承けて西暦六六一年シリアの都ダマスに成立した最初の王家ウマイヤ朝はその精神において根本的に物質主義的・現世的であり、人心もまた享楽主義的であった。教祖在世の頃、信徒の胸に烈々と燃えていた熱い信仰の炎は消え失せて宗教は外面的儀式となり、人びとは神への懼れを忘却して、ひたすら現世の快楽を追い求めることに汲々たる有様であった。この時にあたって、今なおかつての信仰心を失うことなく、浅ましい世のなり行きを烈しい憤懣《ふんまん》をもって見守っていた敬虔な人びとの間に期せずして精神主義的運動が起った。その運動の根本原理は現世主義に対する来世主義であった。それは隠遁主義という一見消極的な外形をとりながら次第にあたるべからざる勢をもっ

てイスラーム文化圏に拡がっていった。それがスーフィズムであると井筒は云うのである。(27)

井筒の指摘で重要な点は次のように二項対立でスーフィズムの登場を説明したことにある。すなわち、預言者ムハンマド自身が沈鬱で終末的なヴィジョンをもって登場したために、メッカ期のイスラームは来世的で霊魂の救済を求めていたが、イスラームはその拡大とともに現世的・享楽的になり、政治的性格すらも付与されていくようになった。スーフィズムは、人びとが現世的快楽を汲々として神への懼れや信仰を忘れてしまう事態に対する批判として起こった新たな精神主義的運動だったということである。井筒が指摘するようにイスラームが根本原理として現世主義と来世主義の二項対立を生んだことは、大川の思想的発展においても顕著にみられるものであった。すなわち、「一九一三年夏」以前の大川のイスラーム理解は井筒のいう来世主義であり、預言者ムハンマドの沈鬱な終末的なヴィジョンの強烈な衝撃もそのような大川の精神的な傾向と同調することになった。

ところで、前述のように、スーフィズムがプラトンから受け継いだ「愛」に関して大川は説明しているが、井筒はシリアのキリスト教神秘主義に関連して次のように述べる。

〔初期スーフィー達が〕自分の体験を反省的に追体験し、それを理論的に把握して行くに際しては、新プラトン主義的神秘思想のほかに、さらにシリアのキリスト教神秘主義が重要な影響を与えたのであった。それはスーフィズムが思索的傾向をとり出したそもそもの始めから、「愛」という観念に比類ない優勢な位地を認めた一事によっても察知することができる。／「愛」はシリア神秘主義の最も顕著な特徴である。元来、シリアはエジプト、インド、ペルシャと並んで古代東洋における神秘主義〔ミスティシズム〕の一大中心地であるが、シリアのミスティシズムは、他国のミスティシズムが主として瞑想的であるのに反して、著しく実践的であった。すなわち、それはミスティシズムそれ自身であるよりも寧ろアスケーシス〔難行苦行〕の実践道であった(28)。

そして井筒は難行苦行そのものから神と合一するための修業への思想的転回を、プロティヌス〔プロティノス〕の流出論に求めるのである。

禁欲的修業は、行者が自己の魂を清浄にし、その表面を遮蔽する曇りを払掃して、恰《あたか》も明鏡の物を映すごとくに神の姿を魂に映し、神を識り、最後に神と合一するための手段であると見做されることになった。この〔来世の魂の救済という純宗教的目的達成のための地上生活の難行苦行からの〕重大なる思想的転向を醸成し激成したものこそ、ほかならぬプロティノス的な流出論とその動的神秘哲学だったのである。神、すなわち至高至聖の「存在者」は全存在界の中心にあって燦爛《さんらん》と輝く光源であって、この光源から脈動しつつ迸出《へいしゅつ》する光の波は悠遠宏大な宇宙に降り灑《そそ》ぎ、明滅交錯して五彩に映えわたり煌《きらめ》く。故に人もまた内面に向って瞑想を深め、物質的被覆を一枚ずつ破棄し脱ぎ棄てて行くならば、次第に聖光が直接にその魂に照徹して、遂には現象的存在の帳《とばり》は全て取りはらわれ、魂は神的光源そのものの中に消融し、忘我奪魂、神人冥合の妙境を窮めることができるであろう、という考えである〔傍点は井筒〕(29)。

以上のように、井筒はスーフィズムの思想的展開をプロティノス的な流出論の導入から説明するわけであるが、イスラーム哲学に新プラトン主義が導入されたことは、イスラーム哲学史の上では転回点であり、革命的な意義をもったといわれる。九世紀から一二世紀のイスラーム世界には、キンディー、ファーラービー、アヴィセンナ、アル・ガザーリー、アヴェロエスといった哲学者が綺羅星のごとく登場するのである。そして若かりし頃の大川は次のようにスーフィズムの「愛」を語る。

スウフィズムの信仰によれば、人心はその度に於て無限の差別あれど質に於ては平等なり。そは神の心の一部にして竟《つい》には之に摂せらる丶もの也。神は宇宙に遍在する霊にして、神のみが円満なる愛、完全なる智、無垢なる美なり。神を愛する事のみが純正の愛にして自余の愛は迷妄なり。無始の永劫より無終の永劫に亘りて至高の愛吾等の上に働きて幸福を与へ、また幸福を得るの道を与ふ。而して吾等と神との間に結ばれたる人格的約束に於て各自の分を尽す事のみが幸福を得る唯一の道なり。心霊の外には純然たる絶対の存在なし、所謂《いはゆる》物質は神てふ芸術家が不断に吾等が心理に描き出づる楽しき絵に過ぎず。吾等はか丶る幻に愛着すべからず、たゞ神にのみ愛着すべし。吾等神に在りて生くる如く、神は亦吾等の中に在り。(30)

大川の「愛」の語り方は「汎神論」的な神の理解に基づいており、若き大川にとってはドイツの神秘主義者のベーメやユニテリアンの思想家エマソンに連なっていく極めてなじみ深い考え方である。同時に井筒俊彦も論じた『大乗起信論』(31)に起源をもつ天台本覚思想の「山川草木悉皆成仏(生きとし生けるものすべてが仏性をもつ）」的な宗教観とも共通しており、「神人合一」などの汎神論的要素を含む思想への関心は大川の後年の宗教観につながっていった。このようなイスラームの内面的理解は、利用した外国語文献からの引用とはいいながら、青年期の大川のスーフィズム理解の核心部分である。このような神人合一的かつ汎神論なイスラーム理解が晩年の大川のコーラン翻訳とマホメット伝執筆につながっていくのである。

三　「一九一三年夏」の意味

前述のとおり、大川周明がその精神的転機として語るのが一九一三（大正二）年の夏である。その転機を大川自身は『復興亜細亜の諸問題』の「序」で次のように述べているが、晩年に振り返ってもよほど強烈な体験であったのか、このくだりは『安楽の門』でも同様の内容が記されている。

> 竜樹研究を卒業論文として大学の哲学科を出た時、予が心密かに期したりしは、一生を印度哲学の色読に捧げることであつた。……予にとりて決して忘じ難き一書は、サー・ヘンリ・コットンの『新印度』である。……大正二年の夏であった。一夕の散歩に神田の古本屋で、不図《ふと》店頭に曝さるゝコットンの書を見出だした。予はコットンの為人《ひととなり》も知らず、また此書が世にも名高き著作なりとも知らず、唯だ書名の『新印度』とあるに心惹かれ、求め帰つて之を読んだ。而して真に筆紙尽さゞる感に打たれた。(32)

大川はこの書物を読むまでは「印度思想の荘厳に景仰し、未だ見ぬ雪山の雄渾を思慕しつつ、婆羅門《バラモン》鍛錬の道場、仏陀降臨の聖地としてのみ、予は脳裏に印度を描いて居た」のである。大川はその時初めてイギリス統治下のインドの悲惨な状況とイギリスの植民地支配という不正義を知ったのである。自分のイメージの中のインドと現実のインドには大きな隔たりがあり、その違いに「驚き、悲しみ、而して憤つた」のである。そして大川はこのような状況はインドだけのことではなく、アジア大陸全体が白人によって蹂躙《じゅうりん》されて奴隷となってしまっていることに気づく。そして、その原因はアジアの人々が内面的・精神的自由を得るために出世間的生活を慕ってきたことにあると思い始めたのである。

亜細亜酸鼻の源泉は、実に予が求めたりし如き出世間的生活を慕ふ心其ものに在ると思ひ初めた。亜細亜の努力、殊に印度至高の努力は、内面的精神的自由の体得に存し、且之によつて偉大なる平等一如の精神的原理を把握した。……而も亜細亜は、此の原理を社会的生活の上に実現すべく獅子王の努力を用ゐなかつた。其の必然の結果は、内面的・個人的生活と外面的・社会的生活とが、互に分離孤立する小乗亜細亜の出現となり、一面には精神的原理の硬化、他面には社会的制度の弛廃を招き、遂に却つて白人阿修羅の隷属たるに至つた。亜細亜はその本来の高貴に復《かへ》るべく、先ず二元的生活を脱却して妙法を現世に実現する無二無三の大乗亜細亜たることに努めねばならぬ(33)。

大川は「内面的・個人的生活」と「外面的・社会的生活」の二項対立を設定した上で、アジアではこの二つが相互に別個のものとして分離してしまい、それが「内面的・個人的生活」に偏る「小乗アジア」の出現を招き、そしてこの二つが双方ともダメになって、結果的に白人に隷属してしまうことになったと考えたのである。ここでも大川は、修行による個人の解脱を説く小乗仏教と、利他救済の立場から広く人間全体の平等と成仏を説く大乗仏教を対比する巧みな比喩を使いつつ、「妙法を現世に実現する」仏の教えの真の大道である大乗仏教、つまり「大乗アジア」こそが目標とされなければならないという自説を諄々と説く。大川は、堕落した二元的生活を脱却して「大乗アジア」になるためには次のような処方箋が必要であると強調する。すなわち、「吾等の社会生活、その最も具体的なるものとして吾等の国家的生活に、吾等の精神的理想に相応する制度と組織とを与へねばならぬ。予は是くの如く考へた。予は是くの如く考へたる故に、予は最も広汎なる意味に於ける政治の研究に深甚なる興味を抱いた」と述べた上で、大川はイスラームへの関心を次のように表明することになるのである。

剣かコランかの信条を真向に振翳《ふりかざ》し、宗教と政治とに間一髪なきマホメットの信仰に、いたく心惹かれしも、亦実に此頃のことであつた。回教に関する本書の数篇は、如是《にょぜ》因縁に由来する。(34)

この一節に、政教一致の国家を制度的・組織的に実現するという大川のイスラームへの実践的な取り組みが表現されている。少なくとも、『復興亜細亜の諸問題』を出版した一九二二年における青年期の大川はイスラームを宗教と政治が見事に一致した信仰だと認識しており、だからこそイスラームを二元的生活が統合された理想的モデルとして捉えたのである。

しかし、ここで大川が意図した「剣かコーランか」という表現は、大東亜戦争勃発後に出版された『回教概論』の「はしがき」における意味づけとは異なっている。大川はまだこの段階ではイスラームへのヨーロッパ的な偏見にいささか「毒されて」いた。後に大川の理解が深められていってイスラーム観が変化したと考えることもできる。すなわち、大川は『回教概論』において「回教の弘布は専ら「剣か古蘭か」と呼号せる戦士によつて成されたるものと誤り伝へて以来、マホメットの宗教は主として剣戟《けんげき》の力によつて弘められたるものの如く考へられて居る。但し広く世間に流布せらるる此の思想は、明白に誤謬である」(35)とはっきりと述べているからである。ただし、大川は続けて、イスラームの政治的発展は疑いもなく武力によって成就されたとも記している。換言すれば、一九二〇年代初頭の大川のイスラーム理解はイスラームにおける武力による拡大に力点が置かれ、一九四〇年代の大川は力点をずらしてイスラームの拡大は「信仰の純一、教義の簡潔、伝道者の熱心、及び当時に於ける東方諸国の政治的乃至《ないし》宗教的混沌」にその要因があったと考えるようになったのである。(36)

大川の「剣かコーランか」の理解が変化していることを強調したために、議論の本筋からはそれてしまったが、イスラームに二元的生活の統合を見いだす姿勢は、「一九一三年夏」の転回以降、彼が生涯にわたって追求した理想と一致しており、その立場はいささかも揺らぐことはなかった。ただし、大川のそのようなイスラーム理解すらもオリエンタリスト的な見方に強く影響を受けており、また時としてオリエンタリストのようにイスラームを理想化しすぎた立場から解釈していたこともしばしばであった。先に述べたとおり、「イスラームの二つの顔」という問題には大川自身がずっと自覚的でありながら、少なくとも思想的転回以降、彼自身は公的には「大乗アジア」的立場からイスラームを語り、イスラームは生活すべてをも包括する文明の体系であるといった言説を駆使しており、イスラームに対する自らの「小乗アジア」的嗜好を前面に出すのを意図的に避けていたとも考えられる。

大川はすでに若い日において現実のアジアの悲惨に衝撃を受けて、アジア的な二元的生活の分離の克服を唱える一方で、分裂した「イスラームの二つの顔」のうち、執拗低音のように奏でられる「小乗アジア」的な内面生活における「神秘的マホメット教」そのものへの強い関心は維持し続けた。繰り返しになるが、むしろそのように考える方が第二次世界大戦終了後、東京裁判での免訴を機に、内面的・個人的イスラームへの関心が再び表面化して、『古蘭』の翻訳や『マホメット伝』執筆のエネルギーに転化していったことがうまく説明できる。

ところで、「一九一三年夏」の思想的転回以降、大川は道会雑誌『道』にイスラームに関する論文を精力的に執筆している。大川の姿勢で目立つことはイスラームに関して啓蒙的になっていった点である。「神秘的マホメット教」では依拠したヨーロッパの研究者の名前（場合によっては著作についても）だけはまだ最低限言及されていたが、以後は論考から文献の引用はほとんど消えてしまうのである。これは『道』という雑誌の限られた読者層に対しては必要ないと判断していたのであろうが、同時期の『復興亜細亜の諸問題』を構成した『道』論考も引用は極端に少ないものの、単行本として刊行するに当たって極力文献を明記している。だが、『道』掲載のイスラーム論では、その後単行本化されなかったという事情もあるのか、参考文献がほとんど示されていないということはここで強調しておきたい。というのも、時折見受けられる、『回教概論』を含む大川の誤認等を、参照文献を通じて確認しようにもできないということが、現時点から大川のイスラーム研究を考える上で、決定的に問題になってしまうということがあるからである。

さて、大川はまず、一九一三年九月から一二月にかけて『道』に連載していた「宗教講話」（其十三から其十六）において「マホメット及び其の宗教」と題してイスラームについての論考を発表することになる。もっとも、この論考は旧稿を掲載することにしたようであるが、これも「思想的転回」を受けて急遽掲載することにしたのかどうかは判然としない。ただ、大川は一九一四年七月から一一月にかけて『道』にハディース（聖伝）の翻訳を「マホメット語録」として連載していた。[38]『安楽の門』の中で「アカギ叢書という十銭本に／マホメット伝を執筆せるも其頃なり」という一節が出てくるので、この論考はあるいは叢書として書いた内容とも一部重なるのかもしれない。ただ、『マホメット伝』がこのアカギ叢書の一冊として実際に出版されたかどうかは管見のかぎり不明である。大川の記憶違いかもしれない。いずれにせよ、その論考で大川は、イスラームとその教組ムハンマドを紹介するのはきわめて当然であるということで以下のように述べている。

マホメット教の成立は、基督教に後る、こと六百余年であるけれど、その発達の程度より云へば、殆ど旧約のイスラエル宗教と同一段階に在るものである。最初余は基督教を述べ終えた後、直ちに仏教に及ぶ計画であつたが、教義の高下信仰の純雑は兎に角として、既に二億の信者を有する世界第三の大宗教である以上、その教祖の生涯と、教義の大綱とを略述するのが至当と思ひ直して、茲《ここ》に旧稿「マホメツド及び其宗教」を両回に亘りて掲載する事にした。[40]

大川のこのようなイスラームの紹介が至当であることの理由づけはもっともなことであるが、彼の言い方で気になるのが「発達の程度より云えば」とか「教義の高下」「信仰の純雑」といった「宗教進化」にかかわる表現が見受けられることである。おそらくこの表現は、大川が当時携わって完成を見たヴィルヘルム・ブッセット『宗教の本質』の翻訳の影響があると思われる。また、大川は「一九一四年二月」と記した同訳書の「序」において、ブッセットの仏教に関する知識は原始仏教に限られているため、日本と中国の仏教については触れられておらず、また儒教、そして老荘思想などの「自然神秘教」も議論されていないことを批判しつつ次のように書き記している。

吾等は欧米人の手になれる宗教学上の名著を読む毎に、欧米人よりも更に恵まれたる地位に在る吾国民の間に、其等の学者の著作に常に附纏《つきまと》ふ欠陥、即ち東洋意識に対する徹底せる理解の欠乏を補ひて、更に完全なるものたらしめる偉大なる学者の出現を翹望《ぎょうぼう》せざるを得ぬ。想ふに真に公平無私なる宗教の研究は吾国民の手に待たねばならぬ。西洋人が東洋を理解するよりも、遥かに公平に遥かに無私に西洋を理解し得る、東洋に於ける唯一の優秀なる此の国民の手によりて、欧米人の能《よ》くせざりし、又は能くし得ざる完全な宗教研究が成し遂げらるべしとの希望は決して空しき期待ではないと思ふ。(41)

大川のブッセットへの論難は、イスラームに関する議論に関してその「宗教進化」の学説自体は受け入れているともとれる、あいまいな両義的表現であることは間違いない。換言すれば、この時期における大川がイスラームを「宗教進化」の観点から捉えていたことを示唆するものである。この点に関しては、晩年に執筆されたと思われる未定稿『宗教論』において、前述したとおり、教祖論の立場からイスラームは儒教と並べられて論じられている。いずれにせよ、ここで指摘しておきたいのは、大川にとってイスラエルの宗教であるユダヤ教と同じ段階にある一神教的な性格をもつ超越的・律法的イスラームについての研究が急務であると考えている点である。

したがって、大川はこの宗教講話での連載以外にもイスラームについての論考をいくつか発表している。すなわち、一九一四年七月から一一月まで「マホメット語録」を連載し、翌一五年五月にはイスラームと預言者ムハンマドを論じた「回教及び其の教祖」(42)、一六年三月には「回教とはいかなるもの乎」(43)といった具合に矢継ぎ早に発表するのである。とりわけ、「回教とはいかなるもの乎」は、イスラームに関する概説であり、「宗教講話（其十六）」の内容を一歩踏み込んで解説したものである。この論考はイスラームを、その名称、現勢、宗派（法学派も含む）、聖典、回教の骨子、神及び預言者、霊魂不滅と死後応報、五戒という観点から簡単に解説したものである。約四半世紀後に出版する『回教概論』のダイジェスト版のような性格をもっている。

また、「回教及び其の教祖」の最後の部分でイスラームが何故急速に広がったのかという問いに対する次のような説明の仕方は、後に出版される『回教概論』とは異なっていることにも注目していただきたい。

> 初期に於ける回教の真に驚嘆すべき迅速なる弘布は、世界宗教史上の一偉観である。而して或者は之を以て武力によれる伝道を敢てした為であると言ひ、或者は教義の簡明入易《いりやす》きが為であると言ひ、或者はムハムマット《ママ》が巧みに高尚なる信仰を窃《ぬす》んで自教を飾れる為であると言ふ。さり乍《なが》ら何事にも優りて回教弘布の原因となり、その特色を形成したものは、教祖ムハムマッドの人格に潜める力、並《ならび》に

彼の強烈なる個性であることを忘れてならぬ。回教の真の偉大は、決して其の煩瑣なる道徳律に存するのではなく、其の単純なる教理に存するのでもない。ムハムマッドに於て最も尊きところのものは、神の意思に背く総てのものを克服せでは止まぬ強烈なる戦闘的精神である。回教が宛《さなが》ら江河を決する〔黄河を決壊させる〕勢《いきほひ》を以て勝利の歩みを四方に進めたのは、実に此の戦闘的精神が盛んなりし為に外ならぬ。(44)

青年期の大川が、教祖ムハンマドの強烈な戦闘的精神こそがイスラーム拡大の最大要因であると考えていたのと対照的に、『回教概論』においては前述のとおり「信仰の純一、教義の簡潔、伝道者の熱心、及び当時に於ける東方諸国の政治的乃至宗教的混沌」ことがその要因だと考えるに至ったことはここで改めて強調しておく必要があろう。すなわち、大川のイスラーム理解の深化といってもいいからである。また、この論考の末尾では、日本のイスラーム研究に関しても、イスラームは日本で興味を引いているのにもかかわらず、きちんと顧みられることはなく、江戸時代からまったく進んでいないとして、新井白石の『采覧異言』まで動員して苦言を呈するのである。

回教の研究は興味と云ふ点からも、また有益と云ふ点からも、人々の心を惹く可きものなるに拘《かか》はらず、吾国に於ては殆ど顧みられて居らぬ。若《も》し聊《いささ》か語を強めて言ふならば、約二百年の昔新井白石が采覧異言の中に「回教は天主教に類した宗旨である」と述べた時より、殆ど一歩も研究を進められて居らぬと言ひ得るかも知れぬ。若くは研究されて居ても未だ世に公に為《なさ》れて居らぬ。これ吾等が回教研究を思ひ立ち、〔白石が情報源としたイタリア人宣教師ジョバンニ・シドッチのような〕外国伝道師の応声虫〔奇病を引き起こす怪虫〕となつて徒《いたづら》に此の偉大なる宗教を罵倒することなく、自由にして先入主なき日本人の精神を以て回教に就て学ばんとする所以である。(45)

外国宣教師のお先棒を担いで偉大なイスラームを罵倒するのではなく、先入観なく自由な立場から「日本人の精神」をもってイスラームを学ぶのだという、青年期のイスラーム概説での決意表明が、一九一三年夏の思想的転回以降の大川に特徴的な姿勢となっていくということは、ここで改めて指摘する必要もなかろう。

四　『回教概論』と植民史研究との架橋

青年期の大川周明は、第一次世界大戦中から戦後にかけて活発にイスラームに関する啓蒙的な論考を執筆したが、それから大戦間期の約二〇年の歳月を経て、太平洋戦争勃発後の一九四二年八月に慶應書房から『回教概論』を出版した。同書の「はしがき」(46)は出版直前に書き下ろしたものである。通常であれば、自著を何故この時期に出版するのかなどの動機や背景を記すことが多いので、大川のイスラーム研究を再考するという本書の観点からすると、大いに注目すべきものである。ところが大川はこの「はしがき」の末尾に短く「今や大東亜共栄圏内に多数の回教徒を包擁するに至り、回教に関する知識は国民に取りて必須のものとなった。予の小著が多少なりとも其為に役立つならば欣幸《きんこう》無上である」としか記していないのである。「大東亜戦争のイデオローグ」のイメージの強い大川であれば、内容的にも大東亜共栄圏内に住むムスリムの現状を、帝国日本の東亜新秩序の戦略に沿って述べているのだろうという読者の期待を見事に裏切ることになるのである。だからこそ、序章や第一章でも述べたとおり、竹内好が『回教概論』を「純粋の学術論文であって、日本のイスラム研究の最高水準」であり、「日本帝国主義のアジア侵略と直接には何の関係もありません」という評価を下すことになるのであり、その意味でも竹内の評価は正鵠を得ているといえるのである。この著作の概要と評価に関しては第三、四章および終章でも述べているので、以下においてはむしろ青年期の大川の研究とのつながり、とりわけ植民史研究との関連の中で議論してみたい。

『回教概論』の「はしがき」はイスラームの領土的拡大の叙述から書き始められている。この「はしがき」でまず注目していただきたいのは、預言者ムハンマドによって「同時に国民的自覚と宗教的信念とを強烈に鼓吹された」という書き出しの部分である。

マホメットによりて同時に国民的自覚と宗教的信念とを強烈に鼓吹せられたるアラビア人は、破竹の勢を以つて〔アラビア〕半島より進出し、先づシリア・パレスティナ・エジプト・北阿弗利加《アフリカ》及びペルシアを従へ、次で西はスペインを略取し、東はインダス河畔を征服して、マホメット没後百年には、ローマ帝国が其の最盛時に君臨せるよりも広大なる版図の主人公となつた(47)。

七世紀当時のアラビア半島のムスリムたちは、「宗教的信念」はもち合わせていても「国民的自覚」をもっていたとは到底考えられない。しかし、大川はあえて「国民的自覚」という表現を使っているのであるが、この少し後の個所で大川は次のように述べている。「共通の信仰、共通の律法、共通の文化が、やがて社会的統一の感情を生み、総ての回教徒をして互いに同胞たるの感を抱かしめ、精神的並に物質的に自余の世界と対立する『回教国 Dâr al Islâm』観念を長養して来た。さればザンジバール〔東アフリカの現タンザニア連合共和国を構成するインド洋の諸島〕の回教徒は、言語の不便があるだけで、マレーに於ても又はジャワに於ても、宛《あたか》も故郷に在ると同様の気易さを感じ、好むがままに往来し、結婚し、定着することが出来る。[48]全き『回教国』が彼等の国土である。なるほど彼等は、其の生国に対して愛着を感ずるであらう。而も一般に愛国心と呼ばるる祖国に対する忠誠の情は、彼等の場合に於は其の生国に対してよりも、寧ろ全体としての回教圏及び其の宗教的文化に対して献げられる[49]」として、ムスリムは生国よりも回教圏つまり「ダール・アル・イスラーム（イスラームの家）」を自分の「国土」とみなして考えているというのである。本来ならば、大川のいう「回教圏」は「信仰共同体（ウンマ）」として理解されるはずであるし、実際、大川もそのようなことを承知の上で、ウンマをあえて「国土」と表現している。後述のとおり、大川はウンマを「精神的領土」とも表現している。あるいは『回教概論』と同時に復刊された『復興亜細亜の諸問題』にも「回教民族」という表現が見られる。このような大川の発想は彼の民族あるいはナショナリズム理解に由来するものと思われるが、この点については別途第四章で議論することにしたい。

　さて、大川はイスラーム帝国の版図の拡大を述べた冒頭の書き出しとは対照的に、すぐ後で次のようにイスラーム帝国が分裂して没落してしまう事実を強調する一節を続ける。それは帝国の政治的盛衰を浮かび上がらせると同時に、イスラーム帝国の「政治的敗北」とは対照的にイスラーム自体は「精神的勝利」

を得たことを強調する意味で効果的である。すなわち、「其後此の膨大なる帝国は四分五裂して、回教徒の政治的勢力は地に墜ちたが、精神的には却って最も華々しき勝利を遂げた」、と。このように鮮やかな二項対立的な図式に基づいてイスラーム盛衰の歴史を記述するところに、大川周明のイスラームに対する姿勢あるいは目線がおのずから浮かび上がってくる。『回教概論』のこのような書き出しに彼が世界史の中でイスラームをどのように位置づけているかが如実に示されている。それはヨーロッパ植民地主義に対する文明としてのイスラームの衰退ということである。この点を少し考えてみたい。

大川がイスラームの政治的敗北と精神的勝利に注目するのは具体的には次のような歴史的な事実に基づいている。すなわち、イスラーム教徒ではなかったセルジューク・トルコ人が一一世紀に、またモンゴル人が一三世紀に軍事的にイスラーム圏を蹂躙したにもかかわらず、両民族ともイスラームに改宗してしまった。また、スペインがイスラームから国土回復運動を行っているのと同時代に、イスラームが東南アジア、中央アフリカ、中国の各地域に何の政治的な援助もなく「精神的領土」として広がっていった、という事実である。前述のとおり、この「精神的領土」は現在において流通するイスラーム的用語でいえばウンマということになろう。そしてイスラーム帝国の盛衰をざっと概観した後に、現在の文脈でいうところの「ムスリム・マイノリティ」についても次のようにさりげなく触れる。

其れ〔いわゆる「イスラーム世界」〕以外に於ても、能く異教徒の間に在りて回教の信仰と儀礼とを護持する小さき信者群が、諸国の間に散在して居る。例へばリトゥアニアのコヴノ・ギルノ・グロドノ地方に住みてポーランド語を話すタタール人回教徒、西印度諸島・英領グイアナ・蘭領グイアナに移植

せられし印度人苦力などが其れである。(50)

ここで触れている「ムスリム・マイノリティ」を当時の状況の中で問題化することの意味は、たとえば、現在の欧米社会におけるムスリム問題とは当然、その位相が異なる。ここでの大川の指摘はヨーロッパ植民地主義によって移民を余儀なくされたムスリム少数派への関心の所在を示しているといえる。あるいは大川は第一次世界大戦後、つまりロシア革命後であるが、日本に亡命して来て羅紗《らしゃ》の生地を行商人として売り歩くタタール系ムスリム(51)の姿を思い浮かべていたのかもしれないし、また大東亜共栄圏の名の下で東南アジアのムスリムの若者が日本に留学してきている状況を念頭に置いていたのかもしれない。帝国日本も共栄圏のムスリムを内に抱え込むことで同じような多文化主義的な状況が現出する可能性を、大川はわざわざムスリム少数派の存在を指摘することで思い描いていたのかもしれない。今日、われわれがほとんど関心を示さない、バルト三国の一つのリトアニアに「リプカ・タタール人」と呼ばれるムスリムが現在も居住している事実や、南米のガイアナやスリナムが、そのムスリム人口が一〇パーセント以下であるにもかかわらず、イスラーム諸国会議機構の構成国である事実を踏まえると、大川のグローバルな視点とその先見性が見えてくるだろう。また、このような視点は、日本史の文脈では、たとえば『日本文明史』などにおいて、大和民族によるアイヌ民族の征服の史実を東北地方の植民地化として記述するという、大川の「先住民族」に対する自覚的な姿勢にも表れてくることになる。

さて、ヨーロッパ植民史研究の文脈で見た場合、大川が示した関心のかなりの部分はイスラーム圏の衰退という歴史的事実に収斂される。実際、「はしがき」は前半がイスラームの拡大で、後半がイスラームの衰退とヨーロッパ植民地主義の拡大というイスラームの盛衰を対照的に示す構成になっており、『回教概論』の本論で議論されるのは、もっぱら前半の最盛期イスラームの「原理論」的な部分であり、「段階論」と「現状分析」は非常に弱い。もちろん、「はしがき」における後半の衰退期のイスラームへの言及は、イスラームの歴史的展開の中におけるイスラーム史の「段階論」の概略を簡単に述べたものであるが、大東亜共栄圏におけるイスラーム世界（回教圏）の位置づけおよびその政策立案が急務の時局にあって、大川は「現状分析」を一切行わないのである。むしろ、これが『回教概論』の最大の特徴であるといえるし、現在において改めて注目される理由でもあろう。

　大川はイスラーム拡大の歴史を述べた後、これからも本書で何度か問題にすることになる「イスラーム文化は西洋的性格をもつ」というテーゼを提出する。大川の論点は、イスラームが広がった地域がギリシア・ローマ文明世界としてのヘレニズム文化圏であるということをその西洋的性格の根拠にしているが、本章の文脈でいえば、スーフィズムはキリスト教だということができるという青年期の彼の主張にも共通する視点である。したがって、大川は結論的に次のように述べるのである。「回教の純知的方面は、徹底してギリシア文化に影響され、其の神学は最も多くをアリストテレスの哲学に負ふて居る。かくて回教文化は本質的に西洋的であり、印度や支那の文化に比べて、遥かに密接なる関係を欧羅巴《ヨーロッパ》文化と有《も》つて居る。回教がヘレネ文化圏内に極めて迅速に弘布したのは、是くの如き事情ありしに由る」[52]。ただし、大川のこのような表現は、むしろ最盛期のイスラームに限定したものだと考えた方が、彼のイスラーム観全体の中で整合性をもつことになる。

　大川は、さらにイスラームが西暦一〇〇〇年以降、ヘレニズム文化圏やペルシア文化圏を超えて、東方の長い伝統をもつ高度な文化圏であるインド、中国、そしてインドネシアへと広がっていった段階においては、イスラームはすでに「存分に発達せる強固なる体制として、飽くまで独自の面目を堅持するを得た。それ故に回教は、印度・支那乃至インドネシアに於て、わけても低き階級の信者の間に、其等の国々の在来の伝統や文化の影響を見たけれど、回教本来の性格は、新しき環境によつて決して本質的なる変化を見なかつた。これ回教が極めて広き範囲に亘り、種々雑多なる民族の間に行はれて居るに拘らず、能く其の文化的一如性を保持し居る所以である」(53)と述べる。イスラームは様々な民族の人びとに広まっていっても、その文化的一体性(大川は「一如性」と表現している)は保持しており、イスラーム的性格を失ってしまうことはない。しかし、「回教の弘布は益々遠隔の地に及び、之と共に其の本質に於て異類なる風俗や習慣が、いつとはなしに回教の内部に入り来りて、其の求め来れる理想的統一を維持し難きに至るべき危険が多分にあつた」と、イスラームの統一性が崩れてしまう危険性も相当あったと指摘する。

ただしここでは、各地域における土着の文化との融合の中でイスラームが変容を遂げていくことに大川はあまり関心を示さない。この点は先ほどから述べているスーフィズム的な聖者信仰あるいはタリーカ(「アッラーへの道」の意味でスーフィー教団をさす)を重視しないこの時期の大川の姿勢からは当然であるともいえる。また、土着の文化という観点からは、大東亜共栄圏を神道の立場から正当化するためにイスラームの民衆文化へのアニミズムの影響を論じる風潮が一部にあったが、大川は議論するに値しないと考えたのか黙殺している(54)。

大川は、イスラームがその危機を乗り越えた最大の要因はイスラーム世界の中の交通、とりわけ、交通を促進させたメッカ巡礼にあると指摘している。

此の危険を防止せる最大の要因は、回教圏内の諸国間に行はれる不断の交通、わけても回教の根城たるエジプト及びアラビアと遠隔諸国との交通であり、之を助長する最大の媒介は取りも直さずメッカ参詣である。(55)

大川のこのような指摘はイスラーム世界のネットワーク論的なアプローチとして注目されるが、同時にイスラーム世界の経済的な衰退をも暗示するような表現もある。イスラーム世界の拡大を阻止したのが、西はヨーロッパ世界であり、東はインド世界であったという指摘である。

回教の世界征服は、種々なる障碍《しょうがい》によって阻止されたが、其の最も有力なりしは西に於て基督教、東に於て印度教であつた。回教徒と基督教徒とは、既にマホメット在世の時に干戈《かんか》を交へたが、其の抗争は爾来《じらい》連綿として今日に及んで居る。固《もと》より個人としての回教徒と基督教徒との間に、または特殊なる回教団体と基督教団体との間には、友好親善の関係が結ばれもした。また回教徒は、彼等に臣従せる基督教徒に対しては、概ね寛大なる態度を以て之に臨み、其の才能を利用するに躊躇《ちゅうちょ》しなかつた。……印度教は基督教ほど有力ではなかつたけれど、尚ほ東方に於ける大なる障碍であつた。而して東印度諸島に於けるが如く、印度教の勢力が強大ならざる地域に於ては、回教は殆ど之を克服し去るを得た。但し印度の大部分に於ては、印度教は頑強に回教の進出に抵抗した。(56)

大川の叙述でとりわけ特徴的なのが、植民史（colonial history）の視座から通商関係に注目した歴史的分析である。彼は前近代におけるイスラーム世界とヨーロッパ世界の通商関係史をムスリム商人の海上貿易の独占として次のように簡略化して描いている。イスラーム史とヨーロッパ植民史を架橋する試みとして重要であるが、残念ながら、大川は『復興亜細亜の諸問題』でこのような方向性を打ち出しながら『回教概論』では簡単に述べただけで、その後はイスラーム世界との関係で具体的に植民史的記述を行うことはなかった。

両者の間を緩和せる極めて有力なる要素は、彼等の間に行はれし通商関係であつた。両者に属する商人は啻《ただ》に対等者としてのみに非ず、実に協同者として取引を行つて居た。両者の死活の争闘たりし十字軍の間に於てさへ、両者の商人は相互の取引の安全を図るために全力を尽して居た。而して旧世界の大貿易路を横断せる回教の地理的位置は、大なる経済的利益を彼等に与へた。欧亜両大陸を結ぶ海陸両路が、実に彼等の支配の下に在つたのである。而して印度洋に於ては、回教は沿海一帯に弘布し、其の商人と船乗との活躍によつて、海上の貿易を独占して居た。そは単に彼等の富を増したるのみならず、種々なる民族及び文化との正常なる接触によつて、回教文化全般の向上に貢献した。(57)

そして大川はイスラーム世界の没落を、ムスリム側の政治的堕落や過重な輸出入税による通商貿易の衰退と、ヨーロッパ側の大航海時代の到来という双方からの要因として説明する。イスラーム世界の拡大は東西交易における流通上の価格差を利用した貿易差額主義的な利益に基づいており、交易ルートの変更がその没落をも用意しており、その意味ではイスラーム世界の繁栄は「砂上の楼閣」であった。

此の〔ムスリムの〕幸福なる状態は、其後に起れる内外の要因によつて覆されて往つた。第一には回教諸国内部に於ける政治的堕落、及び之に伴へる苛斂誅求《かれんちゅうきゅう》のために、回教圏内の繁栄は次第に衰へて往つた。その過重なる輸出入税は、殆ど通商貿易を不可能ならしめんとした。第二にはコルムブス〔コロンブス〕の亜米利加《アメリカ》発見、並びにヴスコ・ダ・ガマの印度航路発見が、深刻なる打撃を回教徒に加へることとなつた。第十五世紀末葉に彼等が偉大なる航海を敢行するまでは、東欧・西亜・北阿〔北アフリカ〕は悉《ことごと》く回教徒の支配の下に在り、基督教諸国は僅に中欧及び西欧に立籠りて、回教勢力の進出を必死に防御するだけであつた。……而して回教圏は、欧亜貿易に於て従来占め来りし地理的条件を撥無《はつむ》〔払いのける〕されたのみならず、隣接諸国との交通接触を阻止せられ、経済的並に文化的に孤立するに至つた。[58]

そしてヨーロッパはついにはイスラーム世界を植民地化していく。大川は残りの少ない紙幅をイスラーム世界の停滞とその復興に費やしている。「回教の信者たちは、千年の長きに亘つて、それが正当なる継承者たると簒奪者たるを問はず、現実の主権者に対して絶対に服従すべきことを教へ込まれて来た。そのために回教徒は、概して政治的不感性となり、驚くべき忍耐を以て圧政と暴政とに屈従するやうになつた。加ふるに彼等の宿命論的信仰と、甚だしき経済的貧困とが、相結んで一層彼等を政治的変化に無関心ならしめた。かくて世界は、回教の生命は既に滅び果てたかに考へた。回教圏の何処を見渡しても、或るものは停頓と崩壊とで、剛健堅実なる力を見るべくもなかつた。全回教国はやがて基督教諸国の俎上《そじょう》に載せられ、早晩悉く分割し去られる運命を免れ難く思はれた」と悲惨な状況を述べる。しかし、イスラーム世界は停滞のどん底から復興の機運を示し始めたと、大川は一九四二年夏時点でのイスラーム世界の現状を分析するのである。

物窮まれば即ち通ずる。回教の淪落《りんらく》其極に達したと思はれた時に、内面的には宗教改革の熱烈なる運動が起り、之と相並んで外面的には汎回教主義及び国民主義の政治的運動が台頭し、枯木再び花を開かんとするの勢を示すに至つた。(59)

大川がここでイスラームがどん底まで零落してしまって起こった「宗教改革の熱烈なる運動」あるいは「汎回教主義及び国民主義の政治的運動」と呼んでいるムスリムの運動がいったい何を指しているのか、具体的に言及していないので判然としない。エジプトのムスリム同胞団や英領インドのジャマーアテ・イスラーミーなどのイスラーム主義者の政治運動の台頭を意味しているのかもしれない。あるいは日本の占領地であるインドネシアやマレーシアのムスリム状況を指しているのかもしれないし、ドイツなどの枢軸側によるムスリム工作の一環としてイラクで起こったアリー・ガイラーニーのクーデタや、パレスチナの大ムフティーであるハーッジ・アミーンの政治活動を意図しているのかもしれない。しかし、大川のイスラーム認識の根底にあるのは「理想型に対する偏差として現実を見る」立場である。大川はこの立場を「はしがき」の最後で見事に表現している。

回教は吾等が普通に考へる如き「宗教」に非ず、実に信者の全生活に関する文化体系の綜合なるが故に、研究の対象は多様であり、範囲は広汎である。此書は唯だ其の一部を取扱へるに過ぎぬことは言ふ迄もない。(60)

大川がイスラームのあるべき理念型を示して、その立場からイスラーム世界の現状を「回教の生命は既に滅び果て……回教圏の何処を見渡しても、或るものは停頓と崩壊とで、剛健堅実なる力を見るべくもなかった」と規定するとき、彼の立ち位置は現実のムスリムの生活からは大きくかけ離れたものとなったといわざるをえない。だからこそ、竹内の「たとい現実のイスラム世界がどんなに汚濁にみちていようとも、そんなことはかれの学問は関知しない。かれは政策とは無縁の場所に立っているのだから(61)」という評価が出てくる。いずれにせよ、『回教概論』に示された理念型と現実の実態との乖離に、大川のイスラーム認識の陥穽があったのである。

五　コーラン翻訳

大川周明は敗戦後、A級戦犯として巣鴨拘置所に収監され、そして法廷で東條英機の頭を叩くという事件を引き起こして、病院に移され、最終的に免訴になる。この点については第五章で議論することになるので、ここでは彼のコーランの翻訳に焦点を当てて論じていきたい。大川はイスラームの啓典『アル・クルアーン（コーラン）』（大川訳では『古蘭』であるが、以下、読者の便宜のため「コーラン」と表記する）を松沢病院で訳したが、その事情を『安楽の門』において次のように説明している。

私はこの〔松沢病院の病室の〕書斎に古蘭原典と、十種に余る和漢英仏独の訳本を自宅から取寄せ、昭和二十一年十二月一日から之を読み初めた。それは私が乱心中の白日夢で屢々マホメットと会見し、そのために古蘭に対する興味が強くよみがえつたからである。私の病気は私の理解力に何等の影響も及ぼさず、以前に読んで難解であつた個処も、此度は其の意味が明瞭になつたところが多かつた。そして翌二十二年二月下旬、精神鑑定のために米国病院に移される直前、一応之を読了した。(62)

大川の追想における一節で注意する必要があるのは、彼がコーランへの関心を蘇らせたのは「乱心中の白日夢」で預言者ムハンマドとしばしば会見したという、彼にしてはめずらしい非合理的な契機に基づいていたという点である。この時点では、すでに戦時期に書いた『回教概論』の「はしがき」に見られた超越的・律法的イスラームへの関心は後退してしまっている。しかし、大川はコーランに対する興味が強く蘇ったことを、そして狂気という病と向き合いつつ「乱心」が自分のコーランの理解力に影響がなかったどころか、前以上にコーランを明瞭に理解できるようになったことを改めて自分自身で確認するのである。この自己回復のプロセスにおける合理的態度は大川の生まれながらの気質としかいいようのないものであるが、ムハンマドとの会見からコーランの翻訳に向かうというのは、全体を貫く動機の説明としては非合理的契機に基づいており、このような合理主義的態度の隙間から時折覗かせる彼の心の深淵が、乱心中の白日夢において預言者ムハンマドを呼び寄せたと考えられるのかもしれない。

さらに、大川にとって予想外の知らせが来た。東京裁判の免訴の知らせである。この免訴は大川自身も認めているように予想していなかったことであるが、いずれにせよ彼にとっては十分すぎる時間ができたということになった。そのあたりの経緯を以下のように記している。

> 米国病院の診断は私が法廷に立ち得るといふことであつたから、私は晩《おそ》かれ早かれ巣鴨に帰るものと思ひ込み、古蘭の和訳に没頭することが、獄中消閑の最上策だと考へ、〔昭和二十二年〕三月十六日米国病院から松沢病院に帰つた翌十七日から、早速古蘭訳注に筆執り初めた。そして意外にも裁判から除外されたために、仕事は松沢病院で順調にすすめられ、昭和二十三年十二月十一日、遂に最後の訂正を終えて完全に訳了した。(63)

大川は昭和二二年三月から翌年一二月までの期間でついにコーランの翻訳を完成させたのである。『安楽の門』には次のような感慨が記されている。いささか長い引用になるが、コーランの訳注という作業を大川自身に語らしめるほど有効な方途はなかろう。彼が呼ぶところの『古蘭訳註』からの一節である（以下の引用文での改行は節切れを表している）。

> 私は其夜直ちに筆を走らせて其時の深い感慨を『古蘭訳注』と題して下のやうに書き留めた――
> 古蘭三昧二年なり／茲に三度の校訂を了《お》へて／『古蘭訳注』の原稿成る／処《ところ》は松沢病院西第五病棟

／時は昭和二十三年十二月十一日／巣鴨入りは昭和二十年の明日なれば／家を出てまさしく満三年／冬には暖き晴れたる土曜日の夕暮なり

一顧すれば三十五年の昔なり／われ大学を卒《お》へて数年の後／帝大図書館の特別閲覧室に／晴の日も雨の日も通ひつめて／回教研究に没頭せるころ／われと共に閲覧室を己が書斎とし／日として姿を見せぬことなりしは／瓊音《けいおん》沼波武夫[64]君なり

後年吾等は濃なる友情を結びしが／日毎顔を合せし図書館時代／数年の間互に一語を交へず／実に挨拶さえもしなかった／唯だわれは沼波君の雑誌で／下の一首を読んで微笑したことがある／「病みぬれば図書館恋し、マホメット／研究者なる鼻高男も。」

アリフ・バー・ター・サー・ジーム〔アラビア語のアルファベットの最初の五文字〕／マナセギッチ[65]の簡単な文典を頼りに／アラビヤ語独習の如何に難かりしぞ／丸善を経て印度に註文せし／アハマデイヤ協会刊行の／阿英両文の古蘭[66]を入手せる時／このアラビヤ初学者は／如何に其の胸を躍らせしことぞ

道会の雑誌『道』に／『聖伝《ハディース》』の抄訳を連載せるも其頃なり／アカギ叢書といふ十銭本に／マホメット伝を執筆せるも其頃なり／古蘭和訳を発願せるも実に其頃なり／而して稿を起すこと再度なりしが／一度は三章までにて／二度目は九章までにて中止したり

其後幾度か古蘭を繙《ひもと》きしが／身を入れて訳筆を執るには／余りにも事繁き歳月が続いた／その古蘭の訳注が／戦犯容疑者となり乱心者となりしために／めでたく茲に稿を了へて／多年の宿願成就するとは／嗚呼、見えざる力、常に吾を導く

五・一五事件の豊多摩刑務所は／植民史執筆の書斎なりき／想はざりき此度の幽囚によりて／回教

の研究に没頭せしめられんとは／嗚呼、心の底におのづから湧く望み／求めずして常に遂げしめらる／世の人の災厄とすることが／吾身には常に幸福となるこそ不思議なれ[67]。

以上がコーラン翻訳完成に至る大川自身とイスラームのかかわりについての叙述であるが、この回想で改めて興味を引くのはイスラーム絡みにもかかわらず、『回教概論』にはまったく触れていない点である。二回の下獄で最初は『欧羅巴植民史』の執筆、二回目は『古蘭』翻訳を成し遂げて、普通は災厄となるところを自分は幸福になったことが実に不思議だと振り返っている。そしてコーラン翻訳の完成は「嗚呼、見えざる力、常に吾を導く」として、合理主義者の大川としては敗戦以前には考えられない非合理的な契機をともなう例外的な表現で説明するのである。

ところで、大川はコーラン翻訳の「まえがき」において、まずゲーテの『東西詩集』（一八一九年）から引用して、「近代精神の最も洗練せられたる、且最も健康なる体現者ゲーテをして、その当初読みたる時に抱ける嫌悪の情を、驚異と嘆賞とに変らしめたる」として、文豪を変えたコーランについて次のように絶賛を惜しまない。すなわち、「人間精神の驚くべき所産といふべく、切実に世界と人生とを考察する人の至心の関心を惹くに足るものといふべし[68]」。そしてゲーテ自身の言葉もわざわざ取り上げる。ゲーテ曰く、コーランの「格調は内容と目的とに相応して厳粛・雄渾・激越に、一貫して実に荘厳なり。……かくて此書は百世を通じて最も強力なる感化を及ぼし往くべし」。

大川がコーランの翻訳の冒頭の解説で何よりもまずゲーテを取り上げるのは、彼のイスラームへの関心のあり方の原型とその地点への回帰を図らずも象徴的に示している。大学時代に「神秘的マホメット教」

で示したイスラームへの関心を通して、ヨーロッパのアカデミックなイスラーム研究の蓄積の中で、その最良部分を受容してきた大川だからこそ、ゲーテという、晩年に一四世紀のペルシア詩人ハーフィズに傾倒し、ヨーロッパにあって例外的にイスラームに対して敬愛の念を示した啓蒙主義的ドイツ知識人を取り上げることになったのであろう。あるいは晩年の大川は文豪ゲーテと自分自身を重ね合わせていたのかもしれない。

大川は続けて、預言者ムハンマドを直接知らない初期のムスリムたちは、預言者の未亡人たちにムハンマドの人となりを質問したという。その時、晩年のムハンマド寵愛の妻であるアーイシャは次のように語った。アーイシャは彼の死後、多くのハディース（預言者の言行）を伝えたといわれている。すなわち、「アーイシャの言の如く、古蘭は即ちマホメットなり」と。したがって、大川は「古蘭の偉大は、此書が曾て地上に呼吸せる最大なる偉人の一人の性格並に生活を最も忠実に反映するが故にして、ビュフォンが「文は人なり」と言へるは、古蘭の場合に於て無比に適切なり。カーライルが言へる如く、古蘭の長所は「あらゆる意味に於て真摯なること」に存す」とするのである。[69] コーランに貫き流れるものは、真摯なムハンマドの生命であり、真理を追い求めてやまない彼の熱意であり、万難を排して自分が理解した真理を守り続けようとする彼の勇猛な心であり、聴こうとしない聴衆に向かって自分の理解した真理を伝えようとする彼の不退転の堅い決意なのである。コーランの一言一句は一三〇〇年以上前にムハンマド自身の口から発せられたことをそのまま今日に伝えている。これだけをとってみても、コーランは世界文学史上の稀有な文献であると大川はいう。だからこそ、「古蘭は決して単なる古典に非ず、実に三億回教徒の聖経として、現にその宗教的・道徳的・社会的生活を規定するものなるが故に、尋常の文献を以て之を目すべきに非ず[70]」と、コーランの尋常ではない性格を強調するのである。
大川はまた、預言者ムハンマドは大天使ガブリエル（ジブリール）を通じてアッラーから啓示を受けるが、それはユダヤ教の預言者の伝統の継承でもあるとした上で、ユダヤ教との差異についても述べる。「神意を彼に伝へたるは天使ガブリエルなりとせらる。即ちガブリエルが神意を奉じて随時マホメットに黙示し、マホメット之を復誦し、然る後に之を信者に向つて誦出せるものなり。従つて古蘭は悉くアルラーハの言にして、語るところの者は即ちガブリエルなり。是くの如き経験は、之を旧約の預言者の場合にも見る。天来の霊感其胸に満つる時、人間の個我は其影を潜め、語る者は即ちエホバなり。但し旧約の預言者の場合は、暫くエホバに語らしめる後、また吾に帰りて自ら語るを常とす。マホメットは即ち然らず。彼は徹頭徹尾ガブリエルをして語らしめ、己れは唯だ一個の受話器として終始したり[71]」。しかし興味深いことに、「一個の受話器」であるムハンマドのシャーマン的性格を表すということでよく取り上げられるジャバル・ヌールのヒラーの洞窟でのガブリエルを通じた啓示について大川は、晩年に執筆したと思われる未定稿「マホメット伝」においてはまったく言及していないのである。

大川は次のように述べて自分が翻訳の適任者ではないことをあらかじめ認める。すなわち、コーランの日本語訳は、アラビア語に精通し、日本語に熟達した敬虔なムスリムこそが初めてきちんとなしうるであろう。たとえば、仏典の漢訳が鳩摩羅什《くまらじゅう》あるいは玄奘三蔵のような巨匠を待って初めて可能になったようにである、と述べる。また、コーランがもともと「誦《よ》まれるもの」という意味で、聴衆に向かって読誦されたもので、文章としては未完成であるとも注意を促す。そして大川は実に謙虚な姿勢で次のように「告白」する。

予は回教信者に非ず、またアラビア語の知識は貧弱なるが故に、訳者としての資質を欠くこと言を俟たず。唯だ大学に宗教学を修め、深甚なる興味を回教に抱き初めてより、其間断続ありといへども、今日に至るまで未だ曾て其の研究を廃せず、存分にアラビア語によつて古蘭の醍醐味を色読するを得ずとするも、その伝ふるところの精神は略ぼ之を領会するを得たり(72)。

大川は、自分はムスリムではないし、またアラビア語の知識が貧弱だから訳者としての資格がないと率直に述べる。しかし、コーランの醍醐味をアラビア語という言語で表された意味を十分に理解することはできないにしても、コーランが伝える精神はほぼ了解することができる、と矜持を以てその自信を淡々と記している。つまり大川はコーランをアラビア語の文字で表された意味を解する「色読」をするのではなく、文字に表された意味以上に、よくその真意を会得する「体読」であると断言しているのである。もちろん、コーランはアラビア語で啓示されたのだから、信仰の書としてアラビア語で理解して初めてその神髄がわかるのだとする立場からは大川のコーランの読み方は許容されないであろう。しかし、本書ではそのような批判を前提とした上で、大川は翻訳が許されないコーランの宗教的な性格を熟知しているが故に『古蘭』を当初『古蘭訳註』としており、彼のコーラン理解への矜持はそれなりに正当であったと考える。

そのような大川の矜持は同時代のイスラーム研究者の内藤智秀の評価とも呼応する。内藤はトルコ史を中心にイスラーム史の分野で活躍したが、鶴岡にあった旧制荘内中学時代の同級生で後に大川と同じく東京帝国大学に進学した。内藤は大川追悼の文章において大川のコーラン翻訳をルター〔ルーテル〕の聖書のドイツ語訳に比して「宗教書」として次のように絶賛している。

君は東大文科では姉崎〔正治〕博士について、宗教学を専攻したので、イスラムの聖典コーランの翻訳を手にかけることには、最適任者であることは勿論であろう。君はわれわれから見ると真に恵まれた境遇にあって、その翻訳を完成されたのであった。それは丁度ルーテルがクリスト教の聖書を始めて、ドイツ語に訳した当時のことに彷彿としているのである。……宗教学者が、コーランの翻訳をすることそのことが既に、ふさわしいことである。その出来上がったものは、今、岩崎書店から出版され、誠に高く評価されている。松村、有賀〔阿馬土（文八郎）〕、井筒〔俊彦〕等の諸氏による他の三種のコーランの邦訳(73)もあるが、何れもが宗教書として見れば、問題にならぬ。われわれは君のこの不朽の訳書の完成に対して心から敬意と感謝とを払うことを躊躇せざるものである。(74)

内藤が大川訳コーランを「宗教書」として絶賛していることは決して例外ではない。本章でもすでに取り上げた、東亜経済調査局以来付き合いのある前嶋信次も同様の感想を述べている。前嶋は、自分はコーランの翻訳は困難だと思っていたが、大川の訳業を目の当たりにして、日本語でもアラビア語と同様の感銘を与えることができるとして次のように述べるのである。

往々にして欧州の学者の中にも古蘭の訳業の至難なる事を説くものあり、殊にメッカに於ける啓示の如く韻律の殷々《いんいん》として耳朶《じだ》をうつ如きものに至つては如何にしてその趣を伝へ得るやと申し、私の如きも會つてはこれに同意しかけたのでありますが、今はその考を更《あらた》めて居ります。即ち何れの国の言葉にせよ、かつてマホメットの抱きし如き熱誠と、彼の如き宗教心を持ってこれを写せば、それぞれの国語独特の響きを以つて、アラビヤ語のアラビヤ人にあたへしと同様の感銘を、その訳語を自国語とする国民にあたへるであらうと考へるに至りました。この点より見て先生の御訳業は誠に貴重なものと僭越《せんえつ》乍ら考へて居ります。この考へは特に安楽の門を拝読した後にはつきりと致しました。私も菲才《ひさい》なすなきもの乍ら今後益々コーランの研究に力を注ぎ、先生の御訳業を指針としてその真精神を把握したいと念願致して居ります。(75)

前嶋は大川のコーランの翻訳を読み、それぞれの国語独自の響きを持ってアラビア語で与えるのと同様の感銘をその国民に与えることができると考えるに至ったと記している。前嶋は井筒が後にコーランの口語体の訳を行ったことに対しては批判的であった。(76) 大川の訳は仏教関係の用語を多く使っていた。大川は「訳出に当たりては普《あまね》く漢英仏独の諸語を参照せり。予は此の訳注が、完全なる和訳古蘭の出現を促す陳勝呉広〔物事のさきがけとなること〕を以て満足するものなり。昭和二十四年一二月　大川周明」と、飽くまで謙虚な姿勢で「はしがき」の筆を擱《お》いている。

第二章　日本的オリエンタリスト

回教諸国の衰運に伴ひて、回教そのものもまた種々なる打撃と抑圧とを受けて来た。さりながら若《も》し之を以て回教の生命の泉が既に涸れ果てたるかに想像する者ありとすれば、其人は甚だしき速断を敢てするものである。欧羅巴《ヨーロッパ》の天地を震撼せる回教徒の政治的全盛時代は、もとより返らぬ夢となった。而も回教そのものは、決して過去の宗教として取扱はるべきものでない。それは今日に於ても、尚ほ厳然として偉大なる宗教であり、且吾等をして其の多望なる将来を想はしむる生命と活力とを具へて居る。（1）

一　太平洋戦争期のイスラームへの視座

大川は二〇歳代初めにはイスラーム研究を志していた。学生時代には自己修養の道として知られた儒教的キリスト教を提唱して著名だった松村介石の道会（日本教会）に入会してその会誌『道』の編集に携わった。大川は同誌上で預言者ムハンマド伝やハディース（大川は「聖伝」と呼んでいた）などを紹介し、「神秘的マホメット教」などの論文を執筆していた。しかし、第二章で述べたとおり、一九一三（大正二）年夏を境に大川は「小乗アジア」を克服する「大乗アジア」という理想の実現をめざして政治にかかわるようになった。その後もイスラームへの関心を維持しつつも、少なくとも出版物で見るかぎり、再びイスラームに回帰するのは一九四二（昭和一七）年八月の『回教概論』の出版を俟たねばならなかった。いわゆる「大東亜戦争」の勃発後に出版されたこのイスラーム概説書は当時広く一般読者層に受け入れられた。

しかし、序章でも指摘したとおり、『回教概論』はむしろ二一世紀という現在の文脈でこそ高く評価されるようになったともいえる。すなわち、米ソ冷戦終焉後、ハンティントンの「文明の衝突」論の登場や九・一一事件とその後の米軍のアフガン空爆、イラク戦争、イランの核疑惑問題など、国際政治における超大国アメリカとイスラームが「対峙」するという事態もあいまって、その思想的先駆者としての大川周明の「東西対立史観」を再評価する動きが現れたからである。[2] それは大東亜戦争時における大川のイスラームへの主体的な関心をイスラーム研究の文脈で読み直すという作業をも伴っている。[3]『回教概論』が中公文庫版として復刊されたのが、時期的には少し早く湾岸戦争後の一九九二年であった。

しかし、『回教概論』は竹内好が後に述べるような問題提起をして以来、その日本のアジア侵略との関係で評価が分かれている。同時に、大川自身のイスラーム観の変遷を見ても同書の位置づけは微妙である。たとえば、冒頭のエピグラムで挙げた『回教概論』の第一章「序説」の一節である。この「序説」を貫くトーンはまさに欧米キリスト者によるイスラームの歪曲に対する痛烈な批判である。ところが、それは第一次世界大戦直後の大川に見られる「宗教と政治とに間髪を容れぬ」イスラーム観を前面に打ち出した積極的なイスラーム表象とはいささか趣を異にする。その時期、彼は中世にキリスト教世界を圧倒したイスラームの発展のように、皇国日本が東亜の新秩序を形成して、いずれは「世界の道義的統一」を実現することを期待していたと思われるが、この「序説」ではイスラームへの積極的な期待というよりも、キリスト教におけるステレオタイプ化されたイスラーム像に反論する擁護的な言辞が多くなっている。大川は具体的に、仏教、儒教、そして神道までも引き合いに出して、とりわけイスラームに対するキリスト教の「攘夷的精神」を非難して次のように述べる。

不幸にして回教は、基督《キリスト》教の攘夷的精神のために、常に其の面を黒く塗られて来た。基督教の排他的信仰が、往々にして他教に対する公平なる判断を失はしむることは、ひとり回教の場合に於てのみ然るのではない。仏教も儒教も、乃至《ないし》は吾国の神道も、決して欧米人によって正しく了解されて居ない。その中でも回教は、基督教が面々相対し来れる、恐怖すべき宗教的並《ならび》に政治的争覇者なりしが故に、わけても甚だしき誤解と非難とを受けて居る。(4)

大川はさらに「比較宗教学・宗教史の研究が盛んになるに従ひ、真摯公平なる少数学者の間には、回教の実相が漸く明かになつて来た。而も一般民衆、殊に基督教の教職に在る欧米人の間には、回教に対する敵意並に誤解が、依然として尚ほ熾《さか》んである」として、欧米人によるイスラームの偏見がさほど是正されていないことを指摘しつつ、ブラック・アフリカにおけるイスラームの「伝道」に眼を転じる。大川はドイツ語の研究書の叙述に依拠しつつ、アフリカのイスラームの状況を伝えるのである。

阿弗利加《アフリカ》奥地に於て、回教が如何なる感化を、蒙昧なる黒人の上に及ぼしつつあるかを見よ。熱心にして単純なるアラビア人の伝道によつて、回教一たび其根を黒人部落の間に下ろすや、原始的多神教は其影を潜め、低級なる迷信は次第に衰へ、残酷なる人身御供は其跡を断ち、裸体の風は着衣と改まり、不潔・飲酒・懶惰《らんだ》の風は、清潔・禁酒・勤勉と改まり、親切と慈善が行はれ初め、社会秩序のための簡単なる成文律が出来るやうになる。(5)

大川の目線はあたかも、このような状況を記述した一九世紀ドイツの民族学者テオドール・ヴァイツ等の目線と同一化しているかのようであり、結果的にイスラームが「蒙昧な黒人」を「文明化」したことを礼賛することを是認する表現になっている。もちろん、イスラームが、キリスト教が果したのと同じように、「文明化の使命」をアフリカにおいて現に果たしているという指摘自体は大川ならではのものであるとはいえ、当時の日本のイスラーム認識からすれば特筆に価するものである。しかも大川がアフリカのムスリムとその国際的なネットワークに眼を向けること自体が、当時のアフリカに関する一般的な常識を考えれば烔眼であるといってもいい。しかし、彼のアフリカのイスラームへの眼の向け方はやはり問題を孕んでいる。この目線は実は本章で検討する大川のイスラーム研究に孕む内在的な問題でもある。

大川は『回教概論』の「序説」でも「はしがき」と同じように、大東亜共栄圏にムスリムが多数居住しているという統計上の事実を持ち出すことで、イスラーム研究の重要性を強調している。その際、再びキリスト教伝道師の偏見を引き合いに出してイスラームに関する正しい知識を得る努力をしなければならないと結ぶのである。

回教の研究は、興味といふ点からも、または有益といふ点からも、十分に人の心を惹くべきものである。わけても大東亜戦によつて、吾が共栄圏内に多数の回教徒を抱擁せんとする今日に於て、回教研究は吾等に取りて必要欠き難き現実当面の問題となつた。吾等は基督教伝道師に呼応して、徒《いたづ》らに此の偉大なる宗教を罵詈することなく、自由にして先入主なき日本人の精神を以て、回教に関する正しき知識を得ることに努めねばならぬ。(6)

本章では大川周明のイスラーム研究とは何だったのかを、当時の日欧におけるイスラーム学の研究状況との関連で改めて考えてみたい。しかし、最近盛んになっている大川の再評価はいったん保留し、今一度原点に立ち戻ってみたい。原点に戻るとは、彼の『回教概論』を当時のヨーロッパにおけるイスラーム研究の最前線の中に位置づけ直してみるということである。結論を先取りすれば、大川はヨーロッパのイスラーム研究の蓄積を消化した上で、その研究動向に基づいて日本にイスラームを紹介した「日本的オリエンタリスト」であったと位置づけることができるというのが本章での認識である。大川のイスラームへのまなざしはヨーロッパのオリエンタリスト的イスラーム研究者のまなざしと交差するからである。

しかし、ここであらかじめ断っておきたいのは、大川を「日本的オリエンタリスト」と位置づけることによって、エドワード・サイード的な意味のオリエンタリズム批判の文脈で彼を断罪しようと試みているわけではないという点である。当時の大川のイスラーム研究のありようは、一九世紀から二〇世紀初頭にヨーロッパの最前線でなされたイスラーム研究の最良の部分を伝えるものであり、それ自体は高く評価されるべきである。過去の時代的な制約の中で生きた大川を現在の研究水準からオリエンタリスト的な分析的枠組みを継承したとして断罪したところで、あまり生産的な議論は期待できない。むしろ、問題は強烈な反西洋的な姿勢をとり続けた彼が何故主体的にヨーロッパのオリエンタリズム的イスラーム研究の最新の動向に関心を持ち、それを受容したかということである。これも結論を先取りすれば、オリエンタリストのイスラーム観が大川の世界観に基づく理想のイスラーム像と重なったからである。だからこそ、大川はヨーロッパでの研究動向に目配りしつつ、その研究を自家薬籠中のものとして持論を展開し、その結果名著の誉れ高い『回教概論』を刊行できたのである。

そこで、大川周明がどのようなヨーロッパのオリエンタリストたちの研究に依拠していたかを、主に彼が『回教概論』で使った引用文献から検討してみたいと思っている。というのも、大川のイスラーム研究について言及した論考も近年それなりに現れてきているが、彼が引用しつつ実際に参照した当時のヨーロッパのイスラーム学に関する文献を参照することで彼のイスラーム論を議論した論考は、管見のかぎり見当たらない状況だからである。もちろん、本章でも研究者を指摘しただけで、ヨーロッパのイスラーム研究の具体的な内容にまでは紙幅の関係上、踏み込むことはできなかった。

本章では以下のように議論していきたい。まず、次節においてイスラーム研究としての『回教概論』の意義を、一九二〇年代の大川のイスラーム観との違いを際立たせながら、ヨーロッパのオリエンタリスト的イスラーム研究や同時代の日本の回教研究の動向と併せて議論したい。そして次に、大川周明の宗教観におけるイスラームの位置づけを検討し、さらに大川の「精神的遍歴」を振り返ることで、大川のイスラーム研究において欠如していた側面に光を当てて、逆に彼のイスラーム研究の特徴を浮かび上がらせてみたい。

二　『回教概論』とその時代

第二次世界大戦後、大川周明のイスラーム研究を最初に再評価したのは、戦中、回教圏研究所所員としてイスラーム研究を行っていた中国文学者の竹内好が、一九六九年三月、アジア経済研究所で行った講演「大川周明のアジア研究」であったことは序章および第一章でも紹介した。以下の引用は講演記録の一節であるが、大川のイスラーム研究の再評価の方向性を決定づけたといえ、その後、この竹内の発言が一人歩きし始めることにもなる。序章のエピグラムでも紹介したが、重要な論点なので繰り返しを厭わず引用してみたい。

たとえばイスラム研究だけをとってみても、大川の業績は無視できないはずです。かれの『回教概論』は、純粋の学術論文であって、日本のイスラム研究の最高水準だと思います。日本帝国主義のアジア侵略と直接には何の関係もありません。ところが、戦後のアジア研究者で、これに言及した人は、私の知る範囲では一人もいないんですね。たとえば飯塚浩二さんがそうです。上原専禄さんもそうです。上原さんには直接うかがったことがあるのです。上原さんは戦後にイスラム研究をなさっていらっしゃるので、大川のことをどうお考えですかとうかがったら、大川なんてのは知らん、とおっしゃるのです。大川周明という名を口にするのを潔しとしないというお気持ちかとは思いますが、いささか狭量という感じがしました。否定なら否定でよろしいんですが、少なくとも先人の業績として認めてだけはほしいんですがね。(7)

竹内による「『回教概論』は、純粋の学術論文であって、日本のイスラム研究の最高水準だ」という絶賛の発言は、当時の時代状況の中であまりにも不当な扱いを受けていた大川の再評価という観点からは高く評価されてしかるべきであろう。人文地理学の飯塚浩二（一九〇六―七〇年）と歴史学の上原専禄（一八九九―一九七五年）の二人が、大川がイスラーム研究を行った事実さえ否定することを「狭量」として批判の俎上にのせることは、竹内が当時の言論界で果たした知の「国士」的な役割を考えると十分に理解できることである。(8) しかし、彼は『回教概論』の内容を当時のヨーロッパのイスラーム学の水準の観点から再検討することなしに自らの回教圏研究所時代の読後感をもとにして発言しており、そのような発言がその後一人歩きし始めることになったことは否めない。

松本健一は竹内の『回教概論』の評価に関して、評伝『大川周明』において、竹内の言とは異なり、日本において大川のイスラーム研究が必ずしも評価されてこなかったわけではないことを具体的な事例を挙げて説明する。すなわち、アラビア語から直接『コーラン』を翻訳した藤本勝次が大川による『古蘭』の翻訳を「尊敬に値する」と述べた、次のような評価を引用する。

太平洋戦争後、大川周明氏による『古蘭』（岩崎書店）が昭和二十五年に刊行された。……主として、漢訳コーランをはじめ、英・仏・独の諸訳本を参照していて、アラビア語原典からの翻訳ではないようであるが、戦後の混乱期にコーランの全訳を刊行されたことは尊敬に値する。(9)

もちろん藤本は、続けて井筒俊彦による岩波文庫版『コーラン』全三冊を、アラビア語原典からの全訳を行った「画期的な翻訳」といって紹介するが、松本は藤本の評価の仕方は「別に大川の業績を貶めているわけではない」という。[10] たしかに藤本は、第二章でも紹介した前嶋信次とともに、大川のイスラーム研究の先達としての業績を認めた戦後のイスラーム研究者の一人であった。

また、松本は竹内の『回教概論』の評価に関して、次のように述べている。すなわち、「わたしの考えでは、竹内好は日本帝国主義の力量、つまり「純粋の学術論文」を植民地経営の有益な資料とする能力に対して、やや軽く見ていたようにおもわれる。そしてそのぶんだけ、大川周明の学問の社会的機能を過小評価しているのである。大川を「純粋の学術論文」の観点のみで切り離して評価するのでは、その善意の悪もふくめて、正当に評価したことにはならない。結論的にいうならば、大川の『回教概論』は「日本のイスラム研究の最高水準」だったからこそ、「日本帝国主義のアジア侵略」の有用な資料となったのだ」[11]と指摘しているが、松本の評価も、共栄圏構想のイデオローグとしてすでに名声のある大川の「学問の社会的機能」を考慮に入れたとしても、私にはいささか先走りだと思われる。というのも、『回教概論』がアジア侵略の「有用な資料」になった具体的な根拠が示されていないからである。

松本は続けて「学問にイデオロギーの有用な資料となることを拒む要素がふくまれているかどうか、これが学問における普遍的価値を保証する規準にほかならない。大川の学問にそういう要素があったかどうか、そのことが改めて問われなければならないのだ」[12]と問いを投げかける。第一章で、竹内が書いた紀行文における中国でのムスリム工作員の苦悩について紹介したが、その中で工作員が「命令によつて回教徒を神社参拝に連れていかなければならないことがある。自分は敬虔な気持ちで神社に参拝するが、彼ら回教徒が本心から神社に拝礼するかどうかといふ疑問がいつも起る。もし本心からの拝礼でなかつたら、それは神社に対する不敬でもあり、自分はその苦痛に堪へない」と述べていることを竹内は直接聞いている。当時の政策決定者が中国におけるイスラーム政策の失敗に学び、真面目に大川の『回教概論』を読んでイスラームとは何かを知悉した上で、その知識を東南アジア、とりわけインドネシアの日本軍占領地におけるイスラーム政策(13)に最初からきちんと適用していたとしたら、少なくとも神社参拝の強制や皇居への遥拝などのような皇民化政策を、その宗教政策として占領当初の段階であってもムスリムに強制するはずがない。少なくとも、日本のイスラーム政策の文脈で大川の『回教概論』だけを取り上げれば、同書はむしろ皇民化政策に原理的に真っ向から反するイスラームを紹介しているという意味で、松本のいう「有用な資料となることを拒む要素がふくまれている」ことになる。

実際、同時代に出版されたイスラームに関する類書と比較すれば、大川の『回教概論』の特異性が浮かび上がる。例えば、回教圏研究所を辞して駒澤大学・陸軍士官予備学校の教授を務めていた小林元の『回教叙説』(満州事情案内所、一九四〇年)は、イスラームに関する概説であるのみならず、巻末に中国におけるイスラーム用語の一覧(アラビア語原音、華音訳、漢意訳)を掲載して、日本の大陸侵略の足がかりとしてのイスラームを知るために、より「実用的」な便宜を図っているのである。小林は『回々』という満州のムスリムに関する旅行記をも出版している。また外交官出身の笠間杲雄《あきお》『回教徒』(岩波新書、一九三九年)も同様であり、イスラームに関する概論とともに、日本、満蒙、支那といった具合に東亜共栄圏において地理的に近接した地域から順に回教徒の概況を「有用」な情報として提示するというスタイルをとっている。

小林や笠間などの著作と比較した場合、大川の『回教概論』は「必要欠き難き現実当面の問題」を強調しながら、無愛想なまでに「大東亜共栄圏」の下に組み込まれたムスリムの現状に関する具体的な情報を提供する姿勢に欠けており、類書との差は歴然としている。むしろ大川は意図的に同時代的な文脈でイスラームを位置づけることを忌避していたのではないかという印象さえもつくらいに、イスラーム学的な関心からの記述は前近代のイスラームの提示に留まっている。そもそも、大川は現実のムスリムの生活の現場にはまったく関心を示さなかったし、その必要性も感じていなかったのではなかろうか。『回教概論』の章立て構成が示すとおり、大川が『回教概論』で提示した理念的なイスラーム像は彼の知性において学問的に再構築されたものであり、後述の通り、そのイスラームの描き方はヨーロッパの伝統的イスラーム学の叙述スタイルに沿ったものだからである。その意味では、竹内の指摘のとおり、『回教概論』はヨーロッパのイスラーム学の伝統に依拠した「純粋に学術論文」とみなしたほうが理解しやすいのである。

竹内は『回教概論』を学術的として絶賛しているが、このような評価は研究者の間でも同時代的に共有されていた。たとえば、『回教概論』刊行の翌年の一九四三年に開催された回教圏研究所における同書に対する書評を行った所内研究会の報告が雑誌『回教圏』に掲載されているが、その結論では次のような評価を下している。すなわち、「要するに本書は、過去に現はれた諸種の回教概論を質的に引離した労作であり、今後の回教研究にとつて一の規範であり再出発の起点をなすべきものと認められる」。ちなみに、この研究会に竹内好自身も研究所所員として参加していた可能性が高いので、竹内による大川への高い評価は同じイスラーム研究に携わる者としてすでに戦前からあったと考えられる。

回教圏研究所の研究会での『回教概論』の全般的な評価は次のとおりである。「本書は種種の特徴を有するが、第一に挙ぐべきものは全体の構成における論理的一貫性と緻密性である。著者は文化体系としての回教を一の歴史的所産として純粋に学問的に提り上げる態度の下に、著者の主観を通してこれを論理的に分析再構成し、その過程において全き回教の像を彷彿せしめようと企図する。その努力は相当程度に実現されていると考えられる」と述べると同時に、「従つて叙述に際して、素材の平面的羅列に止ることなく、簡潔なる用語を以て適確なる表現が与えられており、意味の曖昧《あいまい》さや凝滞は認められない。著者は多くの文献を参照しているが、引用はすべて著者の主観によつて予め消化され、全体の論理的構成を崩さぬ妥当な時と場所においてなされている。また、しばしば引例を象徴的に用いて有効に映像を浮き上がらせている。(たとへばメッカ精神界の混乱を象徴する挿話の例)」とした上で、「右の如き本書の論理構造は、同時に著者の有する独自の歴史観、世界観に照応するものと考へられる。はじめに回教なる文化体系の現代に有する意義を説き、次いでその成立に遡及した態度はその一例である。つまり著者は現代的観点を失はずに、しかも主体性を離れることなく客観的な歴史を問題としてゐるのである。この意味で、本書は著者の他の著書、たとへば『復興亜細亜の諸問題』『亜細亜建設者』『近世欧羅巴植民史』などと相補い、全き著者の体系の一部を構成するものと云へる」とまとめる。(14)

もちろん、この研究会の書評での「純粋に学問的」という高い評価は、同書が同時代の研究者にどのように受け止められていたかを知る上で貴重なものであるが、同時に「本書の論理構造は、同時に著者の有する独自の歴史観、世界観に照応する」という指摘が、本章で議論するオリエンタリズム的な文脈では重要になってくる。すなわち、この大川の世界観は、イスラームをたんなる宗教ではなく信徒の生活全体を包括する文化体系であるとみなすオリエンタリストのイスラーム観と呼応しているからである。大川は宋学的教養に基づく世界観ゆえに、オリエンタリストが構築した包括的イスラーム観を自らの思想体系に容易に組み込むことができたと思われる。これは内村鑑三をはじめとする、武士に出自をもつ明治期日本の知識人がキリスト教を受容した歴史的環境と同じものである。大川と旧制荘内中学校の同級生であり、内村の無教会派のキリスト者として著名な黒崎幸吉がこの歴史的環境から生まれていることからも明らかである。[15]しかし、後述のように、一貫した体系的世界観を求める大川のイスラームへの姿勢は、動態的なムスリムの多様な現実を理解する上で陥穽となっていくのである。

ところで、イスラーム思想・政治哲学を研究する鈴木規夫はブックガイドの中で『回教概論』について「これ〔『回教概論』〕を基礎に学習研究が積み上げられていけば実に多くの諸成果を得ることができるような、とてもよく整理されたイスラームへのスタンダードな概説書であるにもかかわらず、それに相応しい位置を占めることがなかったのである」[16]と述べて、戦後のイスラーム研究において大川が不当に評価されてきたことを改めて指摘する。しかし、戦後の評価はともかくとして、前述のように、同時代的にはイスラームに関する啓蒙書が『回教概論』以外にもかなりの点数が出版されている中で大川の著書は出色だと評価されてきた。すなわち、先ほど挙げた小林元『回教序説』（一九四〇年）、笠間杲雄『回教徒』（一九三九年）をはじめ、大久保幸次『イスラム教』（一九三四年）、大久保幸次・小林元『回教読本』（一九三九年）、大日本回教協会『回教圏早わかり』（一九三九年）、回教圏攷究所編『回教圏史要』（一九四〇年）、井筒俊彦『アラビア思想史――回教神学と回教哲学』（一九四一年）、回教圏研究所編『概観回教圏』（一九四二年）といった出版物があるにもかかわらず、である。これに「回教圏」の政治状況や国際関係などまでを対象とした概説書も加えると相当数に上るのである。

むしろ重要なことは何故『回教概論』が例外的に高い評価を獲得しているかである。当時の大川によるイスラーム研究の特徴は、イスラームを同時代的な関心の下で位置づけるというよりも、イスラームという宗教そのものとその文明の全盛期に関心を集中させて、ムスリムの全生活を包括する体系として描写するという、イスラームそのものへのアプローチの仕方にあったといえよう。もちろん、『回教概論』の「はしがき」の末尾において「今や大東亜共栄圏内に多数の回教徒を包擁するに至り、回教に関する知識は国民に取りて必須のものとなった。予の小著が多少なりとも其為に役立つならば欣幸《きんこう》無上である」と結んでいるのは、同時代の日本が直面する「大東亜共栄圏」建設の国策的な要請に触れたものではある。鈴木規夫は「東亜の新秩序におけるイスラームの位置づけを明確化しようとして『回教概論』を出版した」[17]と述べているが、大川が述べるが如く「回教に関する知識は国民に取りて必須のものになった」ので、そのために同書は役立ったかもしれない。しかし、少なくとも同書の本文を読むかぎりでは、大川は「必要欠き難き実現当面の問題」である東亜新秩序におけるイスラームの位置づけを明確化することには成功していない。そもそも、その内容から判断すると同書がそのような目的で書かれているとは到底思えないからである。大川に限らず、大東亜共栄圏内にムスリムを多数含みこむようになったというように人口統計的な事実に基づいてイスラームの重要性を強調する物言いは、当時のイスラーム研究者が使用する常套句であるといってもいい。この点では大川だけが突出しているわけではない。

むしろ、大川の『回教概論』が戦争勃発という時局において特異なのは次の点である。すなわち、『回教概論』に通底する大川のイスラームへの関心が、イスラームはムスリムの全生活を包括する体系であるという論点に収斂される点である。それが故にこのことは、もっとも理想的に政治と宗教が融合したムスリム統治下のスルタン＝カリフ制を日本の天皇制にどのように応用できるかという彼ならではの主体的な問題意識と連動している可能性があることであろう。もちろん、大川はこのように天皇制に絡めてイスラームへの関心のあり方を明示的に述べているわけではない。したがって、スルタン＝カリフ制と、現にアジア解放のための先導的な役割を果たすはずであった天皇制との比較対照を含めて、言外にそのような政治的メッセージを『回教概論』から直接読み取ろうとするのはないものねだりであるかもしれない。実際、『回教概論』を出版した時点ではトルコ革命においてスルタン＝カリフ制はすでに廃止されてしまっており、このようなイスラーム世界の現実が『回教概論』の叙述のスタイルに色濃く影を落としていると考えることもできる。

　大川は『回教概論』において教権と王権の関係について次のように述べている。「回教本来の精神によれば、回教の世界にはマホメットの後継者たる唯だ一人の指揮者あるべく、総ての信者は其の命令に服従すべきである。さり乍《なが》ら実際に於ては、既に回教紀元第五世紀に於て、同時に自らカリーファと称へたる八人の君主があつた。……現在の如き国際政局の下に於て、一人のカリーファの下に全回教圏を統一する政治組織が実現される可能性は殆どない」[18]。このように、大川はイスラーム史に先例を求めて、現代におけるイスラーム世界がカリフ（カリーファ）をめぐって分裂している現状を淡々と述べている。その上で、彼はイスラーム世界の分裂を現実として追認しているのである。このような大川の記述をみるかぎり、一九二二年に刊行した『復興亜細亜の諸問題』の「序」において「宗教と政治とに間一髪なきマホメットの信仰に、いたく心惹かれ」たと述べた第一次世界大戦後の時期に比べると、彼のイスラームへの期待度は明らかに低くなっているといわざるをえないのである。

　あるいは大川は『回教概論』出版当時、預言者時代あるいは全盛期のイスラームに理想的モデルを求めるのはすでに「見果てぬ夢」と考えていたのかもしれない。ただ、『回教概論』が出版された一九四二年八月という大東亜戦争開戦から半年以上経過した戦時下の時代状況と大川が果たした華々しい政治的役割を考えると、直接言及していないにもかかわらず、彼にそのような議論を期待するのもあながち的外れではなかろう。にもかかわらず、彼が『回教概論』では形ばかりの時局的要請への言及しかしておらず、そのことはむしろ逆説的ではあるが、イスラームにかかわる東亜共栄圏構想の破綻、すなわち、大川自身のイデオロギー的立場の悲劇的な崩壊を暗示しているものであり、彼もそれを自覚していたのではないかという解釈も成り立つということである。この論点に関しては第四章で改めて議論する予定である。

大川は東亜経済調査局の刊行している『新亜細亜』の巻頭言においてしばしば時局に言及する文章を書いているが、彼自身のアジア主義における日本の指導的立場からの発言がほとんどであって、イスラームには触れていないし、その内容自体は宗教的・政治的な狂信とははるかに距離を置いた地点からの冷静な分析である。大川の文体はあくまで理知的であり続けたことはここで強調しておく必要がある。しかし、だからこそ彼がそのイスラーム観も含めて自身の悲劇的結末に自覚的であったと推測することも可能なのである。

以上の推測に基づけば、大川が『回教概論』を、イスラームという総合的文化体系の根本的な基礎知識のみの提供に目的を限定して、あえて時局とは切り離した学術的知見に基づく「啓蒙書」として読者に提示しようとしたこともある程度理解できる。実際、同書は優れた啓蒙書ではあり、次のような「剣かコーランか」のような欧米のキリスト教の誤解に基づく議論への批判は現在でもなお通用する議論である。

基督教徒の歴史家が、疾風迅雷の勢を以て行はれしアラビア人の西亜細亜《アジア》征服と、其の住民の改宗とに驚魂駭魄《がいはく》して、回教の弘布は専ら「剣か古蘭か」と呼号せる戦士によつて成されたるものと誤り伝へて以来、マホメットの宗教は主として剣戟《けんげき》の力によつて弘められたるものの如く考へられて居る。但し広く世間に流布せらるる此の思想は、明白に誤謬である。……回教の迅速なる弘布の最大の原因は、その信仰の純一、教義の簡潔、伝道者の熱心、及び当時に於ける東方諸国の政治的乃至宗教的混沌であつた。(19)

また、第二章でも指摘し、先ほども触れたように、本章の文脈で重要なことは、大川は一九二〇年代には「剣かコランかの信条を真向に振翳《ふりかざ》し、宗教と政治とに間一髪なきマホメットの信仰に、いたく心惹かれ」たと記していたが、その二〇年後の『回教概論』では、剣かコーランかの信条を真っ向に振りかざすというイスラーム観は明白な誤謬だと述べて、前言を全面的に覆して訂正していることである。このことは大川のイスラーム理解の着地点を考える上で重要であろう。

さらに同時に、現在の常識とは反するともいえる「イスラームはヘレニズム文化を継承したので西洋的性格をもつ」という指摘は目から鱗が落ちるような強烈な印象をわれわれに残す。イスラーム哲学がアラビア語で「ファルサファ（哲学）」というギリシア語起源の用語で呼ばれ、アリストテレス的遺産が継承された事実を考えれば、たしかにイスラームは「西洋的性格」をもっているといえるのである。もちろん、この指摘は初期イスラームの拡大について言及しているだけに過ぎないと考えることもできるのであるが、穿った見方をすれば、大川があえてイスラーム圏を、少なくとも西アジアのイスラーム圏を、大東亜共栄圏構想から切り離したとも解釈できるような言挙げの仕方でもある。彼は次のように記す。

回教は往々にして東洋的宗教と呼ばれ、其の文化は東洋的文化と呼ばれて居る。さり乍ら回教は、ゾロアスター教・猶太《ユダヤ》教・基督教を包擁する宗教群の一宗派であり、此の宗教群に共通なる根本信仰の上に立つて居る。そは決して印度《インド》又は支那の宗教群と同類のものに非ず、従つて若し印度及び支那を東洋的と呼ぶとすれば、明かに之と対立する西洋的性格を有《も》つて居る。而して最初にアラビア人が進出せる地域は、謂はゆるヘレネ文化圏であつた。ヘレネ文化圏とは言ふまでもなくギリシア・ローマ文明の世界であり、回教徒の初期の征服は殆ど此の文化圏に限られて居た。従つて回教文化を長養せる最大の影響は、ヘレネ文化及びペルシア文化であつた。回教の純知的方面は、徹底してギリシア文化に影響され、其の神学は最も多くをアリストテレスの哲学に負ふて居る。かくて回教文化は本質的に西洋的であり、印度や支那の文化に比べて、遥に密接なる関係を欧羅巴文化と有つて居る。回教がヘレネ文化圏内に極めて迅速に弘布したのは、是くの如き事情ありしに由る。[20]

大川が「回教文化は本質的に西洋的である」と言挙げする場合、彼は「大東亜共栄圏」をどのように考えていたのか、あるいは「回教圏」は大東亜共栄圏に含まれていたのかどうか、共栄圏の中でイスラームはどのように位置づけられるのか、という問題に対してあいまいな立場しか提示されていない、という彼の「アジア」理解への批判にもつながるのである。[21] もちろん、前述のように、大川の言挙げを初期イスラーム史に限定すればその議論も説得的であろうが、彼は「本質的に」という言葉をも加えているのである。もともと大川のアジア主義が、日本文化はアジアの諸文化を含み込むが故にアジアを代表するということを前提に組み立てられていたことを考えると、このような言挙げは彼のアジア主義とイスラームとの関係を抜本的に再考する素材を提供していると考えてもいいのかもしれない。

このような大川の問題提起に、同時代の日本のイスラーム研究者たちの一部は東洋と西洋（あるいはアジアとヨーロッパ）のあいだの「中洋」の概念を提示することで、「大東亜共栄圏」と「回教圏」の重なりとずれを説明しようとしていたのである。その意味でも大川のアジアと東洋の両概念の操作の仕方は同時代のイスラーム研究者と比較して独特であり、この点についても第四章で触れることにしたい。

さらにイスラーム文化が西洋的であるという論点にこだわると、イスラームが、スーフィズムあるいはタリーカと呼ばれるスーフィー教団の活動を牽引力としながら、現在の中東地域の範囲を超えて、中央アジア、インド亜大陸に広がり、さらにインド洋を越えて東南アジアあるいは東アフリカ、そしてサハラを越えて西アフリカにも広がったという歴史的事実に遭遇することになる。であるにもかかわらず、大川はあえて「回教文化は本質的に西洋的である」と言挙げした。このような彼自身の言説に孕む矛盾は、イスラーム拡大の最大の要因といわれるスーフィズムあるいはタリーカを大川が意図的であれ、そうでないのであれ、少なくとも自分の著作の中で結果的には無視してしまったことに起因するものである。しかし、もっとも早い時期のイスラーム関係の論考「神秘的マホメット教」を書いた大学生の頃の彼はスーフィズムに注目していた。第二章の冒頭のエピグラムでも挙げたように「スウフィズムは殆ど基督教と云ふを妨げず」とも明言している。スーフィズムがキリスト教だという考え方が大川のイスラームへの関心の出発点にあり、律法的なイスラームとキリスト教的なスーフィズムを対比するような、一部のオリエンタリストに見られる認識の枠組みが『回教概論』まで続いているのかもしれない。ただ、本章では少なくとも『回教概論』におけるスーフィズムあるいはタリーカの欠落は、大川のイスラーム認識が、彼の理解した理念型に照らして現実を見るという視座に貫かれているためであろうということだけを指摘するにとどめておきたい（しかし、大川のイスラームへの関心はむしろ戦後、このスーフィー的な方向に向かうことになることは本書第二章で示した通りである）。

これまでも述べてきたように『回教概論』における大川の主要な関心は前近代の全盛期のイスラームの理念的なありようにあり、そこに想定されたイスラームの政教一致の理想的あり方の提示こそが論点となっている。現実のイスラームの実態とその理想との乖離についてももちろん言及はされるが、彼の議論の流れからいえば、前述のカリフ制の問題にしても、それほど重きが置かれているわけではない。その点が大川のオリエンタリストたる所以である。

ところで、『回教概論』は「はしがき」「第一章　序説」に加えて、第二章から第八章までの七つのテーマによる構成になっている。第二章「アラビア及びアラビア人」、第三章「マホメット」、第四章「古蘭及び聖伝」、第五章「回教の信仰」、第六章「回教の儀礼」、第七章「回教教団の発達」、第八章「回教法学の発達」という構成である。それぞれ別個の機会に独立に書かれたものであり、各章によって文体もさまざまであり、参照した文献がきちんとあげられている章（アラビア人、マホメットおよび回教法学の章など）と文献がほとんどあげられていない章もある。しかし、大川の採用している章立てとその叙述のスタイルは基本的にはヨーロッパのイスラームに関する概説書ではしばしば現れるパターンである。[22] 大川はとりわけ一九世紀後年から二〇世紀初頭にかけてのヨーロッパのイスラーム研究に依存している。しかし、彼の関心のあり方で興味深いのが前述のとおり、ヨーロッパのイスラーム概説では必ず章を割いているスーフィズムに関してほとんど言及していない事実である。この点は、イスラームを政治と宗教が切り離せない信仰体系として、その体系に基づく制度的側面を重視する『回教概論』出版前の大川の関心のあり方から、スーフィズムが外されるのも容易に理解されよう。

大川が『回教概論』を執筆する際に利用している文献は、英独仏蘭の古典的なオリエンタリストの名著の数々である。たとえば、イギリスのオリエンタリストのさきがけで『千夜一夜物語』の英訳者として著名なエドワード・レイン、日本では『イエス伝』『国民とは何か』の著者として知られるフランスのエルネスト・ルナンに始まって、『ムハンマド伝』のウィリアム・ミュアー、『マホメットとマホメット教』を著したR・ボスワース・スミス、ムハンマドやコーランの研究のD・S・マーゴリアス、『イスラームの諸相』という概説書を著したダンカン・ブラック・マクドナルド、ペンギン版イスラーム概説書で知られるアルフレッド・ギヨームといった英語圏の古典的イスラーム研究を大川は何よりもまず利用している。また、それればかりではなく、『ムハンマド伝』や『千夜一夜物語』を独訳したグスターフ・ヴァイル、ムハンマド研究のアロイス・シュプレンガー、旧約聖書学でも知られるムハンマド研究のユリウス・ヴェルハウゼン、コーラン研究の泰斗テオドール・ノルドケ、ハンガリー系ユダヤ人でムハンマド研究を含むイスラーム学の碩学イグナツ・ゴルドツィーハー、大川がしばしば引用する『イスラーム』の著者マーティン・ハルトマンといったドイツ語圏の重厚なイスラーム研究をもよく参照している。

ただ、H・ランマンといったフランス語圏のイスラーム研究者、オランダ語圏のド・フーユ、C・スヌーク・ヒュルフローニエに関しては英訳を多く利用しており、英独のオリエンタリスト的イスラーム研究と比較した場合、仏蘭のイスラーム研究に依拠する比重は低いといった点を指摘できる。たとえば、井筒俊彦に強い影響を与えたルイ・マシニョンに代表される、スーフィズム研究がさかんなフランスのイスラーム研究に大川がほとんど関心を示していないのは、律法的・共同体的なイスラームにおける政教一致の中にイスラームの理想を見出す彼のイスラーム観の特徴を示唆していて興味深い。とはいえ、大川が依拠している文献は初期イスラーム史、ムハンマド研究、そしてコーラン研究を中心に、それこそ当時非常に著名なオリエンタリストの面々による標準的テクストばかりなのである。彼が如何にヨーロッパのイスラーム研究に丹念に目配りをしていたかを示すものとなっている[23]。ただ、大川にとって皮肉なことではあるが、一九世紀英仏蘭のイスラーム学者の多くがイスラーム世界へのキリスト教の宣教活動あるいは植民地行政にかかわっていたという事実がある。

だからこそ、大川もヨーロッパのイスラーム学者の研究に対して是々非々の議論を行っている。具体的には、彼が生涯を通して最も強い関心を持ったムハンマドその人に言及する際であり、『回教概論』の第三章「マホメット」においてである。すなわち、大川は次のような批判的な記述を行っている。

> 預言者を待ち望めるアラビアの宗教的要求が、彼〔ムハンマド〕によつて満たされた。西欧学者が、其の攘夷的精神に囚はれて、如何に不当なる讒誣《ざんぶ》〔事実ではないことを言いたてて他人をそしること〕を彼に浴びせても、彼がアモス、ホゼア、イザアと相並ぶべき、セム民族の偉大なる預言者たりしことは、些《いささか》の疑ひもない。西欧学者の彼に対する批判は、殆ど千編一律に下の如くである。曰く、メッカに於けるマホメットは、……自己の使命を確信せる誠実熱烈なる宗教家であつた。さり乍らメヂナ遷都

以後の彼は、物質的成功に心奪はれ、利己的目的のために預言者の権威を利用し、天啓に仮托して其民を欺けるものであると。コエルの如きは、マホメットが其の初期に於て正しき路を踏んだのは、専ら其の貞淑年長なる妻カディージャが能《よ》く彼の野心と情欲とを適宜に指導した為であるとなし、彼女の没後に於て其の本来の性格を肆《ほしいまま》に暴露するに至つたのだと説く。(24)

また、大川は同書第三章「マホメット」の註においてムハンマドの結婚を政治的とすることに対して西欧学者たちを批判する。「単《ひと》りマクドナルドのみならず、ミユイア〔ミュアー〕、シユプレンガーの英独二大権威を初め、諸多の西欧回教学者、悉《ことごと》く此点に関して大同小異の意見である。唯だ其他の点に於て回教に対する敵意を随処に示して居るマーゴリアスが、マホメットの結婚を以て政治的のものなりしとせることは一奇である(25)」と具体的にマーゴリアスのムハンマドの結婚の評価の仕方を批判している。また同様に、第八章「回教法学の発達」においては、マクドナルドは、「回教法学に関する同情あり理解ある批評が述べられて居る。之に反して M. Hartmann, Der Islam の諸処に現はれたる回教法律の記述は、執拗なる敵意に満つ(26)」と対照的に述べられている。

大川が頻繁に引用している研究は、ダンカン・マクドナルドが一九〇九年に行った連続講演の記録をまとめた著作『イスラームの諸相』である。この著作自体がイスラーム世界に布教をしようというキリスト教神学校での講演であるという性格を考えると、大川のいう「攘夷的精神」はむしろ当然のことなのである。また、マクドナルド自身は別の著書において自らがゴルドツィーハー、ノルドケ、ヒュルフローニエ、そしてレインから影響を受けたことをはっきりと表明している。(27) 前三者はヨーロッパの近代イスラーム学の基礎を築いたと高く評価されているオリエンタリストの重鎮である。

さらに、マクドナルドは後世にも絶大な影響を与えている。第一次世界大戦後のイギリスにおける最も偉大なオリエンタリストとしてみなされているハミルトン・ギブに対するエドワード・W・サイードの次のような評価によって、マクドナルドの残した知的影響がいかに大きかったかを知ることができるであろう。ギブはサイードが論難している「オリエンタリスト」の重鎮である。

ギブが最初期に影響を受けた学者の一人は、ダンカン・マクドナルドであった。ギブは、イスラムが首尾一貫した生活体系であり、その体系に一貫性を与えているのは、実際にそこで生活を送っている人々ではなくて、すべてのイスラム教徒が参与している教義の総体や宗教的実践の方法、秩序観念であると主張した。だが、彼がそうした考え方を抽出した源泉は、明らかにマクドナルドの著作であった。(28)

たしかに大川の『回教概論』は、一九世紀ヨーロッパにしばしば見られるオリエンタリストによる宣教的意識が見え隠れするような、ステレオタイプ化された「東洋」への偏見からは自由であった。しかし、オリエンタリストが構築した認識上のイスラーム観、つまりイスラームという力こそがイスラーム世界の人びとの諸経験を統括し、明晰ならしめているという見方は基本的には継承しているといえる。前述の通り大川はその「はしがき」においてオリエンタリストと同様、次のようにイスラームの性格規定を行なう。

回教は吾等が普通に考へる如き「宗教」に非ず、実に信者の全生活に関する文化体系の総合なるが故に、研究の対象は多様であり、範囲は広汎である。此書は唯だ其の一部を取扱へるに過ぎぬことは言ふ迄もない。(29)

大川の「はしがき」の一節で問題なのは、イスラームをナイーブに「吾等が普通に考へる如き「宗教」に非ず、実に信者の全生活に関する文化体系の総合」であると規定しているところにある。この生活体系に一貫性を与えるといったようなイスラーム観は、サイードが批判するところのマクドナルドのイスラーム観そのものなのである。だからこそ、大川も『回教概論』においてマクドナルド同様にイスラームの教義や実践しか叙述しないことになる。もちろん、彼がマクドナルドに代表されるオリエンタリストの仕事に全面的に依拠している以上、それは当然の帰結ということになる。と同時に、大川自身がオリエンタリストを積極的に受容する理由として、彼の宋学的教養に基づく体系的な世界観とも重なることを挙げることができるであろう。

また大川は『回教概論』において、「大東亜共栄圏」内に居住するムスリムの信仰するイスラームを多様な研究対象の一部としてしか取り扱っていないと述べているものの、彼のイスラームへのイメージは演繹的な思考から形成されている。したがって、イスラームとは何であるのかという問題設定に代表されるように、問題の本質的核心さえ把握すれば、例えば英領インドなどの南アジアからマレーやインドネシアの大陸部や島嶼部の東南アジア、さらには中国の回族・回民などの東アジアまで多彩な環境の下で多様な生活を営むムスリムを理解できるという無意識の前提が大川には見え隠れするのである。

実際、大川の『回教概論』の構成自体がヨーロッパ・オリエンタリズムの知的な蓄積を踏まえたものであることは自明である。前述の通り、イスラームを生み出したアラビア半島の状況から始まって、預言者ムハンマドの生涯、コーランとハディース、信仰の五行六信（ただし、大川は五行の第一に「清浄」を挙げているのは誤りで、正しくは「証言《シャハーダ》」である）、制度としてのイスラームの発展、シャリーア（イスラーム法）といったように説明しているスタイルそのものにまさにヨーロッパのオリエンタリストのまなざしを見出すことは容易であり、実体化されたイスラームから現実のムスリムが演繹的に説明される場合がしばしばある。

とはいえ、『回教概論』においても、ムハンマドが一貫して大川個人としての関心の中心にあった。ヨーロッパのイスラーム学の中で「歴史的ムハンマド」あるいは「人間としてのムハンマド」などと表現されるムハンマド像の脱神話化が当時重要なテーマとなっていたが、次節で述べるように、大川にとって理想とするムハンマド像は、日常的人格性に内在化された信仰ともいうべき合理的な姿をとっている彼の宗教観と一致しており、そのようなムハンマド像の構築こそが大川にとって精神生活における重要な課題となり、それが戦後の「マホメット伝」につながったともいえるのである。

三　宗教観をめぐって

それでは、その大川の宗教観とはどのようなものなのか見てみよう。序章でも述べたように、戦後のイスラーム研究者による大川周明の再評価は、井筒俊彦が逝去する直前に『中央公論』誌上で司馬遼太郎と行った対談における発言がその嚆矢であったといえる。井筒は満鉄東亜経済調査局においてアラビア語文献の整理を行なっていたし、大川が編集長であった雑誌『新亜細亜』にも寄稿しているし、また『東印度に於ける回教法制——概説』（一九四二年、東亜研究所資料内第二八七号C）という、日本軍占領下のインドネシアにおけるイスラーム法に関する報告書をも執筆している。この対談がその後何度か文庫本として司馬の対談集に再録されたことも相俟って、井筒が司馬に語った次のような発言を媒介として、秀逸なイスラーム学者であり、「日本的ドイツ・ローマン派」である大川周明という人物像が人口に膾炙《かいしゃ》することになった。もちろん、司馬の発言は、松本健一による北一輝の「革命的ロマン主義」をめぐる議論を踏まえたものであろう。

司馬　大川周明というのは日本的右翼というよりも、十九世紀のドイツ・ローマン派の日本的なあらわれの人だったのかもしれませんね。サンスクリットを勉強するうちに英国支配のインドに同化してゆく。イスラームも学んだそうですね。

井筒　そうです。大川周明が私に近づいて来て、私自身も彼に興味をもったのは、彼がイスラームに対して本当に主体的な興味をもった人だったからなんです。知り合いになった頃、これからの日本はイスラームをやらなきゃ話にならない、その便宜をはかるために自分は何でもすると、私にいっていました。それで、オランダから『イスラミカ』という大叢書と、『アラビカ』という大叢書、つまり、アラビア語の基礎テクスト全部と、イスラーム研究の手に入る限りの文献は全部集めて、それをものすごいお金で買ったんです。それを、東亜経済調査局の図書館に入れておいた。ところが誰も使う人がいないし、アラビア語のテクストを整理する人がいない。私に「やってくれないか」というありがたい話で、アラビア語の本なんてあの頃は買えませんから、倉庫に入り込んで毎日のように、「整理」と称して自分で読んでいたんです。[30]

大川はイスラームに対して「主体的な興味」をもった人だったと井筒は高く評価する。井筒が晩年初めて大川との関係を公に語ったのである。イスラーム学の世界的泰斗である井筒によるこのような賛辞などによって、大川が戦前日本のイスラーム研究の代表者として確固たる地位を獲得したともいえる。つまり、大川は敗戦後四半世紀を経過し日本の言論空間において「復権」していったことを確認しておく必要があろう。

以上のような大川の「復権」以前の段階の一九七五年に、大川のイスラームへの関心に踏み込んだ指摘をおこなったのが橋川文三であった。「〔大川の〕イスラムへの関心は他のほとんどのアジア主義者には欠如し、ただ一人大川が一貫して保持してきたものであった。そのコーラン翻訳への執心は、すでに大学卒業直後に抱かれ、幾度かの挫折ののち、戦後松沢病院においてようやく完成したという因縁つきのものであった」とした上で、橋川は上記に引用した竹内の講演の一部を引いて続けて述べる。「大川が個別宗教としてのイスラムに関心があったというより、むしろ宗教と政治の一体化された世界そのものへの熱望が彼を導いていているという側面を私は重視したい。……信仰と道徳はもとより一体であり、宗教と政治もまた不離でなければならぬというのが、この詩人的思想家の信条であったようである。彼がイスラムに見出したものは、その意味での信仰＝政治の統一形態であった」[31]。

個別宗教としてのイスラームへの関心ではなく、宗教と政治の一体化された世界への熱望が大川を導いたという指摘は、彼のイスラーム理解において重要である。この点はイスラームに対する主体的な姿勢、とりわけ預言者ムハンマドその人と聖典クルアーンへのこだわりが執拗低音のように生涯を貫いている大川のイスラームへの関心の特徴として指摘できるからである。「神秘的マホメット教」から、宗教と政治とに間一髪を容れぬ信仰としてのイスラームへの関心の転換は、インドの悲惨な現実を知ってからであったが、預言者ムハンマドの信仰においては、内面的な個人生活を支える宗教と外面的な社会生活を構成する政治との二元的生活を統合するために、国家的生活へ精神的理想に相応する制度と組織を与えていると大川は確信していたのである。大川が六五歳になる一九五一年に刊行した精神的自伝と自ら呼んでいる『安楽の門』において大川は次のように回想している。

私の心は、もはや塵外《じんがい》に超然として瞑想思索を事とするに堪えなくなつた。私は亜細亜酸鼻の源泉は、私が求めたやうな出世間的生活を希《ねが》ふ心そのものに在ると思ひ初めた。亜細亜殊に印度は、至高の真理を把握して、内面的・精神的自由を体得するために不退転の精進を続けて来た。而も亜細亜は、その把握せる真理を社会的生活の上に実現するために主力を注がなかつた。その必然の結果は、内面的・個人的生活と外面的・社会的生活との分離を招ぎ《ママ》、そのために一面には精神的原理の硬化、他面には社会的制度の弛廃を来たした。亜細亜は先《ま》づ此の二元的生活から脱却して、妙法を現世に実現する大乗亜細亜とならねばならぬ。そのためには吾々の社会生活、その最も具体的なものとしての吾々の国家的生活に、吾々の精神的理想に相応する制度と組織とを与へねばならぬ。私は斯様に考へた。

かく考へたから私は、最も広汎な意味での政治の研究に深甚なる興味を抱き初めた。私が宗教と政治とに間一髪を容れざるマホメットの信仰に心惹かれたのも此の頃のことであつた。(32)

この点において、橋川文三のいうところの「詩人的思想家」の直感ともいうべき仕方で預言者ムハンマドの全体像を丸掴みする大川自身の類稀なる知的能力は驚嘆に値する。そればかりではなく、その捕捉力は同時に、大川がヨーロッパのオリエンタリストによるイスラーム研究の膨大な蓄積の整理能力に依存していることに起因していることも見逃してはならない。

ところで、大川の宗教観の中でイスラームがどのように位置づけられているかは、先に引用した橋川文三の次の指摘を改めて考えてみる必要があろう。

彼〔大川〕が宗教について抱く究極の姿は、その『安楽の門』にきわめて鮮かに描かれているが、それはもっとも普通の表現でいえば、日常的人格性に内在化された信仰とでもいうべき合理的な姿をとっており、なんら神秘的な要素はもたない。(33)

橋川は、大川の信仰は彼が学生時代に属していた松村介石の道会の四綱領〔神信、修徳、愛隣、永世〕が連想されるような性格をもっており、彼の宗教関心が超越化と世俗化の両者を融合した位相にあったことはその長い宗教哲学研究の帰結として理解されると総括する。大川が宗教の真の姿を既成宗教の信仰に求めるのではなく、たとえば玄洋社を創設したアジア主義者の頭山満、東北学院大学の設立者でキリスト者の押川方義《まさよし》、海軍大将の八代六郎の三者に「抱一無離の宗教人」を認め、また北一輝や石原莞爾にも同じように宗教的信仰の見事さを認めているというようなところにその特質がある。このような「抱一無離の宗教人」への関心は預言者ムハンマドもその一人として含まれており、晩年の「マホメット伝」の執筆につながっていくことになる。

換言すれば、大川にとって、信仰と道徳とはもとより一体であり、宗教と政治もまた不離でなければならぬというのである。まさに、大川が「個別宗教としてのイスラムに関心があったというより、むしろ宗教と政治の一体化された世界そのものへの熱望が彼を導いている(34)」という橋川の指摘は、すでに述べたオリエンタリズムの伝統に基づく大川のイスラーム研究の特徴を考える際も示唆的なのである。若かりし頃の大川がイスラームに関心をもった動機は信仰というレベルからではなく、政治と信仰が一体になったものへの熱情ともいうべきものではないかという指摘である。「理念の人」である大川が同時代の革命家としてロシア革命の指導者レーニンを高く評価したのもこのような知的な熱情に導かれたものであろう。ただ、橋川は大川の学生時代のイスラームへの関心のあり方を検討することなく「個別宗教としてのイスラムに関心があった」わけではないと述べているので、晩年の大川のイスラームへの傾倒を説明することができなくなるという問題点についてはすでに第二章で指摘した。晩年にコーランの翻訳をした大川は青年期の頃とはイスラームに対していささか異なる姿勢をとっているのである。

もちろん、戦後、預言者ムハンマドへの関心だけに集中したかというとそうではなく、次のような強烈な皮肉を言い放つ一面も持ち合わせているのである、すなわち、大川は「剣かコーランか」を「剣か資本論か」と置き換えて共産主義を揶揄《からか》ったわけであるが、ここでも太平洋戦争中に日本を白昼の太陽に、アメリカを暗夜の星になぞらえて、両者は両立しないと述べた卓越した比喩に見られる大川の毒舌ぶりは健在であるといわなければならない[35]。彼はイスラームと同じ「宗教」である共産主義を信奉する中国の「ジハード」ぶりを、初期イスラームのジハードに擬えて次のように述べる。

今日の共産教徒は、初期の回教徒に酷似して居る。両者は共に宗教団体であると同時に、政治団体でもある。そして両者とも全人類の改宗を目指して邁往する。中国の共産主義化は、実に回教徒のスペイン征服に比ぶべきものである。若し今後共産教徒が更に進出の歩みを進めて「ピレネ山脈」を越え来ることになれば、第二のトウール・ポアテイエの会戦が必至となるであらう。……共産主義といふ新宗教が、全世界に向つて「剣か資本論か」と迫り、破竹の勢で四方を風靡《ふうび》しつつあるにも拘《かか》らず、日本の知識階級には宗教を過去の遺物と考へて居る人が多い。それは恐らく宗教と言へば仏教や基督教のやうな既成宗教のことを思ひ浮んで居るためであらう[36]。

ただし、このような大川による評価は晩年の精神的自伝『安楽の門』（一九五一年）の中でのものであり、米ソ冷戦が「熱戦」として勃発した朝鮮戦争の状況の中で書かれたことを考慮しなければならない。というのも、大川は上記の引用箇所で極めて慎重に、わざわざ「初期の」ムスリムに限定して述べているからである。また、大川はイスラームと共産主義の比較の前提として次のように天皇まで引き合いに出して、ここでもいささか揶揄的に述べているのである。すなわち、「革命後約三十年を経たる今日のロシア人は、恰《あたか》も日本人が天皇に対すると同様の宗教的敬意を彼〔スターリン〕に対して抱いて居る。……宗教的にスターリンを崇拝して居るとすれば、共産主義はまさしく共産教と呼ばるべきものである。それ故に共産主義者は、宗教はアヘンなりとしてその絶滅を期して居りながら、マルクス・レーニン・スターリンを三位一体の神と仰いで、いつの間にやら自ら宗教信者になつて居るのである。彼等の不惜身命はその宗教的情熱に負ふものであり、彼等の極端なる排他的精神は、吾仏のみ尊き宗教的心理から来るものとせねばならぬ」[37]。しかし、いずれにしても、大川がこの文章において使用している「宗教」も極めて広い意味をもっている。これは彼自身、その生涯において「真実の宗教とは何か」を問い続けてきたことにも関連してくる。

そもそも、大川周明は一九〇七（明治四〇）年九月、東京帝国大学文科大学に入学した時の動機を、『安楽の門』において「真実の宗教を求めるためであった」として次のように回想しているのである。

私が大学の哲学科に入学したのは、決して学者になりたいためでなく、真実の宗教を求めるためであつた。私は西欧学者の書物を読めば真実の宗教とは何《ど》んなものかが判るだらうと考へ、哲学科を撰んで、姉崎〔正治〕先生の下で人並に勉強した。併《しか》し本を読んでも宗教は見当らず、読めば読むほど五里霧中に迷って、宗教とは何ぞといふことさへ解き難い謎になつた[38]。

若き日の大川は宗教が哲学者・思想家によってまったく異なった解釈がなされることに困惑を隠さなかった。すなわち、カントを読めば宗教は主意的なものと説かれ、ヘーゲルを読めば主知的なもの、シュライエルマッハーを読めば主情的なものとされている。ヘーゲルに至っては、シュライエルマッハーが宗教の本質は絶対帰依の感情にあると力説したのに対して、「果して然らば犬こそ無上の信神者で御座らう」(39)などと毒舌を弄しているというのである。しかしながら、大川は自分が宗教的にはシュライエルマッハーとマクスミュラーの著作の底流に流れる精神が琴線に触れ、その影響を受けたことをはっきりと述べている。すなわち、「吾国の南条〔文雄〕博士や高楠〔順次郎〕博士の師匠であり、古代印度研究の開拓者であつたマクスミユラーの学説は、設《たと》ひ学術的に指摘さるべき欠陥があるにしても、その宗教に関する数々の著書の総てを貫き流れて居る精神が、強く私の心の琴線に触れた。其頃私が読んだ西洋学者の書物のうちで、宗教的に最も与へられるところ多かつたのは、マクスミユラー及びシユライエルマツヘル二人の諸著である」(40)。

大川は大学時代の講義でも「宗教とは何か」という問題を一貫して追及し続ける。もちろん、どのような講義に感銘を受けたかも具体的に挙げている。すなわち「私は書物の中に宗教を探しまわると同時に、大学では諸先生の講義を聴いた。講義のうちで深い宗教的感銘を与へられたのは、波多野〔精一〕博士の「基督教の起源」であつた。私は聡明にして厳格な教師の説教を聴聞する敬虔な気持で此の講義を聴いた。姉崎〔正治〕先生の「根本仏教」の講義は、秀でて見事な仏教入門であり、私の其後の仏教研究のために有難い津梁《しんりょう》となつたが、講義中に宗教的感興の湧いたことはなかつた。前田慧雲老師の天台の講義は、今尚ほ忘れ得ぬ楽しい思出であるが、これは講義そのものよりも、老師の人品風格から自然に発する芳ばしい香が私を楽しませたので、私は教室で老師の前に坐する毎に、常に薫風に浴する思ひがした。教室で其の風末に親炙するだけで心が愉しくなるのは、私の大学時代では老師とケーベル博士の二人であつた」(41)として当時の宗教学の教授陣から受けた影響も告白する。さらに大川がことさらに私淑していたのが、サンスクリットを教授していた前述の高楠順次郎であったことが窺える。

〔高楠〕先生の学問は広汎に亘つたが、その研究の態度は線を引く時に必ず定規をあてるやうに精密堅確であり、如何なる問題をも決して苟且《かりそめ》には取扱はなかった。当時私と一緒に梵語を学び初めた同期生は僅《わずか》に四人、また先生の印度哲学を聴講する学生も十数人であつたから、教室は恰も私塾の如く、先生の指導も極めて懇切であつた。[42] 私は高楠先生の学風を偲び、また永く師恩を忘れまいために、此時のマクドネルの梵語文典を、四十余年後の今日まで大事に蔵《しま》つて来た。[43]

大川は宗教観においてもっとも影響を受けたというフリードリヒ・シュライエルマッハーに関しても詳細に言及しているが、彼の受け取った論点は次のような表現のうちに集約されよう。

シユライエルマツヘルは、有限なる個人が生命の本原たる無限者に融合する心境をフレムミヒカイト Frömmigkeit と呼び宗教の真髄を之に求めた。フレムミヒカイトは「敬虔」と翻訳されて居るが、私は之を「まこと」又は「誠」と翻訳する方が、一層適切にシユライエルマツヘルの精神を伝へると思ふ。彼の謂はゆるフレミム《マ》ヒ《マ》カイトは「至誠は神の如し。」又は「至誠天に通ず。」などといふ場合の至誠と全く同意義で、人間が至つて尊とするものを奉じて他意なく余念なき心境を指すのである。然るに無限者は必ず有限的存在としてのみ顕現するのであるから、吾々が無限者に融合するといふことは、個々特殊なる万事万物のうちに、一々無限を体認することでなければならぬ。[44]

以上要するに、大川の宗教観は「結局宗教とは自己の生命の本原に還ることである」とする次の一節に総括されよう。

自己の本原を如何なる形相に於いて把握するかによつて、数々の宗教や宗派が生れる。形相は様々であつても、結局宗教とは自己の生命の本原に還ることである。自己の生命は、父母から祖先、祖先から国祖、国祖から全人類の祖、全人類の祖から宇宙万有の親にさかのぼつて、遂に最後の生命の本原に帰一する。本原は一でなければならぬ。一でなければ本原でない。それ故に宇宙は一生命であり、その唯一無二の生命が万物に周流して居るとせねばならぬ。そして生命の特徴は、組織の一切の部分々々に、間断なく全体として生きて居ることである。[45]

宗教とは自己の本原に還ることであるとし、生命の本源である宇宙と帰一することで、唯一無二の生命が万物に周流すると主張する。さらに大川は続けて「生命が唯一無二であり、それが全体として全宇宙に間断なく動いて居るとすれば、「天にいます吾等の父」として表象されるエホバも、衆生の親とされる仏も、わが生みの親たる父母も、吾々の生命の本原たることに於て何の相違もある筈がない。生命は一つしかない。その生命を吾々に与へるものは生みの親しかない。吾々は生みの親を通してのみ此の生命に連るのである。従つて吾々は生みの親から生れることによつて、同時に神から生まれ、また仏から生れたことになる」[46]と述べている。この表現から窺えるのは、大川が師であった姉崎正治らの帰一協会と同一の思想の地平線に辿り着いたということであろう。彼が東京帝大時代に学生として受けた影響が後々までその宗教観に及んだと考えることができるのかもしれない。むしろ、この点は今後の大川研究においてよりいっそう探求されなければならない課題であるともいえよう。

四　「精神の遍歴」

大川周明が、宗教とは自己の本原に還ることであるとし、生命の究極の本源である宇宙と帰一することであるという境地に達する前には当然ながら精神の遍歴があった。大川は乃木希典《まれすけ》・静子夫妻の殉死を機に天皇中心の日本史の研究を始め、一九一三年六月に『列聖伝』を完成させて日本回帰の契機となっていくわけであるが、どのような思想的な遍歴を辿ったのかを見てみたい。大川自身も『宗教原理講話』（一九二一年）、『日本文明史』（一九二一年）、『復興亜細亜の諸問題』（一九二二年）などの著作を三〇歳代半ばに立て続けに出版し、自らの思想遍歴を振り返る余裕ができて自覚的になったのか、彼は四〇歳を超えた一九二七年四月に執筆した『日本精神研究』の「はしがき」(47)に、日本精神に回帰するまでの自分の精神の遍歴を記している。

「精神多年の遍歴の後、予は再び吾が魂の故郷に復《かへ》り、日本精神其者のうちに初めて予の求めて長く得ざりし荘厳なるものあるを見た」といった書き出しで始まっている、この大川版の「わが精神の遍歴」をイスラームとの関連で読むと著しい特徴がある。それはイスラーム（回教）について一言も触れていないという点である。むしろその空白が異様なくらいである。また、この「はしがき」は、大川が遍歴の末、自分の精神の故郷である日本精神に回帰することで内面的世界から外面的世界に飛翔し、国家主義者として経世済民のために生きることを宣言した彼のマニフェストであるとも位置づけられる。もちろん、橋川文三は西田税《みつぎ》（一九〇一—三七年、二・二六事件で北一輝と共に刑死した青年将校）の文章との関連で次のように指摘する。すなわち、「〔西田の〕文体の達意性と情熱的なリズムにはどこか大川周明に似た印象がある。しかし、ここでは、そのようにむしろ大正期哲学青年の風采をおびた心の中に、クーデタにもとづく天皇専制への熱烈な仰望が育くまれてゆくその過程が問題である」と後のクーデタとの文脈で述べているのであるが、この大川の「はしがき」が橋川編『超国家主義』のアンソロジーに加えられている事実は「超国家主義者」の誕生の形而上学を記したものとして興味深い。(48)

先に引用した司馬遼太郎と井筒俊彦の対談において、司馬は大川を「十九世紀のドイツ・ローマン派の日本的なあらわれの人」と評したが、丸山眞男は岡倉天心を念頭に置いてロマン主義を「革命によって目醒まさられた自我意識が、その革命の現実にもたらした結果にたいする、あるいは革命がもたらそうとしているものにたいする、幻滅によって歴史的世界に飛翔し、過去の時代や人物の理想化をテコとして逆に自我喪失をとりもどそうとするところに誕生した」（傍点は丸山）(49)と説明した。大川もまさに自我の喪失の危険からの恢復の手段を歴史への飛翔を通じて探り、自我に安定感を与えてくれる過去の偉大なる個性的人物や、変転する歴史を通じて維持される「精神」を選択的に見出していった。その意味では、司馬の喝破したとおり、まさしく大川はロマン主義者であったといえる。

「はしがき」において、ロマン主義者である大川は、自分の精神の遍歴を先賢古聖という智の絶頂に向かう精神的な登山であるという比喩で語っている。彼は、勇んで故郷を出発して、先賢古聖が辿った登山道を登って頂上を目指した、と書く。しかし、この登山の道程は困難であり、悩んで苦しんで絶望し、挫折し、もうこのような登山はやめようかと思ったりした。その時に光を与えてくれたのがキリストであったという。キリストのおかげで幾度もの困難を乗り越えることができ、キリストのような高貴な先達は他には求めることができないと思うまでに至ったと、まずキリスト教からの影響を回想している。これは旧制中学時代に鶴岡のカトリック教会に通い始めて、熊本の五高で熊本バンドのキリスト者たちと交流し、帝大に入学して道会という儒教的キリスト教に触れたことをいっているのであろう。ところが、大川は後になって気づくことになるのだが、キリストに与えられた同じものを法然・親鸞に見出すことになった。孔子・孟子以来脈々と続く儒教の「天」の信仰にも同様に宗教意識が潜んでいるのを見出した。上代日本の信仰に発して儒教・仏教と共に国民精神の内に熔解した武士道にも、道義と宗教を一体化した実践的規範として、同じような信仰を大川は見たのである。

　しかし、大川は思想的な転回を語る。「登山半ばにして予は越しかたを振返り、山の麓に遑々《こうこう》如として奔馳《ほんち》する多くの人々あるを見た。而して彼等が更に精神的高嶺を仰ぎもせず、従って向上登高の志なきを悲しんだ。予は其の重大なる原因が、彼等の貧苦に在るを見、彼等の貧苦の重大なる原因が、制度の欠陥に在るを見た」[50]。民衆の貧困を文字通り高みから見た大川らしい表現の仕方ではあるが、ここでカール・マルクスの『資本論』を見出した。ところが、このマルクスについても同じことを述べた日本の思想家を発見することになる。灯台もと暗し、とはこのことで、故郷の山形県の隣の出羽（秋田県）出身で『経済要録』の著者で経世家（経済学者）でもある佐藤信淵《のぶひろ》に、その志すところはマルクスと同じ救世済民のための理想国家の提唱を見たというのである。佐藤信淵は「支那国ヲ呑併《どんぺい》スル」という日本の膨張論の主張で大川のアジア主義にも影響を与えることになり、また大川自身も評伝『佐藤信淵集』を一九三五年に出版している。

大川はさらにプラトンと出会うことになる。彼は、プラトンが善の理想を仰ぎながら、その理想を『国家』に実現しようと闘志を燃やしている姿にキリストとマルクスを一身に兼ねた偉人を発見したように思い、キリストもマルクスも自分の師ではないと思ったのである。大川はプラトンの理想国家を次のように要約する。すなわち、プラトンの国家は精神の情欲に相当する農工商、意志に相当する兵士、理性に相当する統治者の三者からなる。農工商は国家の経済的基礎をなし、その健全な基礎の上に、国民は安らかに善の理想を辿って行く。武士は武器をとって外敵を防ぎ、統治者の命令に従って国家の安寧に尽くす。統治者は理性の体現者として、善と理想に従って国家を統率する任務を帯びている。選ばれて統治者となったら国家のためになさねばならぬ義務として主権をもち、任期が終わったら辞めて再び哲学的思索に耽ることになる。

このようなプラトンの国家論を読んで、大川は、旧制中学時代に漢学者・角田俊次の塾で学んだときに漠然と感じていた「王道は文を以て始まる」の深意が初めて明瞭に理解できたと感じて非常にうれしかったと振り返っている。後に儒教とりわけ『大学』の中に、プラトンと同一の思想の流れを見いだし、さらに江戸前期の儒者・熊沢蕃山《ばんざん》、熊本出身の政治思想家・横井小楠《しょうなん》の思想が同じ根本精神に拠って立っており、割り符がぴったり合うように二つのものが一致することを発見したというのである。

登山者が汗を流して岩に腰をおろし、周囲の絶景を眺めて我を忘れるように、自分の魂もしばしば同じような歓喜を味わったと大川はいう。自分の魂はまずアメリカの思想家・詩人のラルフ・ウォルド・エマソンに、そしてヤーコプ・ベーメのようなドイツの神秘主義者にも惹きつけられた。個人は宇宙に遍在する心を一人に体現するものであり、したがって普遍的な心の一切の属性は個人の内にあることを知ったという。しかし、このような道理はすでに南宋の儒者で朱子の論敵・陸象山、明の陽明学の始祖・王陽明が言い尽していたことであった。『孟子』にも「万物我に備わる」とある。このような心象風景は北宋の文人・蘇東坡（蘇軾）がほとんど歌い尽していた。今にして思うと、日本在来の思想・信仰と縁遠い欧米の思想が、そして自分の父や祖父も知らないアメリカ人やドイツ人の思想が、この千年来日本精神に浸透している儒教思想よりも随分前に自分の魂を動かしたのは、思想そのものというよりもただその表現が清新で巧妙だったから心惹かれただけだったということであった。禅門の詩文世界は比類なき文献であり、エマソンなどに比べて遜色ないが、自分がこれを知ったのは後になってからであったとも大川は語る。

さらに大川の魂はイタリアを訪れて、『神曲』のダンテと万能の天才レオナルド・ダ・ヴィンチに惹きつけられた。ダンテが、キリストに叛いたユダと共に、シーザーに叛いたブルータスを地獄のどん底に投げ入れ、この世の王国と霊の王国とを等しく重要視して、キリストとシーザーに同じ功績を与え、ユダとブルータスに同じ罪を与えるという思想、あるいはダンテの勇壮な世界帝国の建設の理想は深刻な暗示を自分に与えたと、ここでもカーライルの『英雄崇拝論』の影響を彷彿させる一節を大川は書き残している。また、彼は、後に日本の世界的使命に関する祖先の信念を理解する上でも、ダンテの思想に教えられるところが多かったという。そして、ダ・ヴィンチの天才に驚嘆し、異類の天才であるわが師・岡倉覚三（天心）の性格にダ・ヴィンチの面影を見て喜んだこともある。さらに、自分の魂は「聖なる破門のスピノザ」を訪ね、『倫理（エチカ）』を熟読して、ゲーテと共に「これほどまでにはっきりとこの世界を見たことはなかった」と思ったこともあった。近代ドイツを遍歴して偉大なる哲学者の書を読んだが、ヘーゲルとフィヒテには最も感激した。その時にはドイツ観念論の哲学に魅了され、日本には思想はないとさえ大川は思ったこともあった。

同時に、自分の魂は何年もの間、インドを遍歴したと大川は回想する。とりわけ聖薄伽梵歌（バガヴァッド・ギーター（神の歌）。古代インド大叙事詩「マハーバーラタ」の一部でヒンドゥー教徒の最高聖典）の思想・信仰は自分にとって今日なお神聖なものである。イギリスの女性社会改革家でインド民族運動指導者のアンニ（アニー）・ベサントが梵英対訳して出版した『バガヴァッド・ギーター』の小さな本[51]を肌身離さず持ち歩いた時代もあった。その本に「たとえ劣った人であっても、生まれつき持っているもので尽力することは、他人の生まれもったものをうまく倣うよりも優れている。自分の生まれもったもので死ぬのはいい。他人の生まれもったものに倣うのは恐れなければならない」という一節があった。自分はこの教訓を個人の上にだけ適用されるものと解釈していた。道徳は模倣を許さないという倫理的原則、カントによってその詳細な論理を明らかにされたこの原則が、この古典にいち早く確立されていたことは、自分の最も納得のいくことであった。しかし、その後になって、これまでもっぱら内面にだけ向けられていた自分の眼が、ようやく外にも向けられはじめ、政治的現象に並々ならぬ関心を持つようになってから、自分はこの原則が個人の上のみならず、実は国民の上にも同様に適用されなければならないと切実に感じるようになった。自分を多年の精神的遍歴から再び自分の魂の故郷、つまり日本精神に帰来させたのは、他でもないこの自覚なのである。

以上に述べてきた大川の精神の遍歴の中でとりわけ興味深いのは、キリストからマルクスを経てプラトンに至るという遍歴の過程が、さらにエマソンやベーメの神秘主義という内面的世界への探求へ向かっていくところであり、宋学においても陸象山の心即理の心学の方向を取り、その継承者である王陽明の主体的な世界観へとつながっていく。個人の心に世界が内在するという超越的なイデアリズムの立場が、大川のスーフィズムとのつながりを示唆するものであり、とりわけ、陸象山から王陽明の心即理の流れにイスラームを重ねていくという大川の思想的な指向性が見えてくることになる。他方で、エマソンは、イエス・キリストの神性を否定して宗教的偉人とみなすキリスト教プロテスタントの一派である合理的ユニテリアン主義者として著名であり、三位一体論、とりわけイエスが神の子であることを否定する点において、イスラームにおける預言者ムハンマドの位置づけに近く、その意味ではエマソンの影響も晩年の大川のイスラーム理解を考える上で重要であろう。

五　大川周明のまなざしを超えて

大川研究の第一人者である大塚健洋は大川のイスラーム研究に関して、「『回教概論』や『古蘭』は日本のイスラム研究の古典である。大川の師の姉崎正治は『回教概論』を絶賛したといわれている。また『古蘭』は、昭和三三（一九五八）年に井筒俊彦の原典からの翻訳『コーラン』が出現するまで、「夜空に輝く彗星のような存在として、コーランの愛読者から尊重された」（「大川周明とイスラーム教」〔アリ＝安倍治夫著、『マージナル』第六号、平成二年一〇月〕）」とまとめる。さらに大塚は大川の組織力に注目して次のように述べる。「大川の重要性は、彼自身の学識の深さに加えて、実践運動のなかで培われた並外れた組織力にある。

彼は後進のアジア研究者の育成にも力を注ぎ、東亜経済調査局からは、前嶋信次、坂本徳松、中村孝志、井出季和太、岡崎三郎、須山卓ら数多くの有能な学者が巣立っていった」。大塚は続けて「大川は調査局の費用で、世界的に有名なモーリッツ文庫というイスラム教文献コレクションを購入し、若き日の井筒俊彦はこれを見るためにしばしば調査局を訪ねたという。また、大川は東亜経済調査局付属研究所〔通称、大川塾〕を主宰し、アジアと日本の懸け橋となる青年の教育にも努めた。国際化や国際貢献の必要が叫ばれている現在、アジア諸国の言葉を解し、現地人の心が分かる、現地事情に詳しい人材が求められている。戦前に、タイ語、マレー語、ヒンディー語、トルコ語、ペルシャ語、アフガニスタン語、アラビア語といったアジアの言語のエキスパートを育成しようとした大川の先見の明を、我々は今こそ顧みるべきであろう」とも述べている。東亜経済調査局は現在の文脈でいうならば「地域研究者」の育成をも行っていたわけであるが、このような「研究経営者」としての手腕も発揮した大川をも再評価すべきだという大塚の主張は全面的に首肯できるものである。(52)

しかし、大川よりもずっと若い世代に属し、戦時中に回教圏研究所でイスラーム研究を行っていた野原四郎のイスラームへのアプローチは、大川周明が『回教概論』で提示したイスラーム観とはかなり異なっていた。野原は雑誌『回教圏』に執筆した「回教研究の役割」という論文で太平洋戦争直前の日本の回教の研究動向を概観しているが、その中で日本の回教研究が発展の一段階として広い意味での翻訳時代であることを前提とした上で、次のように述べている。

已《すで》に回教そのものについて、種々真面目な努力が払はれたが、この方面では、予め一応、権威ある概論や解説がもつともつとなされてゐないと、このまゝでは咀嚼されにくゝ、今後の順当な発展が期し難い。全体としてや、仕事の順序が逆転してゐる傾がある。さういふ欠を補ふために、例へばフルフローニュ〔ヒュルフローニエ〕、コルドツィーハ〔ゴルドツィーハー〕、ベッカ〔カール・H・ベッカーはドイツのイスラーム学者。主著『キリスト教とイスラーム』〕などの回教概論の翻訳は是非とも望ましい。特殊な問題の取り扱はれる学術的意義も、さうなれば更に明となるであらう。(53)

野原の言及は言外に大川を強く意識しているともいえ、大川が依拠しているオリエンタリスト的なイスラーム概論の翻訳をわざわざ提唱しているのである。さらに野原は続けて日本のイスラーム研究の独創性の問題に関して踏み込んだ議論を行なう。すなわち、「現実の要求から、今後回教徒に関する実体調査が行はれるやうになるであらう。さうして獲られた資料こそ実質的に日本の回教研究に独創性を齎《もたら》すであらう。回教研究の場合、一般に調査の必要は例へば回教法に関する回教学者の論争が、単なる紙上の論争であり、事実は別に動いてゐることも考へられるので、一層である(54)」と指摘して、例えば、回教的慣習とそれ以外のものとの絡み合いなどの理解にはまだ満足な説明を与えられていないとして当時のイスラーム研究の現状を問題点を挙げつつ批判するのである。

以上のような野原の「実態調査」の提唱は人類学的なフィールド調査の方法を彷彿させるものである。現在のイスラーム研究においても、大川が目指したような大文字で単数形のイスラームを語るのみではなく、小文字の複数形のイスラーム、つまり「民衆のイスラーム」をも語る必要性が指摘されて久しい。イスラームを「統一の中の多様性」の観点から読み解きなおすという臨地的な作業である。大川の抱くイスラーム観は全生活を包括する文化体系だったために、彼にはムスリムが日常生活の中で醸し出す矛盾に満ちた現実の動態に立ち向かう時間も関心もなかった。とはいいながら、もちろん、『回教概論』に代表される大川の理念型としてのイスラーム論を、オリエンタリスト的な仕事の洗練された形での紹介にすぎないと現在の学問的水準から断罪するのは、何度も繰り返すように公正とはいえないだろう。また、同様に『回教概論』を大東亜共栄圏構想に直接結びつけて議論するのも問題である。少なくとも大川自身は一九二〇年代まではアジア主義の構想の中にイスラームを重要な軸として位置づけていたと思われるが、彼が太平洋戦争の時期において仮に共栄圏構想の理念にイスラームを要として位置づけていたとしても、それはあくまでイスラームへの期待の表明であって、本章で論じたように、また第四章で示すように彼の書き残したものからはむしろイスラームは周辺的な位置づけにすぎなかったことがわかる。

それはともかくとして、すでにサイードのオリエンタリズム批判に対して是々非々の立場からポスト・サイード論が展開されている現状を踏まえると、当然のことながら大川のイスラーム論も再評価されてしかるべきなのである。むしろ現在のわれわれに必要なことは、日本のイスラーム研究の黎明期を担った大川周明を改めて当時のオリエンタリスト的な研究蓄積の中で正当に位置づけると同時に、一九世紀から二〇世紀初頭にかけて活躍したが、オリエンタリズム論争の泥沼化でかえって顧みられなくなったヨーロッパのイスラーム研究者を改めて読み直すことであろう。その作業を通じて、大川周明のイスラーム研究が日本という場から解放されると同時に、新たな大川周明像の構築につながることにもなると考えている。

第四章　アジア論から天皇論へ

世界に比類なき皇統の連綿と、未だ曾て異邦の征服を受けざる崇高なる自尊と、祖先の思想・感情を保つに至便なる地理的位置が、日本をして亜細亜《アジア》思想及び文明の真の護持者たるに適せしめた。されば吾等の今日の意識は、実に亜細亜意識の綜合である。吾等の文明は、全亜細亜思想の表現である。日本文明の意義及び価値は、実にこの点に存する。（1）

一　アジア研究の先取性と問題性

岡倉天心の著作『東洋の理想』の冒頭を飾った「アジアは一つ」は政治的スローガンとして一人歩きした。また、岡倉の思想を継承した大川周明が大東亜共栄圏のイデオローグとして位置づけられることによって「アジアは一つ」はさらに誤解されることになった。冒頭の引用は、大川が一九二一年（大正一〇）に出版した最初の日本通史である『日本文明史』からのものである。大川自身が認めているように、引用した一節は岡倉天心の考え方そのものである。つまり、日本の文化と歴史は、アジア全地域の様々な文化遺産を受容し、その諸遺産を総合することで成立している。その意味において日本文明のあり方にこそ「アジアは一つ」が表現されていると大川は考えているのである。しかし、日本が帝国主義列強の立場から「アジアは一つ」を唱導するとき、この思想は、アジアを映し出す日本が腐敗・堕落していればその指導的立場を果たすことができず、何よりもまず日本自身を「維新」によって変えていくしかないという国家改造運動に帰着することになる。

大川のアジア主義の原点は日本文明こそ「アジアは一つ」を体現しているという確信であり、彼のアジア研究もこの確信から当然ながら時空間的に拡がっていった。大川のアジア研究の代表作は一九二二年六月に出版された『復興亜細亜の諸問題』であることは言うまでもない。しかし、大川は一九一八年に満鉄東亜経済調査局に嘱託として入社してヨーロッパ植民史の研究に着手していたので、彼のグローバルな視点は、そのアジア主義者としての信念と相俟って、すでに第一次世界大戦頃に獲得されたものだった。

さて、『復興亜細亜の諸問題』所収の論文のほとんどの初出が道会雑誌『道』であった。大川は第一次世界大戦終了後の一九一九年一一月に「阿富汗《アフガン》問題」を一三九号に掲載したのを皮切りに、二一年一〇月に「回教の一改革者」を掲載するまで約一〇回にわたって諸論考を掲載し、それに加筆・訂正して『復興亜細亜の諸問題』の一冊にまとめた。全集の解説では拓殖大学での大正一〇（一九二一）年度の「東洋事情」講座の講義草稿を整理したものとしているが[2]、実際には『道』に掲載していた諸論考が下敷きになったと考えた方が妥当であろう。大川はこの雑誌の事実上の編集者として、大川周明という本名のみならず、白川龍太郎、斯禹生などといったペンネームでも執筆しており、論文、彙報、海外思潮などの原稿を含めるとほぼ毎号執筆していたことになる[3]。

これまで述べたとおり、道会雑誌『道』は松村介石が[4]一九〇七年に設立した日本教会（一九一二年に「道会」と改称）が刊行していた。大川がこの日本教会に入会して『道』誌にかかわった一九〇九年から二五年までの期間は、年齢的には、第五高等学校卒業後の二二歳から、拓殖大学および東亜経済調査局に勤務しつつ行地社を設立する三八歳までの一五年弱にも及ぶ。換言すれば、『道』時代は大川の青年時代から壮年にかけての論考を相当数含んでいるといってもいい。初期の一九回にわたる「宗教講話」シリーズおよび東西の宗教関係の論考、日本文明・日本史関係の論考、ヨーロッパの歴史・思潮に関する論考、そしてアジア・イスラーム関係の論考といった、その後、大川が手がけたテーマがほぼ出揃っている。

『復興亜細亜の諸問題』初版本は、「革命欧羅巴と復興亜細亜」という著名なタイトルをもつ第一章から第十四章の「バグダード鉄道政策の発展」までの各章で構成されている。章立て自体も大川のアジア観を示していて興味深い。すなわち、チベット、タイ、インドと続き、アフガニスタン、イラン、ロシア、トルコ、エジプト、北アフリカ、パレスチナ（シオニズム）、イラクであり、取り上げている「復興アジア」はインド以西のイスラーム世界が中心となっている[5]。

ところで、これまでも大川のアジア研究および植民史研究に関する論考は、英領インドなど個別の地域を対象とした研究を除いて、大川研究全般の貧弱な状況を反映してかほとんどない。ただ、アジア研究および植民史研究の観点から学術研究としてきちんと批判したものはほとんど見受けられないという研究状況の中で、傾聴に値するのが山口博一の論考である。この論文は一九八〇年代初頭に執筆されたものであるが、山口による大川のアジア論および植民史論の批判点を本書との関連でキーワード的に示すと、①英雄崇拝、②民衆あるいはアジアへの侮蔑、③反民主主義、④オリエンタリスト的発想、⑤日本の植民地主義への批判の欠如、⑥アジアと日本が一体であることの自明視、⑦日本の敵の設定の恣意性、といった具合になろうか。大川のアジア論を考えるたたき台として、本書との関連で具体的に山口の議論を見ていきたい。

山口は、大川が故意に無視され、一律に拒否される傾向があったという竹内好の議論を引きつつ、「小稿は大川の復活を主張しようとするものではなく、むしろ全体としての彼のアジア認識にたいしては否定的評価をあたえようとしているのであるが、大川の行論の筋道を明らかにした上でそのように評価する理由をしめすようつとめている。また、今日なお彼の著述からくみとるべきところがあるとすれば、それはなにかをも合わせて示唆しようとしている」[6]として、大川から何がしかの継承すべき遺産を見出そうと述べる。この点は本書も同じ立場である。ただし、山口の議論の仕方は必ずしもすっきりと整理されているとはいえず、論旨があいまいなままのところがあるので、本書では彼の述べている事実を若干再構成しているところがあることを断っておきたい。

さて、山口の第一の批判は、民族運動観に関して、大川は「指導者の動きを民衆のそれとの関連においてとらえるという視角はほとんどみられないし、指導者についての理解がやがて民衆についてのそれにいたるステップと考えられているという印象もほとんどうけない。逆に一部の指導者たちへの心酔と彼らの英雄視とがみられるのであり、それが、のちに述べる民主主義ないし多数の意志への軽侮の念と対応する」[7]という点にある。つまり、指導者を民衆との関連で捉えず英雄視する見方であるとする。その系として、当然考えられるのが、この姿勢は変革の力としてアジアの民衆に期待しないという、ある種の民衆の蔑視と裏腹の関係にあるということである。また、民衆の多数の意思を軽視し、蔑視する反民主主義的な姿勢があるということになる。

ただし、ここで山口の議論に関して本書との関連で若干保留しておかねばならない点がある。まず、指導者を英雄視する点に関してであるが、冒頭に引用した『日本文明史』において大川が影響を受けた人物として岡倉天心、山路愛山、そして北一輝の三人を挙げている。とりわけ大川が歴史叙述で一番影響を受けたという山路愛山の歴史観はトーマス・カーライルの『英雄崇拝論』(8)に多大の影響を受けており、明治・大正期におけるカーライルの広汎かつ甚大な影響を考慮すると、英雄崇拝論は当時の時代的風潮ともいってもよかった。カーライルの著作の中では預言者ムハンマドも英雄として取り上げられているのである。したがって、少し後の世代ではあるが、大川だけを指導者の英雄視あるいは英雄崇拝を行っているとして後の時代の「高み」から批判するのはいささか公平性に欠くという点も踏まえておく必要があろう。一九〇五年には忽滑谷快天《ぬかりやかいてん》が『怪傑マホメット』を出版し、またその他の類書も出されていることを考えるとなおさらである。(9)

また、英雄崇拝と連動するものであるが、山口が大川を「反民主主義者」であるとする、その批判の形式に関連しての問題がある。たとえば、平凡社の創立者で国家主義者として大川とも親交のあった下中弥三郎を取り上げてみよう。彼のように政治的立場を同じくする者が大川を賛美する形式と、批判する形式とが「コインの表裏」の関係になっていることを、現時点から批判する際には、正確に認識する必要がある。すなわち、下中は次のように述べる。「思想的には大川君は、何といっても英雄主義の人で、鹿子木《かのこぎ》員信《かずのぶ》君〔海軍出身の国家主義思想家〕等とともにヘレニズムを力づよく日本の青年に植えつけた功績は大きかった。この思想に立って議会主義を批判し、デモクラシーの思想を衆愚思想として排した。これは彼の言説、著述の上に、はたまた行動の上に厳として輝いている」(10)。下中において価値観は反転し、英雄主義はプラトン的哲人政治に連結し、議会主義に基づくデモクラシーは衆愚思想として排斥されており、反民主主義者であることを批判の根拠に置くことは下中にとって賛辞ではあっても批判にはならないということになる。ここで大川をイデオロギー的に「反民主主義者」として「断罪」してもほとんど生産的な議論はできないということになる。

もちろん、山口の前半部の指摘は、指導者の動きを民衆のそれとの関連で捉える視角が大川にはほとんど見られないということであるので、英雄史観と「反民主主義者」的性格は同じ位相で論じられるべき問題ではある。しかし、少なくとも本書で行いたいのは、言うまでもないことであるが、大川をイデオロギー的に批判するのではなく、彼の英雄史観と「反民主主義」的性格を彼自身の議論の文脈で内在的に批判することである。たとえば、大川は『亜細亜建設者』の「序」において次のようにはっきりと述べている。

偉大なる事業は、決して一人の力では出来ない。然し乍《なが》ら勝れたる一人の決意と指導となくしては、如何なる事業の成就も望まれない。新しき亜細亜の歴史を学びつつ、予の最も強く胸打たる一事は、歴史に於ける英雄の偉大なる役割である。トルコにケマル・アタトュルクなく、イランにパフラギ皇帝なかりせば、此の瀕死の両国は決して復活しなかつたであらう。アラビアにイブン・サウード生れざりせば半島の統一は絶対に実現されなかつたであらう。(11)

本書でいう内在的な批判とは、後述のように、大川がケマル、パフラヴィー皇帝(レザー・シャー)、イブン・サウードを並べて、彼らのような指導者＝英雄が救国に導いたという議論を行うときに、それでは大川の英雄史観の中でイスラームがどのように位置づけられていたのかを検討することで、むしろ彼の議論の矛盾が明らかになるといった批判の形式を取りたいということである。

本書の議論との関連で重要な山口の第二の批判は、大川のインド研究、とりわけイギリスのインド分割統治政策批判に関することである。ここでは大川のオリエンタリスト的姿勢との関連で議論したい。ただし、山口自身がオリエンタリズムという表現を使っているわけではない。また、山口は南アジアの専門家であるためにイスラーム研究に関して「大川の著作にはムスリム教徒とその国家、および彼らの宗教であるイスラームに関するものが相当の割合を占めている(12)」と指摘するにとどめて、イスラームについては論評できないとして大川のインド認識を中心に述べる。

山口の注目すべき指摘は次のとおりである。すなわち、大川は「くり返しイギリスの分割統治政策を批判している。そのこと自体にはきくべきものがある。しかし、彼自身は、分裂を回避し克服するためのなんらかの手がかりをインド自体のなかに見出したであろうか。……かえって彼は……インド思想をヒンドゥー思想のみに限定してとりあつかっているのであって、無意識のうちに分割策に呼応することになっている。大学での専攻がインド哲学であったことの結果であろうか。それにしても、これは、彼がイスラムについて広く研究しており、インドについてもその「七千万の回教徒」に言及したことがあることを考えるならば、むしろおどろくべきことである。このことはさきに述べた英雄重視とおそらく無関係ではないであろう(13)」と山口は批判している。

大川のオリエンタリスト的姿勢に関連して重要な指摘は「インド思想をヒンドゥー思想のみに限定してとりあつかっている」点である。まさに「インド＝ヒンドゥー」というオリエンタリストが設定した境界を大川もそのまま無批判に受け入れている。イスラーム研究者としての大川が何故このような陥穽にはまるのかというのが山口の指摘であるが、本書第三章でも検討したように、大川のイスラーム研究もオリエンタリスト的研究の枠内でなされたものであったわけであり、南アジアにしろ、イスラームにしろ、その意味では彼の限界であるといってもいいだろう。

しかし、繰り返しになるが、彼がオリエンタリストであることへの批判それ自体は意味があるにしても、だから大川は検討するに値しないということにはならない。山口は大川が無意識にインドとパキスタンの分割案に呼応することになっているではないかと批判するが、この点はまた、中東地域のパレスチナ（シオニズム）の場合と同様に、別途南アジア地域の文脈で議論すべき問題であろう。しかし、大川のアジア主義の理解からすれば、英領インドのヒンドゥーとムスリムという宗派的対立の現実はあってはならないことでありながら、彼のようなオリエンタリストの理念的インド認識では、両者の排外主義は事実上追認されてしまうことになる。いずれにせよ、この第二の批判点は本書も共有するところである。大川の現状分析の欠点は「理想型に対する偏差として現実を見る」姿勢にあると何度か指摘して来たとおりであり、彼の南アジア論もその文脈で評価されるべきであろう。

山口の第三の批判は、大川のヨーロッパ植民史・植民政策に関するものであり、大川には日本自身による植民地領有にたいする批判の観点がまったく欠如していたという点である。もちろん、山口は大川のヨーロッパ植民史研究の意味を是々非々の立場から評価している。

大川の植民史研究の第一の意味は、それが「日本の潜在的な敵としての宗主国を知るためであった」ということにある。そして山口は続けて「この目的が最初から意図的に追及されたとはいえないが、すくなくとも結果において、彼は宗主国、その植民史と植民政策、および植民地の実情と植民政策への反応とを全体としてとらえようとしている。……以上のことは記憶されてよいであろう。なぜなら、ヨーロッパ諸国を植民地をもった本国として把握するという態度は日本のアカデミックなヨーロッパ研究が現在にいたるまでなお全体として到達しえていない観点だからである」として大川を肯定的に評価している。[14] もちろん、この評価は「彼の植民地研究はしばしば通り一遍の歴史叙述の域を出ないものであり、日本の植民政策への批判をかくものであった」という批判が前提になっている。この批判に関しては、第二章でも指摘したとおり、大川は大和民族のアイヌ征服を植民化と捉えており、国内植民地主義（internal colonialism）の文脈で大川を読み直す作業も必要であろう。また、帝国日本の植民地主義的拡大についても、異文化を受容することを前提とした彼のアジア主義の「多文化主義」的な理念との関連で再検討する時期に来ているともいえよう。なお、植民地をもった本国としてヨーロッパ諸国を把握する態度は、日本のアカデミックなヨーロッパ研究が現在に至るまでなお全体として到達していない観点だと山口は批判するが、もちろんそれは一九八〇年代初頭での議論であって、現在の研究状況はそれなりに改善されている。

山口の指摘する大川の植民史研究の第二の意味は、大川が「列強対峙の時代においてこれら植民地を日本の潜在的な同盟者とみなし、それらを宗主国からひきはなすことの重要性を認識していた」ことにある。山口は続けて、「この場合に、彼においては日本自体の利益と日本がその指導の任にあたるべき植民地すなわちアジアの復興運動との間にひとつの衝突がおこる」という点も指摘している。[15] 換言すれば、「欧米列強v.s.植民地」という対抗図式において、日本は対欧米列強の立場において「日本＝植民地」の同盟関係をアジアの指導者として形成するが、そのとき指導者としての日本と被指導者としての植民地アジアとの間に衝突が起きるという指摘である。この論点は大川のアジア主義の孕む根本的な問題点で、結果的に彼のアジア主義のプロジェクトは一九四五年八月の敗戦で破綻したというべきであろう。

山口が第二の意味から転じて、もう一つの批判点として挙げるのが、欧米列強の「敵」設定の恣意性という点であろうか。すなわち、大川の主著である『復興亜細亜の諸問題』と『亜細亜建設者』あるいは『米英東亜侵略史』を通じてアジアの民族運動の主たる相手（つまり「敵」）はイギリスに設定されているが、彼がアジアの主たる敵と主張するのはアメリカである。大川においては、第一次世界大戦後に太平洋をはさんでアメリカとの対立を深めるに至った日本自体の利害にたいする考慮が、「復興亜細亜」の利害にたいする考慮よりも優先したことの結果であろうと山口は考えているのである。つまり、大川の「復興亜細亜」理解は「復興亜細亜」それ自体の論理にしたがったものではないという結論になる。そして山口が付け加えるのが、大川の英雄崇拝とその反面として、日本が指導してあげなければならないものとしてのアジアへの劣等視があると暗に指摘している。(16)

大川の復興アジアの論理はアジアそのものの論理に従ったものではないという山口の指摘はその通りであるが、大川らの国家主義者の場合、重要なことは第一次世界大戦後の「敵」として設定されたヴェルサイユ＝ワシントン体制の打破であり、その意味では米英は同じ穴の狢《むじな》という認識があったわけで、その文脈でもアジアは帝国主義の対抗の場として設定されているにすぎない。したがって、次節あるいは終章で詳しく述べることになるが、大川にとってアジアが劣等視の対象であるとは必ずしもいえない（もちろん、大川にそのようなアジア民衆への蔑視の姿勢がまったくなかったわけではないが）。理念としてアジア文明を含みこんだ日本が、アジアを排除するような排外主義を唱えること自体がすでにアジア主義の大義に悖《もと》るということとになり、大川はそのような排外的「日本主義者」をも徹底的に批判している。したがって、彼のアジア主義の「理念」に反するものであれば日本人であろうとアジアの人々であろうと誰であろうと非難されることになる。要するに、山口の「敵」設定の問題は、むしろヨーロッパ帝国主義におけるアジアの敵である英蘭などの旧ヨーロッパ列強と、大東亜戦争における新たな日本の敵であるアメリカの両者を区別した上で、その新旧の帝国主義の両者が大川の「東西対抗史観」における〈敵・味方〉の二分法の中でどのように位置づけられるのかという問題として、議論されなければならないであろう。

もちろん、ここでは山口の議論の論点を本書の文脈にあわせて取り上げたので、彼の意図を歪曲したところもあるかもしれないが、本章の議論を始めるに当たって詳細に検討したのは、大川のアジア論・植民史論への批判として学術的にもっとも意義があるものと考えるからである。

二　アジア観とイスラーム

本章冒頭で述べたとおり、大川のアジア主義は『復興亜細亜の諸問題』よりも時期的に早い一九二一年一〇月に刊行された『日本文明史』の中にそのプロトタイプを見いだすことができる。竹内好が大川のアジア主義に関連して、大川の文明観の構造は岡倉天心の詩的直観を論理的に分解して再構成したものとして理解できると指摘しているように(17)、大川はそのアジア主義の構想を岡倉天心（覚三）から継承していることを自ら認めている。大川は同書において「予の本書に輯《あつ》めたる諸篇を草するに当り、最も多くを負へるは岡倉覚三・山路愛山・北一輝の三氏である。予は岡倉氏の名著『泰東理想論』及び氏が東京帝国大学に於て試みられたる「泰東巧芸史」の講義によつて、最も深刻鮮明に亜細亜精神の本質を提示せられた。本書の第一章は実に全部を氏の著書並《ならび》に講義に負ふものである」[18]として、同書の第一章「日本文明の意義及び価値」は岡倉天心の著書『東洋の理想』とその講義に全面的に負っていることを認めている。

大川はそのアジア主義のエッセンスを次のように語っている。「欧羅巴《ヨーロッパ》に対して言ふ時は、亜細亜は渾然たる一如をなして、西洋文明と相対する東洋文明を成して居る。固《もと》より東洋精神は異なれる国土に於て異なれる表現をなして居る。而も其等は皆な一つ太洋に起伏する男波女波に過ぎぬ。亜細亜諸国の総ての文明は、皆な統一ある亜細亜を物語る。然るに此の「複雑の中に存する統一」を、殊に鮮かに実現して、亜細亜の一如を最も十全に発揮するのが、常に日本国民の栄光ある特権であつた」[19]。このように語り、大川はその後も使うようになる「多の中の一」の理念をもっとも見事に実現しているのが日本であるという視座から、日本文明をアジア文明の護持者と位置づけることになる。同時に、注意しなければならないのは、東洋精神はそれぞれの国土において異なった表現をとっていると大川は述べ、アジアにおける諸文化の複数性をも前提にしていることである。

ともあれ、「吾等の今日の意識は、実に亜細亜意識の綜合である。吾等の文明は、全亜細亜思想の表現である。日本文明の意義及び価値は、実に此点に存する」[20]と表現された大川のアジア主義は、基本的に岡倉天心のそれを継承したものであり[21]、日本こそアジアの諸文明、とりわけ中国とインドの両文明を受容し、日本的に消化したものだという「アジアの一如」である日本という立場を一貫して取り続けた。大川は日本の辺境性を認識しつつ、むしろ儒教・仏教等の他文明を受容することによっても日本文明の本来の精神は影響を蒙らなかったという立場である。すなわち「日本は如何なる意味に於ても所謂《いはゆる》先進国でなかつた。

日本文明は、決して夫《それ》自身に発展したものではない。若《も》し吾等にして支那文明及び次で伝へられたる仏教の感化を蒙らざりせば、其の文明が果して如何なるものとなつたかは、想像の及ばぬ問題である。さりながら吾等は、大和民族本来の精神が、如何なる他の影響を蒙つても、決して亡びなかつた事を断言して憚らぬ[22]」と述べるのである。

したがって、日本は「アジアの一如」に代表されるという立場から、大川が東洋あるいはアジアにおいてイスラームを位置づけるとすれば、もともと両義的なものにならざるを得なかった。というのも、日本は歴史的に個別的事例を除いてはイスラームを受容してこなかったという事実があり[23]、第三章でも述べたとおり、ここに大川がイスラームを「西洋的宗教」と規定している問題が絡んでくるからである。繰り返しになるが、大川は『回教概論』においてイスラームの西洋的性格を次のように説明している。「回教は往々にして東洋的宗教と呼ばれ、其の文化は東洋的文化と呼ばれて居る。さり乍ら回教は、ゾロアスター教・猶太《ユダヤ》教・基督《キリスト》教を包擁する宗教群の一宗派であり、此の宗教群に共通なる根本信仰の上に立つて居る。そは決して印度《インド》又は支那の宗教群と同類のものに非ず、従つて若し印度及び支那を東洋的と呼ぶとすれば、明かに之と対立する西洋的性格を有《も》つて居る[24]」。もちろん、大川は注意深く「もし」インドと中国を「東洋的」と呼ぶとするならば、とあくまでも仮定であるという前提の上に立って、イスラームを「西洋的」性格をもっているとしている。

大川は別の著書においてもイスラームの両義性に関連する議論を行っている。たとえば、太平洋戦争が始まった直後の講演『米英東亜侵略史』では、「東洋」と「西洋」を分ける地理的な境界に触れて次のように説明する。「南はインダス河口から北はベーリング海峡に至るまで、亜細亜大陸は西南より東北に走る蜿蜒《えんえん》万里の山脈によって、まさしく両断されて居るのであります。この山脈は世界の尾根の長い長い棟であります。而してこの屋根によって旧世界は東洋と西洋との二つに分たれて居ります。即ちこの屋根の棟の東南斜面が東洋であり西南斜面が取りも直さず西洋であります」。つまり、大川によれば「ペルシア・小亜細亜・アラビアの諸国は、亜細亜のうちに含まれては居りますが、之を地理学の上から見ても、また世界史の上から見ても、明かに西洋に属するものであり、真実の意味の東洋は疑ひもなくパミール高原以東の地であります」(25)ということになる。この個所の定義に従えば、大川は旧世界である「亜細亜大陸」を二分して「東洋」と「西洋」という区分を行っている。換言すれば、「亜細亜」を「東洋」よりも広い地域概念として捉えていることになる。そのために、大川の議論を敷衍すれば、イスラームは「亜細亜的宗教」ではあるが、「東洋的宗教」ではないということになってしまうのである。

ところが、そうだとすると世界のムスリム人口の多数派を占めているのが、大川のいう「東洋」、つまり、南アジアと東南アジアであるという事実と合致しなくなるのである。この点が大川のアジア主義とイスラームの関係に齟齬をきたすばかりではなく、混乱をもたらす原因ともなっている。一九四〇年代における大川の議論においてアジアと東洋の境界の関係があいまいになっている事実は、彼のアジア主義(そして太平洋戦争期の大東亜共栄圏構想)とイスラームの関係に言及する際、彼の東西対抗史観の東西の範囲が時系列に従って伸縮自在であるということもあって、彼の説明が読者にかなり混乱をもたらす原因ともなっている。この点も竹内好の「たまたま時局がかれ〔大川〕の予言どおりになったために売れっ子になっただけのことです。思想家としての創造性はこの時期にはなくなっている」(26)という指摘に深くかかわっている。『回教概論』では、理念としてムスリムの復興の可能性を述べるだけで、大東亜共栄圏構想の実現に向けて大川の情熱がほとんど感じられないのもこの点に起因するものだと思われる。彼がイスラームに東洋と西洋の対立の克服を期待して『回教概論』を執筆したというのは一九二〇年代の彼のイスラーム観を投影した、いささか肩入れしすぎた議論である。

同じようにイスラームに関して混乱を招くような表現が『米英東亜侵略史』と時期を同じくして出版された、太平洋戦争中の講演をまとめた『新東洋精神』（本章の終りで引用するように『大東亜秩序建設』にもほぼ同じ内容の文章がある）の一節にも窺える。たとえば東洋の宗教の「超個人的秩序」について述べた個所である。すなわち、「此の東洋の超個人的秩序は、宇宙全体を貫くものとされて居ります。東洋に於ては万物の宇宙的秩序と人間の社会的秩序の間に、如何なる分裂をも認めて居りませぬ。東洋は天地人即ち神と自然と人生とを、直覚または体験によつて、生命ある統一体として把握して来たので、西洋に於ける如く宗教と道徳と政治との分化を見なかつたのであります。日本のみち、支那の道、印度のダルマ又はリタ、回教のシャルは、みな人間の生活を宗教・道徳・政治の三方面に分化せしめず、飽くまでそれを渾然たる一体として把握し、これ等の三者を兼ね具へた人生全体の規範とされて来たのであります(27)」と大川は述べている。つまり、日本、中国、インド、イスラームは「道」として天＝神、地＝自然、人＝人生を生命ある統一体として把握してきたので、宗教、道徳、政治の分化を見なかったという点で共通していると指摘するのである。

他方で、序章でも紹介したように、一神教の文脈でイスラームに触れる個所がある。「欧羅巴ではこれ〔人間や草木が見事にその本質を発揮すれば、悉くこれを神として祀ること〕を東洋の多神教などと言つて居りますが、基督教や回教の如き一神教、宇宙を超越した独一の神を信仰する宗教が、発展の最高の段階に達した宗教であるとするのは、西洋人の独断であります。東洋に於ては宇宙を超越した神を認めないのであります。神は天地人の一切の中に宿つて居るのでありますから、多神どころか総てのものが悉く神たらんことを望むのであります。一天四海皆帰妙法・草木国土悉皆成仏が東洋の理想であります」(28)としている。もちろん、ヨーロッパでの研究を踏まえた上で、宇宙を超越した独一の神（唯一神）を信仰する一神教が「最高の段階に達した宗教」だとすることは西洋人の独断だと大川は批判しているのであるが、この部分だけを取り上げればキリスト教とイスラームが同列に置かれてしまうことになる。

したがって、大川のイスラーム論の問題として挙げることができるのは、イスラームの特徴のどの位相を取り上げて議論するかという点である。この場合、シャリーア（イスラーム法）の位相と一神教の位相を取り上げているわけで、また第二章で述べたように、教祖（預言者）論との関連では儒教との共通性を指摘したりもするのである。この点にも大川のイスラームに対する両義的態度を見出すことができる。換言すれば、大川の構想したアジア主義におけるイスラームの位置づけは、「一九一三年夏」の転回点以降において彼の理解した「政治と宗教とに間一髪なき」イスラーム像を通して具体化されていくべきなのであろうが、実はそれほど明確なものではないのである。たとえば、『復興亜細亜の諸問題』の出版直後に発表した論文「回教徒の政治的将来」において次のように述べている。すなわち、「回教は、典型的なる律法教として、信仰が信者の内面的並《ならび》に外面的生活を、徹底して支配する。故に回教徒の生活に於て、宗教と法律と道徳とは、尚ほ未だ分化を遂げず、従つて政治と宗教とは、決定して不可分である。此事は、回教にとりて、同時に非常なる強味であり、且非常なる弱点であるが、兎にも角にも事実是くの如くなるが故に、回教諸国の盛衰が、回教其のもの、信仰の強弱と、直接相結ぶべきことは、因縁最も明白である」[29]と述べている。

この引用の一節は政治と宗教の不可分性がイスラームにとって強みでもあり、同時に弱みでもあると強調している。現実のイスラーム諸国は今や没落し、その弱みが前面に出てしまったからだと大川は現状分析において検討した上で、信仰の復活に伴うイスラーム諸国の復興への熱い期待を表明するのである。

「回教諸国の没落が、信仰の堕落其因をなせることは、歴史の示すところ瞭然たるが故に、茲《ここ》に再叙する必要がない。知らんと欲する所は、若し回教諸国が政治的に復興途上にありとすれば、果して其の欠き難き条件たる信仰の復活ありしや否やである。之に対して僕が得たる解答は、実に力強き「然り」である[30]」。

以上のように述べて、大川は「信仰の復活」として具体的に、アラビア半島のワッハーブ運動、現リビアのサヌースィー運動、そしてイランのバハーイー教を挙げている。そして「叙上三つの偉大なる魂、及び之に感激して興奮せる幾多の魂によつて、回教の宗教的信仰は、百年以来日に復活しつゝあつたのだ。信仰と政治とに間髪を容れざる回教に於て、斯くの如きリヴイヴルが、政治的復興を伴はざる道理がない[31]」というのである。そして大川は一九世紀以降のイスラーム復興の動向として、とりわけイスラーム改革運動の指導者ジャマール・アッディーン・アル・アフガーニーのパン・イスラーム主義（汎回教主義）的な運動を取り上げて、第一次世界大戦下のケマル・アタチュルクの活躍を描写して終わるのである。

しかし実は、大川がアフガーニーのパン・イスラーム的な動向を取り上げるのは同じ時期の『復興亜細亜の諸問題』においてだけであり、その後は「パン（汎）的」運動への言及は影をひそめる。つまり、一九二〇年代後半以降、アジア主義とパン・イスラーム主義が連動する可能性については大川の記述の中からは消えてしまうことになる。換言すれば、この事実は大川がイスラーム諸国の統一には極めて悲観的な見方を取るようになっていくことと表裏一体の関係にある。だからこそ、大川のアジア主義におけるイスラームの位置づけがあいまいなままわかりにくいのは当然なのである。国民国家におけるイスラームの役割に大川の関心の重点が移っていくが故に、彼の議論において、アジア主義の延長としての大東亜共栄圏的な構想をイスラーム的統一運動に求めるのは難しくなっていると思われるのである。というのも、大川はトルコのムスタファ・ケマルの口を借りて、あくまでトルコの文脈であるが、次のように語っているからである。「彼〔ケマル〕はカリフ制度を弁護する汎回教主義の宣伝が、意外に広範囲に亘りて行はれつつあるを知り、汎回教主義が「決して実現されぬユトピア」なることを極力説得に努めた。「トルコは全回教圏を統一し且指導するという如き幻想を追ふて居る時ではない。新トルコは先《ま》ず自己の生存と確立とに、全霊全力を注ぐ可き時だ(32)」」。パン・イスラーム主義が決して実現されぬユートピアだとケマルが大祖国解放戦争の中で考えていたということは、この文章を執筆している時期、すなわち、来るべき大東亜戦争に臨む大川にとって決して空疎な言葉ではなかったはずである。

　ナショナリズムとイスラームとの関係を大川がどう捉えていたかという問題は極めて重要であるが、結論を先取りすれば、彼は、国民国家の変革の文脈でナショナリズムを鼓舞する限りにおいてイスラームを評価する、という立場をとっていたという点を指摘することができよう。というのも、太平洋戦争直前に出版した『亜細亜建設者』において、イスラームに対して対照的な立場をとったケマル・アタチュルクとイブン・サウードを同列に扱うという大川の姿勢にそのことが現れているからである。そこでは、ケマルのように国家制度としてのイスラームを廃しようが、あるいはイブン・サウードのように国家機構にイスラームを組み込もうが、ヨーロッパ諸列強の帝国主義的介入に対して、民族国家としての独立と統一を維持・達成したという点に指導者の評価の力点が置かれており、彼らのイスラームそのものへのかかわりについての評価は関係ないことから当然なのである。こうした大川の解釈はナショナリズムとイスラームの関係において、対外的防衛と祖国の統一という意味でのナショナリズムに力点を置いていることに由来する。大川自身、トルコ革命以降、橋本欣五郎などのようにケマルに心酔した軍人との関係を深めていき、三月事件や五・一五事件などのクーデタ事件などに関与して下獄したこともあり、少なくとも一九四〇年代に入って『回教概論』を刊行するまではイスラームについては語らなくなった。このケマルとイブン・サウードの二人の比較に関しては本章の最後にもう一度言及することにしたい。

イスラームの場合でも、純一性を失い、機能不全に陥った宗教制度は刷新し、堕落・腐敗した宗教指導者は切り捨てるべきであるという大川の姿勢は第二章で示した『回教概論』の「はしがき」においても貫かれている。換言すれば、「回教民族」の復興、つまり、ムスリムによる個別の国民国家の枠内での対外的な民族的復興こそが重要な課題なのであり、その文脈においてイスラームの「宗教改革」は高く評価されることになる。大川はトルコの国民教育の文脈で次のように述べる。「彼〔ムスタファ〕は総ての宗教学校を閉鎖した。単《ひと》りトルコと言はず、一切の回教諸国に於て、国民の上に偉大なる精神的勢力を揮《ふる》へる宗教階級が、その頑迷と保守とを以て事実上少年並に青年の教育を独占し来れることが、世界文明国に比して回教圏の進歩を少くとも二世紀遅れさせて来た原因の一つであつた。それ故に回教諸国の目覚めたる知識階級は、夙《はやく》より宗教階級の精神的支配に対して戦を挑んで居た。そは西欧の文芸復興以前に於て、新しき学者がカトリック教会とスコラ学者に対して挑める戦と同一轍である(33)」。こういった具合に、中世ヨーロッパの事例まで引き合いに出して、イスラームであろうと、キリスト教であろうと、保守頑迷な宗教勢力による教化の独占に反対し国民教育の重要性を強調することになるのである。

別の角度からの繰り返しになるが、大川が一九二〇年代初頭にはナショナリズムとイスラームの関係に関して、太平洋戦争勃発前に出版した『回教概論』の時のような認識を持っていなかったことが『復興亜細亜の諸問題』（一九二二年）の諸論文から窺える。とりわけ、同書の「第十　欧羅巴治下の回教民族」において「主として植民地に於ける回教徒の現勢を叙述し、植民政策上に於ける回教徒の政治的並に経済的意義に関する一般概念を与へ、且回教植民地に対する文化的観察を略述する」(34)と大川は述べており、一九二〇年代初頭の彼がイスラームをどのように捉えていたかが明らかになる。大川の最も大きな変化はジハード認識に関してということになる。

イスラームにおいて宗教と法律及び政治とが極めて密接に結合されていることは、ヨーロッパの植民政策において重要な政治的課題になると大川は指摘する。というのも、政治的にはムスリムが非ムスリムの君主を奉戴《ほうたい》する、つまり、支配者として受け入れることはイスラーム本来の精神とは相容れないからである。イスラームの世界観では「戦争の地」と「平和（イスラーム）の地」とに分けて「戦争の地」は早晩「平和（イスラーム）の地」になり、最終的には全世界がイスラームに奉じなければならないということを根本の原則にしている。実際、今日においても「神聖戦争（ジハード）」はいかなる「戦争の地」に対してもその戦争を宣言することができるかどうかが、イスラーム神学者の間の論点になっているという事実は、イスラームにおける信仰と政治の関係をよく示している。この問題に対する多数の神学者の解釈、殊に英領インドにおけるイスラーム学者の解釈は、イスラームの信仰が自由に行われ、かつイスラームの規定がよく守られ、ムスリムの生命・財産が好意をもって保護されている地域は「イスラームの地」と認めて、

「ジハード」はこのような地域では禁止すべきであるとしている。

しかしながら、と大川は続けるのであるが、このような主張はやむを得ない事情のために強要された妥協的な解釈であって、コーランの有名な一節において全ムスリムに向かって下されたアッラーの命令を徹底させる解釈ではない。その一節は次のようなものである。「アッラーおよび最後の審判を信じない者と戦え、彼等のうちの聖経をもっている者が自らの手で恭しく贖罪金（ジズヤ）を捧げるまで戦え」。この「聖経を持っている者」とはユダヤ教徒とキリスト教徒を指すものであって、彼等は天啓の経典をもっている者として、その他の多神教徒に対して特別の地位を占める。多神教徒の場合には、もし改宗を拒めば、その命を奪われ、女性および幼児は奴隷にされるけれども、ユダヤ教徒とキリスト教徒はたとえ改宗しなくても一定額の税金をイスラーム教団の代表者に納め、かつこの義務を守っている間は、生命・自由・財産を護ることができる。

だからこそ、インドを「イスラームの地」と認めるようなことは、一時的な便宜から出たことであり、アッラーおよびその預言者の精神ではない、と大川は考えるのである。その理由として、何度か取り上げたイギリスのイスラーム学者マクドナルドの見解を引用し、インドのムスリムがジハードの好機を与えられる場合、この解釈が果たして有効であるかは疑問が残る、と大川は結論づける。(35)

『復興亜細亜の諸問題』における大川のジハード解釈を長々と説明したが、要するに、当時の大川からすれば、インドは「戦争の地」であるのでジハードは行わねばならぬと主張していることになる。しかし、山口博一の批判にもあったように、イギリスによる「分割統治」政策の下で、コミューナリズムと呼ばれる排外的主義な民族的・宗教的・部族的な紛争が扇動されている状況をほとんど考慮に入れていないようにもみえる紹介の仕方なのである。つまり大川は、「インド＝ヒンドゥー」を念頭に置いて、ムスリムをインドにおける他者として位置づけるというオリエンタリストの陥穽に嵌ってしまっていることになる。少なくとも、当時の彼の論理からは、戦後の「ムスリム国家」パキスタンの分離独立は正当だという帰結にならざるをえないのである。

大川は英領インドの事例で厳密なジハード解釈を行ない、ムスリムが異教徒支配を喜ばないことを根拠にして、ヨーロッパの植民地主義の隷属下にあるムスリムの横のつながりの中で、パン・イスラーム（汎回教）運動が起こっていくことを説明することになる。その際、非ムスリム的な性格のツゥラン主義[36]をも同列に置くことになる。このような併置の仕方から、実は大川は「パン」的な連帯運動、つまり、国民国家を超えるトランスナショナルな運動に関して、その主体がムスリム（回教徒）である、あるいはその構成の中心であるということのみを問題にしており、そのパン的連帯運動の内部の絆を強化するイデオロギー的な一体性にはそれほど重点を置いていないことが明らかになる。大川が当時使っていた「回教民族」という表現がそれを代表している。というのは、大川がこの表現を「ムスリムという属性をもった民族」の意味ではなく、「ムスリムに属する民族」という意味で使用している可能性が強いからである。このような使用法の背景に、大川の理想としている（信仰において純一な）イスラーム統治への期待と、現実として存在する国民国家に分裂した（信仰において堕落した）イスラーム世界の追認という二重基準が存在しており、彼のアジア主義との関係でイスラームにかかわる議論をいっそうわかりにくくすることになっている。

したがって、一九二〇年代の大川のイスラーム論とアジア論は、彼のイスラーム的理念の中ではジハード論を媒介としてそれなりの整合性をもっていたかもしれないが、戦時中に発表した『回教概論』の時期においてはすでにその整合性は失われていると考えるべきであろう。もちろん、初期の大川における理念としてのイスラームへの期待の表明は、東西対抗史観とのかかわりで後の共栄圏構想に後付け的に投影された可能性がある。しかし、現実のイスラーム論とのかかわりにおいては国民国家の桎梏が大川の発想を拘束しており、必ずしもそのような大東亜共栄圏構想とイスラームとを直接つなげる議論は成り立たないということになるのである。

三　植民史研究とアジア

大川はアジアの復興をヨーロッパ植民地主義への対抗として位置づけ、日本をそのアジアの中核＝真如とみなした。このような自身の考え方を実現するポストを大川は獲得した。彼は一九一八年五月に南満州鉄道株式会社東亜経済調査局の嘱託となり、一九年九月には正規の職員に、同年一一月には編輯課長に抜擢され、二三年一一月には調査課長に就任した。大塚健洋の指摘によれば、大川は「南洋と回教」「植民政策より観たる回教徒」などのイスラーム関係の論文が認められて嘱託となった[37]。そして調査局では次のような職務にあたったと大川自身が後に語っている。すなわち、「調査局における私の諸調査のうち特許植民会社に関する調査がありました。／特許植民というのは、列強が植民地獲得に際して私人会社に植民地統治の国家《マ》高権《マ》を特許する制度で、植民史上における一統治形態であります[38]」。もちろん、大川が、帝国主義的な覇権競合の中で欧米の旧帝国主義国に対抗する新興の帝国・日本を、歴史的により正当に位置づけるために、植民史あるいは植民政策の研究を調査局での職務としたことは、世界での日本の覇権を唱えて日本を盟主と考えるアジア主義者にとっては思想的にもそのような方向性への流れに棹さすものとなった。

そして大川は調査局の同僚に勧められて博士論文「特許植民会社制度研究」を東京帝国大学に提出し、法学博士を授与され、それを出版したのが一九二七年であった。吉野作造が論文審査の主査であった。また五・一五事件に連座して下獄中にものした『近世欧羅巴植民史』第一巻を刊行したのは一九四一年である。大川が植民史研究にかかわったのは大戦間期に日本が新たな戦争へと突入していく時期と一致していた。とはいえ、当然のことながら、大川が調査局でヨーロッパ植民史を研究したことは当時の時代状況から決して孤立したものとはいえない。

実際、戦後「大塚史学」と呼ばれて、近代主義者として知られるようになる大塚久雄も一九三八年に『欧州経済史序説』を出版しており、スペインからオランダ、そしてイギリスへと覇権が移っていく歴史を叙述し、世界商業戦における覇権を獲得して最後に勝利者となったイギリスの勝利の要因を資本主義の自生的発展（農村工業と局地的市場圏の形成）に求めて分析した。このような「国民的生産力」への問題関心が、日中戦争を機に総力戦へと突入していく日本の国策的要請と無関係であったとはいえない。現に、大塚は同年に出版した『株式会社発生史論』にまとめたそれまでの研究を打ち切って、「転向」して総力戦という時局に対応していったという指摘もある。(39)

大川は博士論文「特許植民会社制度研究」の「序」において次のように述べる。すなわち、「本論文の目的は、植民地統治の一形式たる、特許会社制度の意義及び価値を、植民史的事実に基きて明らかにするに在り。而して之が為に、前後両期に於ける諸特許会社の重要なるものに就て、其の成立並に事業を研究し、其の各自の意義及び価値を検討したる後、全体としての是くの如き制度に対して、植民政策的批判を与へたり。故に此の研究は、……植民地統治政策の一部を占むるものにして、植民地経済政策の一部を成すものに非ず。……本論文の対象は特許状又は保護状によって、植民地統治権を賦与せられたる会社、及び是くの如き会社による統治制度其者なりとす(40)」として、植民地統治政策的な関心が表明されるのである。

さらに、大川は次のように結論を下している。すなわち「吾等の研究は、下の如き結論に達す。曰く、特許植民会社は、人口希薄又は文化未開なる地方を、占領又は開拓するに最も有効な機関にして、植民史の事実は、是くの如き会社が、新地の占領又は開拓、若《も》くは両者を達成して、国家の植民的発展に偉大なる貢献ありしことを示せり。而も私人又は私立会社をして至高権を行使せしむるは、過渡的段階に於ける止むなき事情に出でたるものなるのみならず、私人の営利機関と国家の統治機関とを兼ねたる二重的性質は、植民地百年の発展に、精神的乃至《ないし》物質的障碍《しょうがい》を置き易きが故に、必要なる期間以上其の存続を許す可からずと(41)」と述べている。もちろん、大川自身はまったく触れていないが、日本の事実上の植民地・満州における満鉄のような特殊会社を特許植民会社に重ね合わせていたのであろう。しかし、国策遂行のため政府が付与した法的特権が特殊会社の企業活動を担保しているという観点から、国家主義者大川にとっては特許会社のあり方は重要な政策的検討課題であったともいえる。

大川のヨーロッパ植民史の研究はこれまで大川論を展開する際にほとんど議論の対象となってこなかった。しかし、彼は東亜経済調査局において職務として植民史・植民政策の研究を重視し、年に最低一回以上は満州等に出張する機会を持っていた。したがって、ヨーロッパ列強の国民国家・国民経済の形成へと至る発展と、アジア・アフリカ・両アメリカにおける植民地の領有という、コインの表裏の関係にある世界史的現実を踏まえると、満鉄のような帝国日本の取るべき道を模索することを目的とした調査機関にあって、大川のグローバルな認識が深められていったことは間違いないであろう。つまり、ヨーロッパ植民史研究に基づく帝国日本の生き残り戦略としてのグローバル・ヒストリーへの着目である。大川の議論が非常に合理的である背景には、当初は職務としてではあっても植民史の研究に従事し、政治経済学的な観点で、近世以降から帝国主義の時代に至るまでのヨーロッパによるアジア地域の植民地化の歴史を、その植民政策を通して分析するという視座が一貫しているからである。このような視座は国家主義運動の同志であった満川亀太郎にも共通していることである。

満川は大川よりももっと早い時期の一九一八年六月に『列強の領土的並経済的発展』という英独米を中心としたヨーロッパ植民史の概説書を出版している。満川は実に率直に帝国主義列強の間で伍すための「道義的使命」を語っている。「世界的大戦の勃発は国際間に一大震盪《しんとう》を生じ、明日の世界的強国として残る者は終に英独米の三国たらんとす。英は世界最大の帝国を以て、独は世界最強の帝国を以て、米は世界最富の帝国を以て截然二十世紀前半の分野を形成するに当り、日本は果して如何にして此の間に伍し、東亜の諸民族を提げて立たんとする乎。世界帝国の寿命は平均三百年なりしとする記録の上に超越し、我が国の発展をして永遠無窮ならしめ世界最優の帝国を以て其の高貴なる道義的使命を達成せしめんと欲せば、先ず刻下の対手国たる英独仏三国の領土的及び経済的発展に就て研究する所無かる可らず。何となれば此等の物質的発展は各国国民性の具体的表現に外ならざればなり(42)」。

このような満川の関心を前提にすれば、大川の植民史への関心は国家主義者の中でも特殊というわけではない。むしろ大川の学位論文を見れば、満川などの露骨な帝国主義的野望の表出に比べれば、少なくとも学術的に叙述しようとする姿勢が見て取れる。そのような大川の調査局における学問的営為への評価は別として、彼の世界史的展望に基づくグローバル戦略は改めて検討する必要があろうかと思われる。とりわけ、植民史的観点からの仕事を本格化する前の『復興亜細亜の諸問題』の記述の仕方にもそれは現れており、英仏制覇の世界戦へと帰結する近世ヨーロッパ諸列強の盛衰の歴史を叙述する彼の仕事の再評価も、植民史・植民政策に関する業績として改めて再検討する必要があろう。本書ではその一端のみを検討しているにすぎない。

前述のように、大川は五・一五事件に連座して収監された豊多摩刑務所内で執筆した五巻本『近世欧羅巴植民史』の第一巻を一九四一年に刊行している（後は未刊行であるが、全集には所収）。彼がヨーロッパ植民史で議論の対象とした植民地の多くがイスラーム世界であった。もちろん、彼はこの点に関してはイスラームと関連させて議論しているわけではない。ただ、そうであっても大川は、現在の言葉でいえば、グローバル化する世界史の中にイスラームを位置づけた最初の論者の一人であったと評価することも可能であろう。彼はグローバル化を当時の文脈で「ヨーロッパ化（欧羅巴化）」として表現した。『近世欧羅巴植民史』の「序」は次のように始まる。大川はこの「序」を一九四一年一〇月、つまり真珠湾攻撃の約二ヶ月前に執筆している。

世界近世史の最も厳粛なる事実は、実に世界の欧羅巴化である。永く亜細亜の一半島に過ぎぬ狭小なる大地に跼蹐《きょくせき》〔肩身が狭く世を恐れはばかって行動すること〕し来れる欧羅巴諸国は、僅に過去四百年の間に、常勝不敗の歩みを四方に進め、或いは政治的に、或は経済的に、少くも文化的に、殆ど地球全面を征服し去つた。この世界の欧羅巴化は、近世初頭に於けるラテン民族による新世界の発見、及び之に伴へる列強の植民的発展と、ゲルマン民族による宗教改革、及び之に伴へる旺盛なる精神的飛躍とに負ふ。(43)

大川は、近世ヨーロッパの植民史は、政治的にはヨーロッパの帝国主義の勝利、経済的にはその資本主義の昂潮、人種的には白人世界制覇の歴史としてその足跡を辿るものであり、いくら汲み上げても尽きない興味と教訓とに充ち溢れている、と述べる。そして、日本はアジアにおける「唯一の強大にして高貴なる非白人国家」として、ヨーロッパに対してひざまずいて拝むことなど絶対に認めることができないだけではなく、アジアとヨーロッパとの対立を止揚して、壮厳なる第三帝国を実現しなければならない使命を担っており、実際に国民は聖戦のために一生懸命努力しているので一層深刻な問題にならざるをえないとその帝国としての使命を述べている。

むろん、大川が最終的に収斂させてゆく論理は、彼のアジア主義の特徴ともいえるアジアの一如としての「日本主義」に基づく東亜新秩序の正当化であり、破綻すべくして破綻したものだった。しかし、少なくとも今日、イスラーム研究を推進していくというレベルでは大川のグローバルな立場はいささかも古びていないといえるし、むしろ学ばなければならない点が多々あるということも認めなければならない。

さらに、大川はヨーロッパ植民史研究の一環としてシオニズム運動を考えているように思われる。以下、大川のヨーロッパ植民史においてきわめて特殊な事例としてではあるが、同時に彼自身がどのように評価すればいいのか躊躇《ちゅうちょ》した印象も残る両義性をもったシオニズム論についてみていきたい。

四 シオニズム論の揺れ

大川周明の『復興亜細亜の諸問題』において一つの大きな謎がある。それはシオニストのパレスチナ入植に関する論考をめぐるものである。そもそも、大川がアジア主義や植民史研究との関係でパレスチナ問題までをもその射程に入れていたことはほとんど知られていない。この「幻」の論考は一九二二年に出版された『復興亜細亜の諸問題』の初版本には所収されていた。しかし、初版本がほとんど古本市場に出回っていないので大川のシオニズム論に関しては知られていないのが現状である。というのも、同書が一九三九年に初版本とは別の出版社から再版された際、シオニズムに関する章が削除されてしまったからなのである。そしてさらに不可思議なことに、戦後になって刊行された『大川周明全集』（一九六一―一九七四年）の中においても、また中公文庫版『復興亜細亜の諸問題』（一九九三年）においてもこのシオニズム論は再録されることはなかった(44)。

もともと、この幻のシオニズム論文は一九一九（大正八）年一二月と一九二〇年一月、道会雑誌『道』に二回にわたって「猶太民族の故国復興運動」（上・下）と題して掲載された(45)。この論考を執筆したとき大川は三三歳であった。第一次世界大戦が終わり、ヴェルサイユ条約が締結された時期の一九一九年八月に大川は、満川亀太郎らとともに猶存社を結成し、同時期に満鉄の東亜経済調査局の職員になっている。そして彼が道会雑誌『道』に掲載した諸論考をまとめた著作『復興亜細亜の諸問題』が出版されるのが一九二二年七月である。

ところで、『復興亜細亜の諸問題』に関して注目すべき点は繰り返しになるが以下の点である。すなわち、一九二二年に『日本文明史』と同じ大鐙閣から菊版で出版された『復興亜細亜の諸問題』初版本には論文「猶太民族の故国復興運動」は「第十三」の章[46]として収められているが、一七年後の一九三九（昭和一四）年四月にまったく活字を組み替えてひと回り小さい版であるB６版で再版された『復興亜細亜の諸問題[47]』では同論考の章は外されて含まれてはいない。それにしても、このシオニズム運動に関する大川の論考が『復興亜細亜の諸問題』から何故外されたのか、その疑問への答は現時点では推測の域を出ないことがらでもある。

ただし、大川が何故シオニズムに関心をもっていたかを解く鍵は、前述のとおり、彼とともに猶存社を設立した盟友、満川亀太郎（一八八八―一九三六年）にあると思われる。満川の代表的著作である『奪はれたる亜細亜』も同時期の一九二一年三月に出版されており、その中では「猶太民族運動の成功」という章を設けて、シオニズムについて好意的に議論している[48]。さらに満川は一九二九年には『ユダヤ禍の迷妄』という、シベリア出兵（一九一八―二二年）の時に日本に「輸入」されて隆盛を極めた「ユダヤ陰謀論」（当時の用語では「猶太禍」）への反論の本を出版しているくらいなのである[49]。満川は当時、民本主義者として知られた吉野作造の「ユダヤ陰謀論」批判を全面的に支持する姿勢を貫いており、「右翼」と一括して語られる中では異彩を放つ言論活動をしている。まさに是々非々の姿勢ともいえる。

シオニズムについてまったく論考を残していない北一輝は別として、猶存社を結成した盟友である大川・満川の両者のシオニズム論を比較することは、アジア主義者たちがナショナリズム的な革命運動としてのシオニズムをどのように理解しているかを検討する上で重要であろう。なぜなら、一九二〇年代以降のシオニズム運動の展開はパレスチナにおけるアラブの犠牲の上に成り立つという事態が明らかになってゆき、「復興亜細亜」という観点から見た場合、「故国復興運動」のシオニズムをそのような事例に入れるのは難しくなっていくということを意味しているからである。ほぼ同時期に独立した「ユダヤ人国家」イスラエル（一九四八年）と「ムスリム国家」パキスタン（一九四七年）は、イギリスの植民地主義的な分割支配の観点からしばしば比較されるが、大川はこの二つの事例に関しては沈黙を守っている。彼のアジア主義および植民史研究から見ると扱いにくい問題であったのかもしれない。

本書の関心からいえば、大川のシオニズム論はむしろ彼の植民史研究および日本との比較という文脈に位置づける方がわかりやすいであろう。というのも、『道』掲載論文と単行本化した論文を比較すると、社会経済的観点からの植民史的記述が新たに書き足されているからである。その意味では、同じ植民史・植民政策の観点とはいっても、大川より七歳年少で、当時、東京帝国大学経済学部助教授の地位にあり、同時期、無教会派キリスト者の関心からシオニズム運動について論じた矢内原忠雄のシオニズム論[50]を大川のそれと比較した方が有益かもしれないが、この比較に関する議論は別の機会に譲ることにしたい。いずれにせよ、大川のシオニズム論だけを考えても、第一次世界大戦直後の日本の知識人のシオニズム理解が一九二〇年代から三〇年代にかけ急激に変化していくことを認めることができ、「国家主義者」と一括するだけではない、これまでとは違った光を当てることができよう。

ところで、何故大川はこの章を削除したかという問いについてであるが、彼は何の説明も加えていない。しかし、日本のユダヤ人問題に関する当時の状況を踏まえれば、大川が大戦間期を通じてシオニズム運動を「復興アジア」ではなく、ヨーロッパ植民地主義の一部をなす問題と考えるようになったからであろう。彼は『道』掲載論文（単行本も同様）の末尾の結論部で以下のように「重大問題」という含みのある表現で論文を終えているのである。

蓋《けだ》し猶太人のパレスティナ移民は、同時に政治的・経済的・宗教的にして、他民族又は他国民が企図する移民と全く其趣を異にするのである。之を要するに猶太人のパレスティナに於ける発展は、種々の立脚点より吾人の注意を惹くところの重大問題で、吾等は括目して彼等今後の発展、並に欧米列強就中《なかんずく》英国の之に対する態度を見んと欲するものである。(51)

シオニストによるパレスチナ入植計画は、スイスやアメリカの一部のキリスト教徒のそれとは明らかに異質であり、とりわけイギリスによるシオニストへの態度を見たいとして、大川がシオニズム運動そのものへの評価を保留しているところに注目したい。シオニズム運動が、萌芽的にではあるがイギリス帝国主義に依存する寄生的な性格をもっていることに彼が気づいていたからにほかならないからであろう。一九二〇年代から三〇年代にかけて、アラブ人の住民への抑圧という「反動」的部分に大川の注目が移っていったために、シオニズムを「復興アジア」的運動だとする評価を棚上げしたことになったのかもしれない。もちろん、社会経済レベルにおける統計的な側面からのアプローチを重視する大川が、当時の右翼的な知識人にありがちなユダヤ陰謀論からは自由であったことも論文から窺うことができる。

これもまた推測の域を出ないが、大川は一九三九年、「中国の開発に着眼し、米国の資本と日本技術とを中国の国土開発に結びつけ、日米合弁として『汎太平洋通商航海会社（Pan Pacific Trading & Navigation CO.）の設立に奔走』したといわれている[52]。このような大川の発想は、同時期に、満州国にヨーロッパのユダヤ難民を受け入れて米ユダヤ資本の導入を促進することで対米関係の改善を試みようとした日産コンツェルンの鮎川義介《あいかわよしすけ》や、関東軍らによる「河豚計画」と対米戦争回避という観点からは共通するものであり、今後、アメリカにおける「ユダヤ資本」への大川の関心との関連で議論する必要もあろう。

さて、大川が『復興亜細亜の諸問題』において雑誌掲載時から付け加えた内容で注目に値するのは、ドイツの歴史家フランツ・C・エンドレス『シオニズムと世界政治[53]』に依拠しつつ、パレスチナにおけるユダヤ人入植村の一覧表を作成して三頁にもわたり掲載していることである[54]。このようなユダヤ人入植地の一覧表をわざわざ載せるところに、大川の関心がどこにあるかが示されている。すなわち、シオニスト・ユダヤ人の故国復興運動の具体的な表現であるキブーツやモシャーヴといったユダヤ人共同農場の建設を大川はその初期段階では非常に高く評価していたと考えることができるのである。あるいは、大川はこの段階ですでに、満州への日本人入植計画をパレスチナのユダヤ人入植計画と重ねていたと考えるのは穿った見方かもしれないが、満鉄の東亜経済調査局に所属し、毎年のように満州を含む中国現地に出張していた彼の先見の明からすれば的外れともいえないかもしれない。

しかし、その後、とりわけ一九三〇年代以降、ナチスがドイツで政権を獲得してからはパレスチナにおけるアラブ人、とりわけムスリムの民族運動が活発化し、対英関係においては日本でもパレスチナにおけるアラブ大反乱（一九三六―三九年）は関心の的となっていた。したがって大川は、一九三九年四月に本書を再版したときにはパレスチナ・アラブの民族運動に「アジアの復興」の姿を見ていたのかもしれない。

したがって、以上のような英委任統治領パレスチナの混迷する政治状況を考えた場合、あるいは後に述べるように、大川がシオニズム及びそのパレスチナへの入植運動を絶賛して、その発展をあまりに楽観視しすぎたことを考えた場合、彼が再版本においてシオニズム運動に関する論考を削除したとしても何ら不思議ではないのである。

ところで、「猶太民族の故国復興運動」は次の四つの部分からなる。すなわち、「一　猶太民族とパレスティナ」、「二　シオン主義の沿革」、「三　パレスティナに於ける猶太人の経済的発展」、「四　パレスティナの経済的価値」である。とりわけ注目すべき点は、「四　パレスティナの経済的価値」の節のほとんどは単行本化する際に書き加えられたものであるという事実である。加筆された委任統治領パレスチナについて、農業、工業、鉱業、商業という産業レベルでの全般的発展の可能性があるとし、加えて、戦略的な観点からもパレスチナは重要であり、こと経済発展に関しては楽観的すぎるといってもいいほどの手放しの礼賛を含む高い評価を下している。

> パレスティナの農業が、適当なる施設の下に大いに発達すべきは疑を容れぬ。……故に単に農業の発達にのみによるも、パレスティナは多数の移住者を収容し得る。／然らばパレスティナは工業上の方面に於ても発達の可能あるか。曰く有る。……而してヤッファを経由する毛織物の輸入年額は約二十四萬磅《ポンド》〔パレスチナ・ポンドはスターリング・ポンドに連動していた〕に達し、同時に多額の羊毛並に駱駝《らくだ》毛を輸出するが故に、此等の原料を用ゐてパレスティナ内に製絨《せいじゅう》業を起すことも出来る。／パレスティナが〔燐《リン》鉱石やカリなどの〕鉱産物に富むことも、また其の経済的発展を有望ならしむるものである。

……今日に於てパレスティナの鉱業は、尚未だ微々たるものであるが、十分に探鉱せられ且適当に投資せられなば、是亦大いに発達するであらう。／農工業の発達が、商業の発達と伴はざる可からざるは更《あらた》めて呶々《どど》する〔くどくど言う〕を要せぬ。而してパレスティナの地理的位置は、最も商業的発展に適する。……パレスティナは実に欧羅巴・亜細亜・阿弗利加《アフリカ》三大陸の交叉点となり、三大陸貨物並に旅客の重要なる集散地たるに至るであらう。……ハイファは北にアッカの岬角《こうかく》を有し、南はカルメル山に囲まれる一大湾頭に位する良港で、他日必ず大いに発展するであらう。(55)

この論文の前半はシオニズムの政治的発展の叙述に当てられているが、本書とのかかわりから重要なことは、大川が植民史研究への関心を前面に打ち出し、パレスチナのユダヤ人移民の社会経済的観点を重視して記述している点である。ただし、パレスチナに居住する先住民たるアラブ人の記述はあくまでユダヤ人入植を説明するための背景的位置づけであり、大川はまだ第一次世界大戦直後の時点でパレスチナ問題が深刻な事態に発展していくことを認識していなかったことになる。もちろん、ヨーロッパの文献だけでパレスチナの状況を把握しようとしている大川に対するないものねだりであることは当然ではあるが、「アジアの復興」の観点からパレスチナにおけるアラブ民族運動が視野に入ってこなかったのは、彼の方法的欠陥であるともいえる。実際に、以下のようなユダヤ人とアラブ人の比較の仕方に大川の限界が現れている（以下、引用文中の「」は『道』掲載時における元々使用されていた表現であり、必要に応じて残した）。

猶太人は〔商業に於ては比類なき才幹を有するけれど〕往々にして、農業に適せずと〔云ふ批評は、屢々《しばしば》繰返される所のものであると〕言はれて居る。然るにパレスティナに於ける猶太人は、他の一切の生業に於けるよりも、特に農業に於て優良なる成績を挙げつゝある。こはパレスティナに於ける亜剌比《アラビア》人と猶太人との農作を比較すれば極めて明白である。[56]

とはいえ、大川の視座は社会経済的状況に目を向けるところに特徴があるということは何度も繰り返したところである。パレスチナ問題のもっとも中核的なイシューである土地購入問題をシオニストの視座から次のように描いている。

> 固《も》とパレスティナの土地は、概ね大地主の所有に属するか、又は村落の共有地なるが故に、個々の家族が其の要する小地区を購買するに困難なる事情がある。加ふるに回教徒の特別なる習慣は、土地の売買を危険ならしめる。シオン主義者団は、此等の困難並に危険を除き、各個人をして所要の小地区購入を可能ならしめんが為に、前述の如く「パレスティナ土地発展会社」を創立し、先づ会社の手にて広大なる地域〔土地〕を購入し、適宜の設備を施したる後、之を分割して各個人に売却するの策を採つた。[57]

しかし、大川は土地購入問題については本論文の末尾で「多く此方面に向つて移住を試む可く、縦令《たとひ》パレスティナに向つて移住し来るとも、パレスティナの耕地は全面積の僅かに一割に過ぎず、其九割は実に未墾地なるが故に、近き将来に於て何等重大なる競争に陥るべき危険がない(58)」という、その後の歴史的な発展を踏まえると明らかに誤った認識を示しており、少なくともこの点は彼の見通しの甘さが見られるともいえる。いわば「予測」が外れたという点も本論文が再刊されるに当たって削除された原因であるといえるのかもしれない。また、大川はパレスチナへのユダヤ人移民の特殊性をキリスト教徒移民と比較して次のように述べる。

> 之〔パレスチナへの移民〕を基督教徒の方面に就て見るに、希臘《ギリシャ》正教会は其の発祥の地としてパレスティナを所有せんと欲せざるに非ずと雖《いえども》、而も其の希望する所は特定の聖蹟を所有せんとするに在りて、パレスティナに植民せんとするものでない。今日パレスティナに於ける基督教徒の総数は約十万にして、内五万は亜剌比亜人、其他は都会在住の欧羅巴人及び各種の講社に属する信者である。少数の独《ドイ》逸《ツ》人が宗教的熱心に駆られて、ヤッファ及びハイファの附近に移民せるを除けば、未だ基督教徒にしてパレスティナ移民を企てたるものあるを聞かぬ。而して少数の瑞典《スウェーデン》人及び亜米利加《アメリカ》の神秘主義者が、同じく宗教的情熱より、エレサレムに理想的共同生活を送らんとせる計画は、不幸にして失敗に終つた。故にパレスティナに向つて大規模の組織的移民を企つるものは、猶太人の外にない(59)。

最後に、大川がユダヤ人とシオニズム運動に関して、宗教と民族という観点からどのように見ていたかを考えてみたい。この点については「猶太民族の故国復興運動」の冒頭部分を見ればその考え方が明瞭に現れている。まず、大川は「猶太民族が聖地パレスティナを失ひてより既に二千年、其間或は諸国政府の苛酷なる抑圧を受け、或は諸国人民の激烈なる迫害を蒙り、不断に一切の艱難困苦と戦ひつゝ、猶且民族本来の風俗習慣乃至血統を維持して今日に至れることは、実に世界史上の一驚異である」(60)として、ユダヤ人の執着力を次のように説明する。

猶太民族に与ふるに、斯くの如き執着力を以てせるものは、〔独一なる〕イスラエルの神の〔永遠に〕独一に対する信仰、並に神の選民としてのイスラエルの民の永遠に対する信仰に外ならぬ。而して此の宗教的信仰は、イスラエルの故国即ちパレスティナが、他日必ず彼等の手に復帰する可しとの信念を伴ふが故に、著しく民族〔国民〕的色彩を帯びて居る。洵《まこと》にイスラエルの民〔神〕、イスラエルの神〔民〕、及びイスラエルの国てふ三個の観念は、猶太民族の根本生命であつて、一切の信仰・伝説・儀礼・乃至風俗習慣は悉く之を根柢として形成せられ、且発達せしめられたるものである。故に或はバビロンに於て、或は西班牙《スペイン》に於て、或は北阿弗利加に於て、或は仏独〔独仏〕両国に於て、或は波蘭《ポーランド》に於て、彼等猶太民族は、言語其他の点に於て、此等諸国の影響を受けつつも能《よ》く独自の民族的生活を継続し、「来らん年はエルサレムにて」てふ希望に生きつ、依然として猶太人としての面目を今日に保持して来た。(61)

以上の一節を読むと、大川のユダヤ人観は以下の通りだということがわかる。すなわち、ユダヤ人を一貫して「民族」と捉え、民族「本来」の風俗、習慣ないし「血統」を維持している。そのようなユダヤ民族の執着力となっているのは、①イスラエルの神への独一に対する信仰、②神の選民としてのイスラエルの民の永遠に対する信仰である。そしてこの宗教的信仰が、イスラエルの故国をいつか自分たちの手で回復させることができるという信念を伴っているが故に、国民（民族）的な色彩を帯びている、とする。そして次の観察が大川らしいといえよう。すなわち、ユダヤ民族の根本生命は①イスラエルの民、②イスラエルの神、③イスラエルの国という三つの観念であるとしている点である。この三つの観念が根底となって、一切の信仰、伝説、儀礼、ないし風俗習慣が形成され、発展させられてきたとみなしている。

大川は、ユダヤ民族は有史以来連綿と続いており、民族が本来持っている風俗、習慣を維持しており、さらに「血統」もそうだともいっている。この「血統」が何を意味するのか詳らかにはされないが、このようなユダヤ人観には、言外に天皇の下に連綿として続く民族としての日本人の姿を重ね合わせているようにも思われる。ユダヤ人の「神、民、国」という三位一体は「天皇、国民、国家」という日本人の三位一体に容易に置き換えることができるからである。もちろん、大川は明示的にはまったくユダヤ人と日本人との比較はしていないし、ましてや宗教学者である彼が「日猶同祖論」を信奉しているとは到底考えられない。だが、やはり青年期における大川の異常なほどのシオニズムへの高い評価は、満川亀太郎に影響を受けたものだとしても、若い頃からのプロテスタント的キリスト教の理解に由来するユダヤ人への好意的イメージとそれに基づく親ユダヤ的姿勢、そして日本人とユダヤ人という世界史に冠たる「特殊な民族」という共通性の認識を抜きにしては語れないだろう。

また、大川はナチス・ドイツ流の反ユダヤ主義的な言説に影響を受けているようにも見受けられない。ドイツ語文献に通暁していた彼独自の立場がこのあたりにもよく現れている。このような大川のユダヤ人観には、シオニストが作り上げた「ユダヤ民族史観」といってもいい一九世紀的ナショナリズムが色濃く反映されている。そもそも、彼の議論は、宗教的信仰は故国に復帰できるという信念を伴うが故に国民（民族）的色彩を帯びるという理由から、ユダヤ民族とユダヤ教徒を互換性をもって語っているという点に最大の特徴がある。この点は先ほど指摘したユダヤ人も日本人も「特殊な民族」であるという彼の認識から説明されよう。

ただ、大川も苦慮したと思われるのが、『道』論文では「国民」的色彩としていたのが、単行本化するに当たって「民族」的色彩という表現に変えられていることである。同じことが、ユダヤ民族の根本生命の順番において、『道』論文では第一に「神」を挙げたが、単行本では「民」を第一に変更したところにもいえる。このことはユダヤ人の民族性と宗教性のいずれに力点をおいて理解するかという大川の揺れとして捉えることができ、次に述べる日本の場合との連続性という観点でも興味深い論点である。

五　天皇とイスラーム

前節において、ユダヤ人の「神、民、国」という三位一体は「天皇、国民、国家」という日本人の三位一体に容易に置き換えることができるという観点から、大川はユダヤ民族の「復興」に日本のあるべき姿を見ていたのではないかという推測を述べたが、もちろん近代ナショナリズムの属性という観点から考えれば、その共通性を見いだしたところで何ら不思議はない。そこで、以下において主に大川の『日本文明史』を中心にして、彼のナショナリズムについての考え方をさらに検討してみたい。『日本文明史』を取り上げるのは、この著作が大川の思想が確立される頃の三四歳の時に出版されたものであり、竹内好も指摘しているように、同書では大川の考え方が言葉の真の意味で最も「ラディカル」に表現されているからである。

大川は日本の国民的精神のあり方を次のように説明する。「奈良朝に目覚めたる国民的精神は、平安朝・鎌倉時代・足利時代・徳川時代を経て、固より時代によつて消長強弱はあつたけれど、次々に入り来る新しき要素に対して常に之を批判し、選択し、摂取し、統一して、茲《ここ》に亜細亜一切の文明及び思想を綜合せる文明を実現した。儒教の真精神は、故国支那に於て実現の時なかりしに反し、日本に於ては最も見事に最も適切に実現された。仏教も亦印度に於ては其生命を失へるに、日本に於ては其の至醇至高の発達を遂げ、一切が混然として「日本」の衷《うち》に統一されて居る(62)」。このように、儒教・仏教の外来の要素を取り込みながらアジアの文明を綜合したものとして日本文明を捉えるという大川のアジア主義＝日本主義の立場はこれまで何度か強調してきた。その際「儒教及び仏教は、言ふ迄もなく亜細亜人文の至宝であり、且また亜細亜思想の両極である。而して一方の極端なる印度の観念論が、他方の極端なる功利主義の支那に栄える事が出来たのは、老荘の思想が之が為に心理的準備をなして居たからである(63)」というように老荘思想が、思想として両極にある儒教および仏教の媒介をしたという文明史的な認識を前提にしている。

吾等の今日の意識は全亜細亜意識の綜合であり、吾等の文明は全亜細亜精神の表現である。従つて徹底明瞭に日本精神を理解する為には、孔老の思想の種々なる局面を観察せねばならぬ。仏教の種々なる理想信仰を検討せねばならぬ。……総じて之を言へば、亜細亜一切の理想が、如何に日本に於て摂取せられ、日本の国民精神が、大陸の影響を蒙りつつ、如何に自己を実現して来たかを知らねばならぬ。かくて日本精神の本領を把握し、其の種々相を綜合統一して、一貫不断の発展を、組織的に叙述するもの、即是れ日本文明史である(64)。

大川のこのような日本文明史の展望はそのまま敷衍すれば当然ながら、その射程はアジアのみならず、世界への展望につながっていくことにならざるをえない。その議論の仕方は大川版の「近代の超克」論といっていいもので、日本が世界史において担う道義的使命の前衛的役割は、「世界の表現者」になることである。すなわち、「吾等の先祖が如何にして外来の文明を処理し按排して来たかを知らなければならぬ。若し吾等にして祖先の手並みを呑込んで、西洋文明を吾有《わがもの》とする事が出来たなら、亜細亜の表現者たりし日本は、やがて世界の表現者となるのである。而して吾等は之が大和民族の神聖なる使命であると信ずるものである(65)」。

日本の世界史的な役割に関しては以上のような認識をもっていたとしても、そうだとすると、日本とイスラームの関係がやはり問題になるだろう。とりわけ、本書においての大川の断層のうち、最もわかりにくいものはイスラームと天皇制の関係をどのように認識しているかである。ただ、前もって断っておかねばならないことは、大川は日本との関連で直接このテーマについて何か述べているわけではないので推論の域を出ないということである。その意味では、大川はことイスラームに関しては厳格に一線を踏み越えないで沈黙を保っているともいえる。また、前節で述べたように、ユダヤ人の「神、民、国」と日本人の「天皇、国民、国家」という二つの三位一体の方がイスラームと比較するとむしろ整合性があるのであるが、大川にしてみればユダヤ教はあくまで「民族宗教」であり、アジア主義的な志向性を考えるとイスラームの方が世界宗教としてふさわしいと、屋上屋を架すような推論ではあるが、そのように考えていたのかもしれない。

とはいえ、大川の宗教観という観点から一神教であるイスラームを考える際に参考になるのが彼の古事記解釈である。とりわけ興味深い点は、大川がわざわざ一神教と比較しつつ説明しているところである。すなわち、神は宇宙に超越するのか、あるいは内在するのかという二項対立で一神教との差異を説明するのである。古事記の世界観は一神教とは違い、天地創造を説かず、またその神は宇宙に超越する神ではないとわざわざ強調しているのである。このあたりが丸山眞男から「大川周明は右翼の中でも最も西欧的教養の濃い、いわばバタ臭い方なのです(66)」と揶揄される所以でもあろう。

> この〔古事記本文冒頭の〕意味多き一節は、混沌 Chaos が宇宙 Cosmos に成り往く道筋を述べたものである。古事記の世界観に就て注意すべき一事は、そが天地の創造を説かずして、天地の啓発、天地の開展を説く事である。天御中主神《アメノミナカヌシノカミ》は宇宙の根本生命、高皇産霊・神産霊〔高御産巣日《タカミムスヒ》・神産巣日《カミムスヒ》〕の両神は宇宙の生成力の神格化である。そは決して宇宙に超在する神にあらで、内在せる生命と力とが、神として顕現したのである。この生命と力とが動き始めて、浮脂の如く海月《くらげ》の如き混沌の中に、次第に秩序が展開されて往く(67)。

大川の解釈では、古事記の世界観とは混沌から宇宙の生成へ、つまり、天地が自己展開していくことであり、宇宙に内在する生命と力とが神として顕現したととらえる。当然ながら、超越的な神の存在とは異なることになる。大川のこのような説明は、丸山眞男が記紀神話の冒頭の叙述から抽出した思考様式を「歴史意識の「古層」」と呼んで宇宙発生神話に関連して指摘した点と通底する。すなわち、「図式的に右の三者（「つくる」「うむ」「なる」）を線上に位置づければ、「つくる」と「なる」が両極を構成し、「うむ」はその中間に浮動することになる。あるカルチュアでは「つくる」論理の磁力が強いため「うむ」はその方向に牽引され、他のカルチュアでは、「うむ」と「なる」との間にヨリ大きな親和性が働く。もはや読者には想像がつくように、前者の典型はユダヤ＝キリスト教系列の世界創造神話であるが、これとちょうど対蹠的に日本神話では「なる」発想の磁力が強く、「うむ」を「なる」の方向にひきこむ傾向がある。それだけ「つくる」論理におけるような、主体への問いと目的意識性とは鮮烈に現れないわけである」（傍点は丸山）[68]と述べる。大川は続けて、日本神話は「うむ」を「なる」の方向に引きこむ傾向が強いという丸山の指摘のように、イザナギ・イザナミから天照大神が「誕生」するプロセスを、宇宙に内在する最後の統一原理が神格として現れたとして次のように描写する。

> （混沌から宇宙が成立する過程は）宇宙は諸冊二神（イザナギ・イザナミ）として自己を顕現し、之によりて国土山川・地水火風・草木五穀、乃至一切の万物を展開し最後に其等の一切を統一する究竟《きゅうきょう》の原理として活動して居ると。これが取りも直さず吾等の祖先の世界観であつた。少くも其の世界観の根底たりし思想であつた。かくて宇宙に内在する最後の統一原理は、天照大神てふ神格として吾等に現はれたのである。[69]

大川はこのようにわれわれの先祖の世界観として宇宙に内在する統一原理としての天照大神を位置づける。そしてそこから敷衍される論理として、天照大神以降の天皇の系譜を次のように述べていくのである。つまり、天地開闢《かいびゃく》→国生み→天孫降臨→人皇という系譜的連続性の時間の流れで伝統的な皇室統治の正統性を説明するのである。

彼等〔吾等の先祖〕は、日本国の天皇を以て天照大神の子孫となし、彼等自身は此国を経営せよとの神勅を蒙むりて、天孫に供奉し来れる神々の子孫たることを信じて疑はなかつた。而して此信仰は、日本をして世界に比類なき国体を有するものたらしめた。世界に比類なしとの意味は、その国家本来の面目を発揚せる点に於て比類なく見事であると云ふことである。蓋し日本国に於ける天皇の地位は、実に宇宙に於ける天照大神の地位である。宇宙の一切が、天照大神によりて統一されたる全体の中に於てのみ存在の意義があるが如く、総ての日本国民は天皇によつて統一せられたる国家の中に於てのみ存在の価値を得来るのである。日本の皇室をして世界の不思議たらしめたのは実に此の信仰である。(70)

大川はここで国体論者としての天皇論を展開することになる。すなわち、世界に比類のない日本の国体は、神勅によって、神々の子孫の天孫民族であるという系譜的連続性に基づく「万世一系」の正統性を信じていることに由来している。日本国での天皇の地位と宇宙での天照大神の地位とを同じ位相に置いて、宇宙が天照大神によって統一された全体において存在するように、日本国民は天皇の下で統一された国家においてのみ存在すると主張するのである。ただ、注意しておかねばならないことは、大川は最初に宇宙に内在する生命と力とが神として顕現した、つまり「なる」神と捉えており、天照大神＝天皇は決して宇宙に超越して存在する「つくる」神としては捉えていないという点である。このことにより天皇と国民との関係も、もとより天孫民族として一体のものと想定されることになる。このように大川が理解した「天皇＝神」は、一神教的な神、すなわち超越的な存在ではない。それだけではなく、北一輝とは異なり「天皇の国民」（久野収の言うところの天皇機関説を前提とした「密教」）と「国民の天皇」（同上の「顕教」）という相互関係が君民帰一あるいは君民一体の名の下にあいまいさを残すことにもなる。とはいうものの、国家主義者としてこのような天皇と国民の関係の理解が、北の影響で、後述のような「国民の天皇」をめざす「国体改革」すなわち「第二維新」（「密教」を顕在化することで「顕教」の欺瞞を超える）へとつながっていく。[71]

このような天皇理解は、これも北に影響を受けたという明治維新時の天皇の位置づけにも反映されている。大川は「維新革命の建設的事業は、明治天皇の革命政府の手によつて断行せられた。それ一切の革命は、常に強大なる中心権力を有する専制政治を欲する。総ての革命は、新しき統一を代表せる大専制者の出現を待ちて、初めて其の成功を可能とする」というように、革命は専制者＝中心権力者＝統一者によって達成されるとしている。そして過激なことに、専制者をもったフランス革命やロシア革命の成功例、および専制者をもたずに混迷が続く革命途上の中国の例を挙げた上で、天皇を「破壊的革命家」と呼ぶなど「不敬」そのものである。時代が一九二〇年代前半だから許されるであろう、[72]実にラディカルな表現をもって叙述する。まさに国家改造運動をめざす国家主義者たる所以である。実際、大川の新たな日本通史である『日本二千六百年史』（一九三九年）では、天皇を「専制者」と呼んだ部分が残されたが、それでも一九四〇年の同書に対する不敬書問題においては「専制者」が攻撃の対象となったのである。[73]

維新革命は、実に其の専制者を明治天皇に於て得た。／嗚呼、明治天皇。徹底せる破壊的革命家にして、同時に専制統一の建設的君主たり、同時に復興せる国民的信仰の法王たりし偉大なる三位一体よ。天皇ありて日本は其の亡国の悲惨より新興の歓喜に生くる事を得た。天皇ありて維新革命は順風に帆を挙ぐるを得た。天皇ありて日本は封建的国家の暗黒より近代的国家の白日を仰ぐを得た。(74)

大川はこの一節で天皇を①「徹底せる破壊的革命家」、②「専制的統一の建設的君主」、そして③「復興せる国民的信仰の法王」の「三位一体」であると規定しているのである。そしてさらに、フランス革命においてジャコバン派から出て恐怖政治を行ったロベスピエールの独裁と、天皇による君民帰一の親政を比較して次のように述べる。

仏蘭西《フランス》は其革命に於て、寺院を毀《こぼ》ち殿堂を破りたる後、女優を引き来りて之を礼拝し、ロペスピエル自ら法王となりて所謂「道理」の神を祭るの痴態を演じたが、吾に在りては即ち二千五百年の歴史を背景とする天皇が、最も自然に興国的信仰の対象となり、君民帰一の国家的理想に宗教的情熱を与え給ふた。(75)

大川は、「至高の存在」である「道理（＝人間の理性）」の神を法王として祭るまでになったロベスピエールを揶揄するわけだが、このような人為的な専制者と比較して天皇は自然に「興国的信仰」の対象となって、君主と国民が一体化するという国家の理想に宗教的な情熱を与えたというのである。

大川にとってこの君民一体の理想が「大正維新」と呼ぶところの国体改革運動へとつながっていく。すなわち、『日本文明史』の「第二十六章　第二維新に面せる日本」において第一維新としての明治維新と比較しつつ、次のように「第二維新」を、「興民討閥」をスローガンとして高らかに宣言する。

何故に我等は第二維新の必要を高調する乎。曰く日本は君臣一体の国なるが故である。「君」は第一維新によりて、之を武力の圧迫より救ひ参らせた。されど「民」は今や金力の圧迫に呻吟《しんぎん》しつゝある。故に之を黄金の不当なる支配より解放することは、君民一体の実を挙ぐる唯一無二の途である。明治維新の破壊的一面は「討幕」の一語に尽き、其の建設的一面は「勤王」の一語に尽きた。大正維新に於ては倒さる可きものは黄金を中心勢力とする閥であり、興さる可きものは国民其のものである。即ち大正維新の標語は「興民討閥」でなければならぬ(76)。

大川の「国民の天皇」という君民一体の理想の実現を妨げる資本家などの閥の討伐が大正維新ということになる。この討伐は天皇の名の下で行われることになる。ただ、本章の文脈で重要なことは、君民一体が実現される国体の統一を保障するのが天皇であるということである。このように国民とワンセットになった天皇は、後に「現人神」と呼ばれるようになったところであくまで「なる」神であり、この「神」は超越的な一神教的な神とは明らかに一線を画している。この点に大川のイスラームにおける「神」の理解を解く鍵がある(77)。

大川が理解する日本の神は決して超越的な絶対者である一神教の神ではない。イスラームの文脈でいえば、日本の神はアッラーに相当するものではないということになる。この点を確認すれば、彼の理解におけるイスラームと天皇との関係が明らかになる。すなわち、大川が天皇をアッラー的な神でないと考えていたとすると、イスラームの文脈での天皇の位置づけは預言者ムハンマドということにならざるをえなくなる。この点は序章の第四の断層に関して述べたとおりであるが、大川は、儒教とイスラームが教祖を「人」として崇拝しているという共通性を挙げて次のように述べる。「教祖中心の宗教は、教祖を以て人間の極致とし、その生涯を以て完全なる行為の規範とする。教祖の如くあることが信者の理想であり、信者の採るべき最高の道は、この崇高なる理想のために生き、教祖に現れたる神を信じ、教祖のうちに見出したる新しき生命の真実なることを、現実の生活の上に立証することである[78]」。こう述べており、「教祖に現れたる神」を信じることにおいて、大川の天皇観との接点が生まれてくる。

しかし、一九二〇年代には「宗教と政治とに間一髪なきマホメットの信仰にいたく心惹かれ」た大川がイスラームを天皇制との対比では語れなくなる事態がその後生まれてくることになる。その大川の変化を象徴的に示すのが、彼が大東亜戦争勃発直前に出版した『亜細亜建設者』において絶賛した革命家ケマル・アタチュルクが率いたトルコ革命の帰趨である。この著作の中で特に注目に値するのが、ケマルとイブン・サウードという二人の指導者であり、その二人が建国運動において果たした役割をイスラームとのかかわりのなかで考えてみたい。というのも、二人はイスラームの歴史の中で特別な位置を占めているからである。すなわち、ケマル・アタチュルクはいわゆる「スルタン＝カリフ制」を廃止した政治指導者であり、イブン・サウードはメッカのシャリーフ（預言者ムハンマドの末裔）であるフサイン・イブン・アリーを倒して「神国」サウジアラビア王国を樹立した政治指導者である。二人とも伝統的な意味でのイスラームの「権威」を破壊した政治家でありながら、一方はイスラームを国家の領域から排除し、他方はイスラームを国家に組み込んだ「建国の父」だったのである。「スルタン＝カリフ（ハリーファ）は、オスマン朝の君主は世俗的権力者としてスルタンであると同時に、宗教的権威としてカリフ（ハリーファ）であるとするオスマン朝の制度であるが、預言者ムハンマドの時代と共に大川のいう「宗教と政治とに間一髪なき」イスラームの根拠の一つになっている制度ともいえるであろう。他方のシャリーフ・フサインは預言者ムハンマドの末裔であると信じられている。つまり、いずれも歴史的事実はどうであれ、イスラーム統治の正統性の伝統と深くかかわっているとムスリムに信じられていることが重要である。換言すれば、「スルタン＝カリフ制」は国体論の問題と、そしてシャリーフは預言者の末裔という意味において天皇の系譜論的な正統性の問題と関連しており、日本における天皇制あるいは天皇の位置づけときわめて似通ったものだとも考えることができる。

ところで、大川はムスタファ・ケマルによるスルタン（サルタン）廃止を次のように描いている。「サルタンとカリフとは、五百年このかた一身同体であり、トルコの君主は、同時に政治的並に宗教的支配者であつた。トルコ人は未だ嘗て此の二つを別々に考へたことがない。従つて国民議会がサルタン廃止を断行し、且仮令《たとひ》カリフを立てたとは言へ、一切の世俗的権利を之より奪ひ去れることは、国民の多数に深刻なる衝動を与へた。殆ど総ての宗教関係者及び彼等の感化の下に立つ篤信者は、ムスタファを以て回教を冒瀆するものと憤慨した」(79)と。

さらに、大川は最後のカリフ制の廃位についても次のように淡々と叙述している。「千三百年の長き伝統を有する制度、欧羅巴の眼には東洋の権威と荘厳との権化の如く見えし制度、回教徒の眼には万古不動の法城の如く見えし制度が、斯くして一挙手一投足の間に撥無《はつむ》せられた。而もカリフ、アブドゥル・メジッド其人は、決して積極的に反共和国運動に荷担したのでない。……唯だ彼は立派なカリフであり、且その汚れなき生活のために、恰《あたか》も磁石の如く一切の不平家の心を牽《ひ》きつけた。悲しき運命が、此の善人を其の地位の犠牲としたのである」[80]。

大川が太平洋戦争前に書いた「スルタン＝カリフ制」の廃止をめぐる記述において、おそらく当時の日本国民でスルタン＝カリフを天皇と置き換えて読んだものはいなかったであろう。しかし、大川の国体改革の目指したところは「君民一体」が実現されない政治体制の変革、つまり「第二維新」であった。その際、彼は、第一次世界大戦後に屈辱的なセーヴル条約を受け入れて祖国を護りえなかったオスマン旧体制に対しては厳しい評価を下し、侵略戦争に抵抗して新たにローザンヌ条約を締結し直し、その上「スルタン＝カリフ制」をも廃止してトルコ革命を成し遂げたケマル・アタチュルクを非常に高く評価することになる。大川が「スルタン＝カリフ制」の廃止を断行したケマルに対する批判的言辞をいっさい弄していないことにも特に注目する必要があろう。大川にとって重要なことは、ケマルの英雄的な指導力で、トルコの独立を維持し、新しき国家体制を作り上げるための革命を遂行することであった。

他方、イスラームと政治の関係においてはケマルと対極にあるイブン・サウードへの大川の評価の仕方も見ておこう。大川は次のように英国のピューリタン革命におけるクロムウェルと比較しつつ、イブン・サウードの敬虔なるムスリム像を提示する。クロムウェルと比較する点において、ここでもカーライルの『英雄崇拝論』の影響が認められるわけである。「イブン・サウードは、時に砂漠のクロムウエルと呼ばれて居る。神に対する信仰が、一切の行動の礎となつて居る点は、まさしく両者に共通である。少年時代に父から与へられた厳格なる鍛錬は、彼を最も敬虔なる回教徒たらしめた。彼は公けの場処で人民と共に在る時も、独り私室に坐する時も、戦陣の間に馳駆する時も、外国使節と折衝する時も常に神と偕《とも》に在ることを信じて疑はない。重大なる事件に当面する毎に、彼は先づ必ず退いて神に禱《いの》る。彼は言ふ――予は第一に回教徒、然る後にアラビア人、而して常に神の僕《しもべ》であると。神は彼に命じて総てのアラビア人を一個の国民に結成せしめ、之を導いて祖先の偉大を再現せしめ、神の言葉を全地に行はしめんとする。彼は斯く信じて今日まで戦つて来た。而してアラビア統一の使命は既に之を成就した。今後も彼は一層その使命に精進するであらう」(81)。このようにまさに大川は「君民一体」を実現したイブン・サウードによるサウジアラビア王国の樹立に対して絶賛を送っているのである。

ところが、大川は同じアラビア半島の西側のヒジャーズ地方において「メッカのシャリーフ」として知られているシャリーフ・フサインについては罵倒ともいえる評価を下している。シャリーフ・フサインはイギリスと手を組んで対オスマン帝国の戦いを挑んだ人物として知られ、「フサイン・マクマホン協定」(実際は往復書簡のかたちをとった)を締結した一方の当事者として歴史に名前を残している。大川はこの協定をイギリスの落度だというのである。すなわち、「イギリスの政策に於て、最も重大なる落度は、イギリスが其の確立せんとする人物の検討を怠つたことである。フサインはメッカの首長として、永くアラビアの政局並に回教圏内に特異の地位を占めて居たに拘《かかわ》らず、英人は彼の為人《ひととなり》について殆ど何事をも知らなかつた。彼は貪欲饜《あ》くなき吝嗇漢《りんしょくかん》で、年々メッカに集まる巡礼者を誅求して、莫大の富を積んで居た。彼は此等の巡礼者の報告によつて、総ての回教諸国から憎まれて居た。それにも拘らずイギリスは、一切の甘言を以て彼の虚栄心に訴へ、一切の激励を以て彼の野心を煽り、トルコに対して奮起すべきことを勧めた[82]」としてイギリスとシャリーフ・フサインとを断罪するのである。

大川にしたがえば、「フサインは断じて聖都の守護に当らしむべき人間でなかつた。彼は聖都に於て数々の異端の儀礼を許し、一切の邪悪を横行せしめ、剰《あまつさ》へ信者至大の勤行たる聖殿参拝を至難ならしめて居る。彼を聖都より放逐せずば、回教の真実無垢の信仰が、四海を光被すべくもない[83]」ということになる。だからこそ、イブン・サウードは「夙くより聖都奪回を祈念して居た」のであり、「遂に其時が来たのだ。……イブン・サウードは、先づフサイン征討の宣言を諸国に伝へた。諸国は之に対して殆ど応ふるところ無かつたが、唯だ〔イギリスの支配下にあった〕印度七千万の回教徒は、満腔の賛意を表明して彼を激励した[84]」。結局、イブン・サウードとシャリーフ・フサインの戦いは、イブン・サウードの勝利に終わったのである。「〔フサインの長男〕アリは……激戦の後に敗走してメッカに帰ったが、老フサインの憤慨甚だしく、彼を引見することを拒んだので、遂にジッダに逃げた。老フサインは傷ける虎の如く咆哮《ほうこう》して、メッカ市民奮起を促したが、何人も之に応ずる者なかつた。彼等は平素よりフサインの苛斂誅求《かれんちゅうきゅう》を憎んで居た。……〔一九二五年〕一二月二十三日、イブン・サウードは堂々たる威容を整へてジッダに入り、市民に臣従を誓はしめた。戦は茲に終り、ワハブ〔ワッハーブ〕の緑旗が翩翻《へんぽん》として翻つた。そのメッカに凱旋するや、メッカの長老達が出でて彼を迎へ、市民が彼を選んでヒジャズ〔ヒジャーズ〕国王に推戴《すいたい》せる旨を告げた[85]」。

大川の叙述のクライマックスはイブン・サウードのヒジャーズ王の即位式であろう。すなわち、「一九二六年正月八日、年頭金曜の祈禱日にイブン・サウードは平服のまま寺院に赴き、静に説教を聴き、厳かに礼拝を終りたる後、使を派して市の長老達を招集し、正式にヒジャズ王位に即《つ》く旨を宣告し、次で独り内庭に入りて長時の祈禱を捧げた。然る後メッカ郊外の要塞から百一発の祝砲を発《はな》たしめた。これが実にイブン・サウードのヒジャズ王即位式であった。そは微塵も権力に傲り、栄華を誇らんとする世間の王者の弱点を示して居ない(86)」と描いているのである。

ヒジャーズ地方における為政者の交代が市民の合意の下で行われたことを大川はあたかも新たな支配の正統性の根拠として求めているかのようである。聖都において私腹を肥やしたシャリーフ・フサインはメッカ市民の利益を損なった「賊」である以上、預言者ムハンマドの末裔であろうと、そのような系譜における「高貴《シャリーフ》」な血筋には関係なく討伐されて当然だという姿勢を大川は取っていることになる。このようなシャリーフ・フサインを仮に天皇と置き換えてみると、たとえ伝統に基づく支配の正統性があったとしても、大川はそれを無条件では承認しないという論理に至る。当然ながら、このような彼の考え方は日本の文脈では「不敬」と呼ばれても仕方のない論理的構造をもっていることも考える必要があろう。

さらに、大川は二人の英雄を比較して次のように述べる。「試みに新トルコ建国者ケマル・アタトュルクと、アラビア神国建設者イブン・サウードを比較せよ。年を同じくして生まれたる此等両人の英雄は、聡明と果敢と精力とに於て共通に抜群である。そのために両者は共に偉大なる将軍であり、同時に偉大なる政治家であり得た。さり乍ら、前者の偉大の源泉は、透徹無比なる理性であり、後者のそれは熱烈真摯なる宗教的信仰である。イブン・サウードは常に神より課せられたる使命のために戦ひ、その最初の加護を神に求めた。然るにケマル・アタトュルクは、飽く迄も自己を信じ、自己の力を信じた。独立戦争に苦闘しつつある間に、彼は昂然として「吾死なばトルコ死ぬ可し」と明言して、自己の双肩にトルコの運命を荷つた。而して彼の曇りなき理性は、常に驚くべき精確を以て現実を認識し、之に対して適切誤りなき処置を執った。彼はまたイブン・サウードと異なり、決して厳格なる道徳的生活を営まなかつた。彼の起居は一般に不規則であり、大いに飲み、大いに踊り、時としてはポーカに耽つて夜を更かした。彼の結婚並びに離婚は、能く彼の面目を躍如たらしめる」(88)。

大川は二人の英雄たる源泉を理性と宗教的信仰で対比した。彼のこのような評価の仕方は英雄史観あるいは英雄崇拝においては一貫するが、ことイスラームの文脈では大川はダブル・スタンダードを使っているということになる。

ちなみに、ケマルを日本の場合に当てはめた場合、おそらく織田信長と比することができるかと思われる。というのも、大川は信長を「近代日本の創設者」と位置づけているからである。それは次のような一節に現れている。「欧羅巴近代国家は、教会より俗権を奪ひて初めて成りたる如く、日本に於ても信長が延暦寺本願寺と戦ひて、之を圧服したることが、同じく近代日本成立の重大なる契機となつて居る。信長の総ての敵のうち、本願寺は最も強大にして恐るべき敵であつたが、勝利が信長に帰したりしことは、独り信長のためのみならず、実に日本の為に幸福であつたと言はねばならぬ。彼は之によつて千年以来の難問題に巨斧を下ろし、国家の為に有利なる解決を与へたものである。門徒一揆に対する信長の余りと思はれるほどの苛酷なる処置は、這般《しゃはん》の事情を考へて酌量を加へねばならぬ。彼が基督教に好意を示したのも、恐らく既成勢力たりし仏教を掣肘《せいちゅう》する意味を含んで居た」(89)。このように、大川は一方では「政教」分離が近代国家への道を用意したという歴史理解を示している。

以上のような『亜細亜建設者』におけるケマルとイブン・サウードの比較を前提にした場合、イスラームに関して対極に位置する二人を何故同列に置いたのかは、一九二〇年代初頭における大川のイスラーム理解から四〇年代のそれはおそらく変化したからだと考えるのがもっとも妥当ではないかと思われる。それは、大川のイスラーム観からすると、もっとも衝撃的だったこととして、彼が「復興亜細亜」の中でもっとも注目していたトルコ革命が「スルタン＝カリフ制」の廃止にまで至ったという事実があったからではなかろうか。この時点で大川のイスラームに対する理想、つまり「宗教と政治とに間一髪なき」イスラームに対する姿勢に変化が生じたのではないかということである。それが、その後の大川の国家改造運動において、ケマルの心酔者であった橋本欣五郎らの陸軍将校との関係強化につながっていったとも考えられる。

それに対応するのが一九四二年に出版した『回教概論』におけるイスラーム記述の仕方ではなかろうか。すなわち、そうした姿勢の変化があったために、同書では現状分析をほとんど行わずに、大川にとってあるべきイスラームの理想的な姿、つまり、理念型としてのイスラームを前面に押し出した記述に終始することになったのではないかと考えるのである。一九二〇年代においては、あるいは大川は、あるべき天皇像とスルタン＝カリフ像を依然として重ねていたかもしれない。しかし、トルコ革命は彼の期待とは違った方向性へと向かった。そして、帝国日本もアジア解放のための大東亜戦争で、米英を中心とする連合軍に敗北してしまった。もうその段階では皇国日本の国体護持すらも危うい状況になってしまっている。かてて加えて、大川自身が東京裁判のA級戦犯に指名されてしまうことになった。大川にとって国家改造運動の理想が実現されるはずの状況が大きく変わってしまい、その理想もすでに過去のものとなったという現実だけが残されたということである。

したがって、すでに太平洋戦争中に大川のイスラーム理解の力点はむしろ内面的な方向に向かいつつあった。このような大川の内面的なイスラームへの方向性は、彼が繰り返し述べているように、次のような「東洋」における宇宙的秩序の理解に向かうことになる。「東洋の超個人的秩序は、宇宙全体を一貫するものとされる。東洋に於ては万物の宇宙的秩序と人間の社会的秩序との間に如何なる分裂をも認めない。東洋は天・地・人即ち神と自然と人生とを、直観的・体験的に生命の統一体として把握して来たので、西洋に於ける如く、宗教と政治と道徳との分化を見なかつた。支那の「道」、印度の「ダルマ」、乃至回教の「シャル」は、皆な人生を宗教・道徳・政治の三方面に分化せしめず、飽くまでも之を渾然たる一体として把握し、此等の三者を倶有する人生全体の規範とされて来た。此点に於て神と人とを峻別し、自然を無生命のものとなし、存在論に哲学の主力を集注する西洋の主潮と、著しき対照を示して居る」(90)。このようなイスラームを含む「東洋」の理解のあり方は、イスラーム的文脈からいえば、超越的・律法的イスラームではなく、スーフィズム的な内面化された精神的イスラームであるといえる。第二章で述べたように、大川的なイスラームと天皇についての理解は、「宗教と政治とに間一髪なき」イスラーム＝天皇制のイメージから、むしろ大川流に解釈された教祖＝預言者としての天皇という方向性をとるようになったといえるのかもしれない。

第五章　東京裁判とイラク問題

私は乱心の結果、昭和二十一年五月上旬、巣鴨刑務所から本所の米国病院に移され、六月上旬に其処から本郷の東大病院に、そして八月下旬には更に松沢病院に移された。この数ヶ月の間、私は実に不思議な夢を見続けた。私は其夢の内容を半ば以上は明瞭に記憶している。然るに此の夢は、松沢病院に移ると殆ど同時に覚めてしまつた。夢が覚めたといふことは、乱心が鎮まつたということである。私が東大病院に移されたのは、恐らく私の病気が当分治りそうもないといふ診断の結果と思はれるが、移ると同時に病気が治り初めたのである。(1)

一 東京裁判における「奇行」

極東国際軍事裁判(いわゆる「東京裁判」)において、A級戦犯として免訴される原因となった大川周明の「奇行」に関するあまりにも有名なエピソードから始めたい。一九四六(昭和二一)年五月三日における法廷での出来事であった。

東条〔英機〕大将のうしろ、一段上にいる大川周明被告の態度が、異様である。大川被告は、巣鴨を

> 出るときから、おかしかった。水色のパジャマをシャツ代りに着こみ、黄色い背広の上着を手に、足には駒下駄をはいていた。パジャマの前をはだけ、合掌するかと思えば、隣席の畑〔俊六〕元帥にしきりに意味のない会話を強要した。／午前中の法廷では、下を向き、ハナ水を長々とたらしたまま、ひたすら合掌の姿勢であったが、午後入廷すると、パジャマのボタンをはずし、胸をはだけ、腹をだした。来賓席の方角で、キャッと小さく女性の悲鳴がひびいた。／うしろにいたケンワージー中佐が、ボタンをかけてやると、大川被告は前の東条大将の禿頭を軽くたたいた。手首をちょっとふり動かしたようなたたきかただったので、あまり気がついた者はいなかった。……このころになると、記者、カメラマンも大川被告に注目した。すると、午後三時三十七分、法廷にワッと笑声まじりの喚声がこだました。大川被告が、ペタンと音が聞えるほど、東条大将の頭をたたいたのである(2)。

大川は翌日の公判で精神鑑定のため退廷させられて、最終的に翌年の一九四七年四月、精神錯誤のために免訴となる。つまり、戦犯裁判から外されたわけである。現在に至るまで仮病の狂言説がくすぶる。進行性麻痺の梅毒性脳炎であったという医者の診断ではある。しかし、仮病か否か、真実は本人のみぞ知るで永遠に闇の中である。もちろん、専門医として大川の診断にあたり、奇しくも彼が尊敬する内村鑑三の長男であった内村祐之《ゆうし》・東京大学医学部教授は次のように反論する。

> 今回の大川博士の場合のごときは、精神鑑定としては最も簡単なものであった。異常行為があれほど明白に衆人環視の中で行われてみると、その精神異常の存在は全く問題でない。ことに氏の日常の身

嗜みや言動がとりわけ端正であったことを知れば、法廷におけるあの不行儀と無遠慮とは誰が見ても精神病的である。その上その精神症状と身体所見とが、進行麻痺症なる脳疾患の特徴を完全に備えているから、一通りの医学的知識を持つほどのものには、診察の誤りは絶対にない。また氏の病的に昂揚された自我感情や、この感情に伴って表れた異常な誇大的思想を少しく検討してみると、この状態が、博士の常態として期待さるべき慎重な考慮や冷静な判断とは全く反対のものであることが明瞭である。おそらくこの見解については米国側医師も異存がないであろう。従って起訴状に対する答弁能力のないものとして、審理の延期が決定され、即刻適切な治療が加えられることになると思う。……大川博士がこの裁判医学上の一大問題に対して、いかなる寄与をなしてくれるか、国際軍事裁判の重要性もさることながら、私は以上のことに大なる関心を抱かざるをえないのである。(3)

内村は医師としての立場から『中央公論』誌上において大川狂言説の風説に対して反論したのである。また、東京裁判で東條英機の主任弁護人であった清瀬一郎はその著『秘録　東京裁判』において、「世間では大川博士の発狂はにせで、戦犯裁判より脱出する一方便であったのだと言う者もあれば、またあんなまねが偽でできるものではない、当日は真に精神異常に陥っておったものだろうと論ずるものもある。まだ定説がない」と説明し、同じくA級戦犯の荒木貞夫の弁護人を務めた菅原裕が主張した大川周明の仮病説を紹介している。

いやしくも指導者中の指導者として、敵国の軍事裁判に捕らえられた以上、死刑は万が一にも免るべくもない。この際、被告たる者の対策如何？　これはまさに大正、昭和にわたって右翼理論家として、また革命指導者として、自他ともに許した、東亜の論客大川周明に与えられた〝天の命題〟であった。黙殺？　論駁？　脱出？　黙殺は博士の熱血が許さない。論駁――そんな小児病的な猿芝居のお相手は博士の理知が許さない。残るはただ脱出の一途あるのみだ。この危険なる芝居小屋から脱出して、他日を期することだ。博士のあらゆる英知の結論がここに到達したことは当然である。しからば、いかにして脱出するか、逃亡か、それは不可能だ。いな、それにもまして、もっと堂々と安全な工夫がなくてはならぬ。博士はついに、心の中で立派な脚本を書き上げた。そうして自ら演出して見事に脱出に成功したのである。（中略）いまや敵も味方もその世界的名演技に喝采をおくらぬ者はない。[4]

「勝者の裁き」という茶番劇が行われている「芝居小屋から脱出して、他日を期す」ために大川は仮病を使うという演出を行ったという主張である。いずれにせよ、後述の通り、大川が東京裁判を軍事行動の一種で、戦場だと考えていたことだけはたしかである。

当事者である本人の「言い分」も聞く必要があるのだが、それが冒頭で引用した説明になる。つまり、四六年（昭和二一年）五月に巣鴨プリズンから東大病院、そして八月に松沢病院に移されるに至るまで大川は不思議な夢を見続けたというのである。しかし、彼は夢の内容を半ば以上は明瞭に記憶しているとも語る。ところが、夢は松沢病院に移るとほとんど同時に覚めてしまったというのである。大川本人は当時のことを次のように回想している。自らの狂気を「白日夢」と呼んで、自分でも不可思議なことだと感じているようである。彼が晩年に出版した精神的自伝である『安楽の門』からの引用である。

尤《もっとも》も数ヶ月に亘る長い白日夢のことであるから、覚めた当座は現実と夢幻との境が判然としなかつたが、翌昭和二十二年の初春には、丁度二日酔が綺麗に醒めたやうに、私の精神は全く常態に復《かへ》つた。松沢病院入院後約二ヶ月を経た十一月一日から、私は日記を書き初めたが、いま其の日記を読んで見ると、十一月七日の条《くだり》には「雨、寒し。午前薄伽梵歌〔バガヴァッド・ギーター〕。午後ソロギヨフ〔ソロヴィヨフ〕。今日は此の病院が巣鴨より松沢に移転し来れる記念日なりとて、午後講堂にて素人芝居あり、昼飯は赤飯。」とある。ソロギヨフといふのは彼の大著『善の弁証』のことで、薄伽梵歌と共に多年に亘る私の精神の糧である。私は自分の理解力や記憶力が、病気のために何《ど》んな影響を受けたかを試すために此等の両書を読み返したのである。そして決して格別の影響を受けて居らぬことを知つた。(5)

本章はこれまで述べてきた大川の思想についての考察とはその分析角度が若干異なっており、彼と東京裁判を現代の文脈において、とりわけ二〇〇三年三月のイラク戦争以降の状況と結びつけて議論することになる。したがって、本章では、まず米国による大川の被告人選定作業の恣意性について検討し、それから彼のイラク論を出発点として、東京裁判とイラク高等法廷、つまりイラクのサッダーム・フセイン（イラク元大統領）裁判を比較する。その際、イギリス帝国主義の功罪を大川の記述から学びつつ、大川の東京裁判とサッダームのイラク高等法廷を歴史的な想像力の中でつなげるという作業を行いたい。大川は、第一次世界大戦後の現代イラク国家の誕生を同時代的に観察し、その主著『復興亜細亜の諸問題』において「イラク（メソポタミア）問題」という論考を彼なりの立場から書き残しているからである。

二　東京裁判への道

連合国軍最高司令官マッカーサー元帥は、一九四六年一月一九日、極東国際軍事裁判所設立に関する特別宣言を自らの名の下に発表し、同日、同裁判所条例が公布された。同裁判所はポツダム宣言第十項の「吾等は、日本人を民族として奴隷化せんとし又は国民として滅亡せしめんとするの意図を有するものに非ざるも吾等の俘虜《ふりょ》を虐待せる者を含む一切の戦争犯罪人に対しては厳重なる処罰加へらるべし」に従って設立された。

東京裁判の裁判官は戦勝国の米、英、仏、中、カナダ、オーストラリア、オランダ、ニュージーランド、ソ連、インド、フィリピンから各一名ずつ、合計一一名で構成され、裁判長はオーストラリアのウィリアム・F・ウェッブであった。検事団はアメリカのジョゼフ・キーナン首席検事を長として各国出身者から構成された。弁護団は各被告につき数名の弁護人がついた。鵜澤總明《うざわふさあき》が団長、先ほど冒頭で引用した『秘録　東京裁判』の著者で東條英機の弁護人の清瀬一郎が副団長となり、「極東国際軍事裁判日本弁護団」を結成し、後で触れるブレイクニーのような米国人弁護人も弁護団に参加した。

極東国際軍事裁判所は、ドイツのナチス戦犯を裁いたニュルンベルグ裁判の国際軍事裁判所に倣ったとされており、同裁判所が管轄する犯罪は、「平和に対する罪」、「通例の戦争犯罪」、「人道に対する罪」である。「平和に対する罪」とは侵略戦争又は条約等に違反する戦争の計画、準備、開始、遂行やこれらのいずれかを達成するための共同謀議への参加等である。「通例の戦争犯罪」は戦争の法規又は慣例の違反である。そして「人道に対する罪」とは戦前又は戦時中の殺人、殲滅《せんめつ》、奴隷的虐使や政治的又は人種的理由に基づく迫害行為等である。大川周明が起訴されたのは「平和に対する罪」として侵略戦争共同謀議、侵略戦争計画準備、侵略戦争開始（満州）、「人道に対する罪」にあたる殺人及び殺人共同謀議の罪として俘虜一般人及び軍隊の殺害への共謀で、である。

そもそも、大川が東京裁判において戦争犯罪の容疑者に指定されたのは、超国家主義者の代表格としての「大東亜戦争」開戦時の華々しい言論活躍が原因だったといわれる。実際、大川は五・一五事件などの軍部による「国家改造運動」にかかわり、有罪判決を受けて下獄したし、一九三九年七月に『日本二千六百年史』初版を出版し、そして四二年一月にＮＨＫのラジオ放送の原稿をまとめた『米英東亜侵略史』を刊行して、今風にいえば、ベストセラー作家のようなもてぶりだったからであり、まさに反米英的な宣伝活動の第一線に立って、大東亜共栄圏構想のイデオローグのような存在とみなされていたわけである。(6)

大川は東京裁判の被告人選定作業のための執行委員会において一九四六年三月に四回にわたって尋問された。彼を尋問したヘルム尋問官は委員会議長のコミンズ・カー検察官に報告書を提出し、大川こそ「日本帝国主義のブレイントラスト（政治顧問）」であり、「日本軍国主義の原動力」たる橋本欣五郎とともに、「侵略と膨張の双璧」と決め付けたのである。そして、「（上記の二冊の大川の本は）事実上、東条のあらゆる計画を容認し、彼が大東亜で実行し、実行しようと望んだすべてのことを唱えている。こうした関係から、この人物、すなわち大川博士は、一九三八年から一九四五年までスパイ学校（東亜経済調査局付属研究所（通称、大川塾））を直接経営し、そこで日本政府のために、アジア中に配置されるスパイの訓練を行っていたのだと想像される。／哲学《ママ》博士・法学博士の大川周明ほど邪悪な人物を思い出すことは難しい。東条とその国際的な無法者の一団が舞台に現れるはるか以前から、大川博士は不本意な世界に対して、日本がメシア的使命を果たすべきだという邪悪な決意を抱き、生臭いクーデターに日夜奔走したのである」という報告が提出されて、大川は日本の理論的指導者であるとして被告に選ばれた。つまり、日本を代表する「大東亜戦争」のイデオローグとして法廷に引き出された、と大塚健洋は指摘する。(7) 事実誤認も含めた疑問の残る印象を報告書は残したのである。

また、東京裁判を研究する粟屋憲太郎は次のように述べる。「ヘルムは尋問調書の結論として、大川の一生は日本を世界の征服者にするためにささげられ、彼の目的はアジアから白人を駆逐して、天皇のもと、日本がアジアのみならず全世界を支配することにあったと断定した」とした上で、尋問調書に関連してむしろ大川の理論家としてのプライドを強調する。「大川は、自分の著作や演説の一部をヘルムが読み、その確認を求められると、すぐにそれを肯定した。ヘルムが、大川の著作や演説の最大のテーマが、アジアを白人から解放し、世界を天皇の指揮下に置くことにあることを大川に尋ねると、大川はあっさりとこれを認めている。大川が唯一、反発したのは、ヘルムが大川を扇動者のように扱ったときで、大川は重ねて自分が扇動者ではないことを強調している。大川には、理論家としてのプライドが強かったようだ(8)」。

また、大川は、もし健在であれば松岡洋右と共に裁判の展開がどのように変化したかを想像させるほど特異な人物であったことも粟屋は指摘する。「大川の尋問調書を読むと、尋問官の問いにあまりに率直、かつ肯定的すぎて、精神的葛藤がほとんど感じられない。このまま法廷に出たとしても、かつての大アジア主義の論客の姿が再現されるとは、とても思えない。……正気のときの大川の尋問調書が法廷証拠として提出されることもなかった。彼〔大川〕は、松岡洋右と同じく、法廷で健在だったなら、裁判の展開はどのように変化しただろうかと、想像を誘われる特異な人物ではあったのである」。さらに、大川は右翼・国家主義者の中で唯一訴追された人物であった。「在野の右翼・国家主義運動家からは、大川のほかには誰も訴追されなかった」と粟屋は結ぶ(9)。

大川は「日本帝国主義のブレイントラスト」であり、「日本がアジアのみならず全世界を支配する」アジア主義者であると決めつけられて起訴されたのである。一方、彼自身は『安楽の門』の中で東京裁判について次のように述懐している。

私は国際軍事裁判は決して正常な訴訟手続ではなく、軍事行動の一種だと考へた。日本の無条件降服によつて戦闘は終止したが、講和条約が調印されるまでは、まさしく戦争状態の継続であり、吾々に対する生殺与奪の権は完全に占領軍の手に握られて居る。態々《わざわざ》裁判を開かなくとも、占領軍は思ふが侭《まま》に吾々を処分することが出来る。例へば私を殺そうと思へば、Ohkawa shall die というだけで事足りる。其の外に何の手数も文句も要る筈がない(10)。

以上のように、大川は勝者としての占領軍の恣意のままだと達観しているかにみえる。もちろん、これが戦犯裁判を免訴になって約五年という年月が過ぎてからの回想であるとしても、大川はかなり客観的かつ冷静に国際軍事裁判のありようを把握している。だからこそ、大川の発狂に対していろいろと取り沙汰されるようになったのである。

冒頭で紹介した東條英機の頭を叩くという不可解な事件から約一年後、大川は日記には次のように驚きをもって記している。「晴。新聞を見ると Webb 裁判長が昨日法廷で予を精神病者として裁判から除外したと報告したとある。意外な話だ」（昭和二二年四月一〇日木曜日）[11]。その五日後には「晴。暖。内村（祐之・松沢病院）院長回診。米医の診断書を読む。ちゃんと予が自ら弁護する能力あることを認めて居るのに、裁判長は医師の診断によつて除外すると言って居るのだ」（四月一五日火曜日）[12]と、大川は自分の訴えにもかかわらず免訴になったことに苛立つ表現すらも見受けられるのである。

当時六一歳の大川は東京裁判の懲罰的なやり方への批判を続けながらも、自分の心積もりを次のように語る。

> 国際軍事裁判といふ非常に面倒な手続を取ろうとするのは、左様し《ママ》た方がサーベルや鉄砲を使ふよりも、吾々を懲らしめる上に一層効果的であると考へたからに他ならない。従つてこの裁判は一種の軍事行動であり、法廷は取りも直さず戦場である。若《も》し私が老年でなかつたとすれば、私は何年か前に既に応召して征途に上り、或は戦場の露と消えて居たかも知れない[13]。

もちろん、『安楽の門』は回想録であり、後年に自己を振りかえって自分の思想や行動を正当化するという側面もあることはまちがいない。しかし、大川自身は極めて冷静かつ論理的に自己の置かれた状況を把握し、裁判が「勝者の裁き」になる可能性を意識していたことを暗に示しつつ、死をも覚悟していた自己の心境を述べている。

降服後の日本に生き残つて、今度戦犯容疑者に指名されたことは、謂《い》はば最後の召集令を受けたようなものであり、巣鴨に往くのは戦場に赴くようなものである。出征に際しては、生還を期せぬことが日本人の心意気である。この裁判で如何なる判決を受けようとも、それは戦場で或は負傷し、或は戦死すると同じことであるから、それに対して毛頭不平不満の念を有《も》つまい、と覚悟を決めて私は家を出た。(14)

大川の回想録によれば、彼自身は精神的な疾患を被るとはまったく考えていなかったのである。

三　「イラク（メソポタミア）問題」の起源

さて、大川周明はアジア主義者として、一九二二年に出版した著書『復興亜細亜の諸問題』の中で、五頁という大変少ない紙幅ではあるが「イラク問題」についても触れている。もちろん、執筆当時は第一次世界大戦直後であったので、イラクという国家はまだ正式には存在せず、当該地域の呼び名として「メソポタミア」という表現を使っている（イラクは一九二〇年にイギリス委任統治として出発し、三二年に王国として独立、五八年に共和制に移行した）。同書第十二章「メソポタミア問題の意義」(15)は次のような文章で始まる。「メソポタミア問題は、戦後の英国中東政策に於て、極めて重大なる地位を占めて居る。その何故に然るかを闡明《せんめい》するのが、本篇の目的である」として大川はまずメソポタミアの地政学的な重要性を指摘するとともに、第一次世界大戦の総力戦と戦車・航空機などの登場を目の当たりにして当然のことながら油田に注目する。

メソポタミアは、アナトリア高原より波斯湾《ペルシア》頭に向つて、南々東に走れる一帯の狭長なる低地であつて、チグリス・オイフラテス両河の流域である。そは第一に中欧並《ならび》に南欧より南亜細亜に至る最短距離の陸路なる点に於て、商業的並に政治的意義を有して居る。第二にはメソポタミア自身が、其の埋蔵する豊富なる鉱物によつて、偉大なる経済的価値を有する。鉱山の首位に在るは、言ふ迄もなく石油であつて、波斯国境の山麓随処に豊富なる油田を有し、またチグリス低地内にも、バグダードの東北にも、並にオイフラテス中流低地にも之を産する。そは所謂《いはゆる》「波斯・メソポタミア油田地域」の西半を形成するもので、世界戦前既に英独露三国の争奪点であつた(16)。

大川は、以上の地政学的・エネルギー資源的な重要性の説明に加えて、イラクの民族・宗派状況についても言及する。具体的には、オスマン朝政府のクルド人重用によるアラブ人抑圧をも指摘する。

メソポタミアの南部及び中部に住する民族は主としてアラビア〔アラブ〕人、東北部に住するはクルド人である。アラビア〔アラブ〕人は、沿河地方及び都会に居住するものを除けば、概ね遊牧を事とし、各部落の酋長によつて統御されて居る。世界戦前に於ては土耳古《トルコ》占領であつたけれど、土耳古官吏は名目のみの支配者に過ぎなかつた。クルド人はアラビア人よりも剽悍《ひょうかん》な民族で、土耳古政府はメソポタミア地方を制御する為に、常にクルド軍隊を利用して居た。両者ともに回教徒であるが、前者

〔クルド人〕はスンニ派に、後者〔アラビア人〕はシア〔シーア〕派に属する。人口は総てを合せて戦前約百五十万と算定されて居た。(17)

周知のように、イラクのアラブ人には多数派であるシーア派だけではなく、サッダーム・フセイン元大統領が属していたスンナ派も数多く存在する。しかし、大川はイラクのクルド人がスンナ派で、他方アラブ人があたかもすべてシーア派であるかのような誤解を招く表現を使ってはいるが、情報の少ない当時の日本の知的状況からは致し方がないともいえる。

さらに「メソポタミア統治の困難」という節ではイギリスのイラク支配の政治的な意図に関する疑問点を挙げて次のように述べる。

多数の新聞は、英国政府はメソポタミア問題の解決を誤り、従つて解決し難きものとしたと嘆いて居る。そんなに厄介ならば、戦時の占領は別問題として、戦後に躍起となつて委任統治を引受け、仏蘭《フラン》西《ス》と激しく反目嫉視《しつし》するにも及ばぬ筈であるが、英吉利《イギリス》は如何に厄介でも之を自国の勢力範囲に置かねばならぬ理由がある。(18)

大川は「英国は何故にメソポタミアに執着するか」という問いを投げかけた上に、その問いに答える。すなわち、第一にイギリスはメソポタミアの石油がほしいためだと大川はいう。第二にメソポタミアが世界におけるもっとも有望な綿花生産地たる条件をもっているためだと主張する。第三に「メソポタミアは、軍事的に印度《インド》保全のために必要である。若《も》し此地が他国の領有に帰する時は、明白に印度の脅威となる。加ふるに赤露〔共産主義ロシア〕の南下に対して、英国が之を阻止せんとせば必ずメソポタミアを根拠とせねばならぬ。此等の諸理由が、英国をしてメソポタミアに執着せしむる所以であり、且メソポタミア問題が重大なる意義を有する所以である」と石油、綿花、インド防衛、共産主義ロシアの南下政策への対抗の文脈でイラク執着の理由を説明するのである(19)。

さらに、大川はイラクに関連して、続けて「第十四　バグダード鉄道政策の発展」の章を立てる。この章はドイツ語の研究書の翻訳・紹介であることを断っている。とはいえ、大川がわざわざ翻訳を自著に加えるということは、彼にとっては重要な位置づけの論文であったともいえる。この論考の、大川の他の論考には見られない特徴として、一七世紀初頭の東インド会社の設立から第一次世界大戦勃発までの期間の出来事を、一五頁にわたって年表のかたちで読者に提示している点が挙げられる。それから「バグダード鉄道発達史論」という節を立てて、イギリスのバグダード鉄道政策史とドイツのバグダード鉄道計画を叙述した上で、イギリスの対ドイツ政策、そしてバグダード鉄道と第一次世界大戦勃発を説明・論評していくのである。まさに帝国主義時代の象徴的な役割を果たしたバグダード鉄道を同時代の文脈の中に位置づけているのである。

大川は第一次世界大戦後の国際政治レベルにおけるイギリスのイラク政策を次のように概括して、その分析を終えるのである。

英国は斯くの如くにして生ぜる今回の世界大戦に誘致せられた。英国は其の外交の根本問題なる印度政策を解決せんが為に、当然其の反独的バグダード政策を復活し、一方に於ては、露国の印度南下を転向せしめ、且独逸《ドイツ》東漸政策の根拠を覆すの目的を以て、君府陥落を目標とし、他方に於ては、万一君府占領に失敗せる場合に、「ナイル・インダス」線を確保して、露独両国に備ふるの目的を以て、バスラ〔イラク南東部の都市で油田地帯〕占領を目標として戦つた。而して一九一四年十一月二十一日、英国はバスラを占領した。フリードリッヒ・リストの警戒は茲《ここ》に事実となり、またローリンソンが、英国の支配はコルナにまで及ばざる可からずとせる主張も、一と先《ま》づは遂げられたと言ふことが出来よう。[20]

大川はその炯眼をもってイラクの国内情勢を説明し、何故イギリスがイラクに執着するかを石油、綿花、防共という帝国主義的動機から正確に捉えており、二一世紀初頭の現時点で読んでもそれなりに通用する現状分析だといえる。大川は、英仏植民地主義によって恣意的に切り取られて存在することになった新たな「国民国家」イラクが成立する歴史的瞬間を描いている。その際、アラブ世界を含む復興アジアの躍進に期待をかける一方で、第一次世界大戦後、国際連盟理事会メンバーとして列強の仲間入りをした日本のアジアに対する使命を次のように描く。

日本は「大乗相応の地」である。故に其の政治的理想は遠々として高からざるを得ぬ。国を挙げて道に殉ずるの覚悟を抱いて、而して大義を四海に布《し》かんこと、是れ実に明治維新の真精神を体現せる先輩の本願であった。新日本の国民は、此の本願を伝統して森厳雄渾なる職責を負はねばならぬ。而して亜細亜《アジア》の指導、その統一は、実に大義を四海に布く唯一路である。そは日本の為であり、亜細亜の為であり、而して全人の為である。総ての亜細亜をして、来りて日本を強め、而して復興亜細亜の実現のために協力せしめよ。これ実に予が日々夜々の祈である。[21]

大川はすでにこの時点で「大乗」、つまり、アジアのために国家を挙げて殉ずる覚悟をもち、日本の政治的理想をアジア全体に広めていくという明治維新の精神を継承して、日本は自らを強め復興アジアのために指導的役割の責任を負わねばならぬと考えているのである。

しかし、彼はアジアに未だに信頼されぬ日本の現状を憂う。「唯だ痛恨極まりなきは、今日の日本が尚未だ大乗日本たるに至らず、百鬼横行の魔界たることである。日本の現状、今日の如くなる限り、到底亜細亜救拯《きゅうじょう》の重任に堪えず、亜細亜諸国また決して日本に信頼せぬであらう[22]」と記して、アジア救済どころか、種々の妖怪が横行して魔物が住む世界になり果てている日本の現状を憂えているのである。彼のアジア主義の理想に照らせば、復興アジアの実現には大乗日本でなければならないからであり、日本における新たな維新が必要であるということになる。

大川周明がこのような現状分析論を展開した第一次世界大戦後のメソポタミア問題は二〇〇三年三月のイラク戦争後のイラク問題と相似であるともいえる。イラク民衆にとっては、イラク（メソポタミア）を占領した米軍の軍事力は当時の英軍の軍事力と同質だからである。われわれが第一次世界大戦後のイラクと、アメリカの攻撃後のイラクという泥沼化した二つの政治状況のアナロジーをどこまで敷衍できるかは定かではない。しかし、極東国際軍事裁判で被告とされ、裁判の正当性に疑問を投げかける大川周明の批判と、アメリカの占領に抵抗して裁判の政治的欺瞞性に挑戦するサッダーム・フセインの姿は、たとえ超国家主義者の政治イデオローグとイラクの元独裁者という違いがあったとしても、互いに勝者の裁きの驕りへの痛烈な批判という点ではつながることになる。

四　イラク高等法廷におけるフセインと弁護の論理

サッダーム・フセイン元イラク大統領（当時六九歳）を含む旧イラク政権の幹部二人を裁くイラク高等法廷は、二〇〇六年一一月六日、一九八二年のシーア派村民大量虐殺事件で、「人道に対する罪」を犯したと認めて、フセイン被告に対して求刑通りの死刑判決を言い渡し、絞首刑の裁定を下した。起訴状によると、元大統領らは、八二年七月にイラク中部ドゥジャイル村を訪問した際のシーア派による大統領暗殺未遂事件の報復として、村民らの拘束と処刑を命じ、一四八人を殺害し、女性や子どもも劣悪な環境の収容所に連行した。判決は、こうした起訴事実を認定したものであり、アブドゥルラフマーン裁判長が死刑を言い渡すと、元大統領は右手を振り上げて「裏切り者に死を」などと叫んだ、と新聞等は報じている。

イラク高等法廷は、旧フセイン政権の犯罪を裁くため二〇〇三年一二月に米英占領当局とイラク統治評議会によって「イラク特別法廷 Iraqi Special Tribunal」として設置されたが、後に名称が「イラク高等法廷 Iraqi High Tribunal」に変更された。名称の変更がなされたのは、ポール・ブレマー連合軍暫定当局代表が名づけた「特別Tribunal」という名称が、サッダーム・フセインが自分の政敵を陥れるために政治的武器として使っていた「特別法廷」を彷彿させるものであったためであり、イラク国民議会は二〇〇五年八月、改称を正式に決定した。しかし、裁判所の改称だけではその公正性と独立性が保証されたわけではない。実際、その後も法廷そのものの正当性を問う批判の声が途絶えることがなかったという事実から判断してもわかる。この法廷ではイラク国内法に基づき五人の判事によって審理が進められた。また同法廷は終身刑以上の判決は控訴院で審理され、被告側による再審請求もできる二審制をとっている。二〇〇四年七月に予備的な審理が開始され、本裁判自体はサッダームが米軍によって拘束された約二年後の二〇〇五年一〇月にドゥジャイル村事件の初公判を開いた。

フセイン元大統領は国際法廷の場において公正に裁かれるべきだという批判の声も多かったが、結局イラク高等法廷は「国際化された国内法廷」と呼ぶことのできる形式でその戦犯法廷を設置したのである。「国際化」というのは、この高等法廷の裁判法規と手続きは旧ユーゴスラビア、ルワンダ、およびシオラ・レオーネなどの国連の下での国際戦犯法廷に基づいて定められたからである。しかし、同法廷の判事や検事は国際的な専門家による研修や助言などを通じて支援されていたものの、法廷自体は海外ではなく、イラクの首都であるバグダードに設置され、判事や検事もすべてイラク人で構成されていた。そのため、同法廷は国際法廷とはいえず、「国際化された国内法廷」という性格づけになったのである。だからこそ、東京裁判におけるインドのパル判事のような例外的な存在も期待できなかった。では、何故イラク高等法廷は、ハーグの国連旧ユーゴスラビア国際戦犯法廷（コソボ紛争で、アルバニア系住民に対するジェノサイドの責任者であった、セルビアのミロシェビッチ元大統領を裁いた）のように国際的枠組みの下で設立されなかったのか。

まず、そのような国際法廷の設立を阻んだのは何よりも国際刑事裁判所自体の規定の壁であった。同裁判所規定によれば国際法廷では同裁判所が設立された二〇〇二年七月以前に起こった犯罪を含む案件は裁くことができない。すなわち、犯罪とされる行為の内容、およびその犯罪に科される刑罰をあらかじめ明確に規定しておかなければならないという罪刑法定主義の原則があるからである。サッダームの「犯罪」とされるもののほとんどが二〇〇二年以前のできごとであったために、国際刑事法廷はサッダームを裁くにはふさわしい場ではなかったのである。次に、ユーゴスラビアやルワンダのような国連の下での国際戦犯特別刑事法廷の設置には、国連安保理での承認が必要であった。ところが、少なくともアメリカによるイラク攻撃に対して、安全保障理事会常任理事国の中には批判的立場をとる国もあり、拒否権を発動する可能性があったために、サッダームを裁く国際法廷を国連の下に設置することもできなかった。さらに、イラク国民は、サッダームを裁く法廷はイラク国内に設置することを望んでいるという世論調査が出たことも影響したといわれる。そして何よりも最大の理由は、イラク戦争を引き起こした当事国であるアメリカ自身が、法廷がイラク国内に設置されれば裁判そのものを直接的ではないにしろ監視下に置くことができ、それなりの影響力を行使できるという目算があったからだともいわれている。

イラク高等法廷はイラクの前体制の政治指導者たちが一九六七年から二〇〇三年までの間にイラクおよび国外（クウェートおよびイラン）において犯した犯罪に対して裁くことになった。適用される法律はサッダームが政権を獲得する以前から存在する国際法および国内法から構成された。国際法の犯罪は①戦争の犯罪、②侵略の犯罪、③ジェノサイドの犯罪、であった。国内法は①司法制度の恣意的操作、②国家資源の乱用ならびに公的資産および資金の浪費、③アラブ諸国への侵略行為、であった。イラク高等法廷は国際法および国内法の混合手続きで実施された。もちろん、法曹関係者を多数擁していて、判事・検事の重要な供給源となるはずだった元イラク・バース党員たちは当初からその候補としては排除されるとイラク

高等法廷規定では定められていたのである。(23)

そもそも、このような公平性と独立性と正当性を保つために戦犯法廷は、その合法性を最大限に、その政治性を最小限にするという原則に基づくべきであろう。しかし、イラク高等法廷はニュルンベルク裁判や東京裁判と同様に政治性が露骨に優先された「勝者の正義」、すなわち「勝者による勝者のための裁き」であった。もちろん、その評価をめぐってはこれまで何度も繰り返し熾烈な論争が展開されてきており、とても一筋縄ではいかない難題である。ニュルンベルク裁判でも東京裁判でも弁護側が「あなたもそうじゃないか tu quoque」論のやり方で、戦勝国側も敗戦国と同様に「戦争犯罪」に及んでいるではないかと理不尽な「勝者の裁き」に反論してきたが、国際戦犯法廷ではこのような弁護は説得性をもたないとして却下されてきた。

例えば、小林正樹監督の記録映画『東京裁判』(一九八三年)で広く知られるようになった有名な逸話としてブレイクニー弁護人の発言がある。すなわち、アメリカも日本に対して広島・長崎の原爆投下や都市部への無差別爆撃という「戦争犯罪」を犯したにもかかわらず、勝者であるが故に裁かれないという批判である。もちろん、国家の行為である戦争に個人責任を問うことは法律的に誤りである。何故ならば、国際法は国家に対して適用されるのであって個人に対してではないからである。個人による戦争行為という新しい犯罪をこの戦犯法廷が裁くのも誤りである。戦争での殺人は罪にならない。戦争は合法的だからであり、戦争における殺人行為はたとえ嫌悪すべきであろうと合法的で正当である。ブレイクニーはさらに米国による広島への原爆投下に言及し、その投下を計画し命じた者が裁いていると糾弾する。しかし、このようなブレイクニーの弁護は完全に黙殺され、日本語の記録にも残らず、日本国民の人口に膾炙《かいしゃ》するようになるのは、今述べたように映画『東京裁判』が一般公開されてからなのである。
そもそも、戦犯裁判が批判されるのは、これまであまりにも法律論に基づく裁判の合法性のみを問題にしてきて、裁判そのものの政治性、つまり国際政治的文脈に戦争を位置づけることに関しては不問にふしてきたからに他ならない。故に常に「勝者の正義」を振りかざすものとして敗戦国の国民に不満を鬱積させてきたのである。長尾龍一はニュルンベルクと東京の二つの裁判に関して憲法学者として鋭い指摘をする。

しばしば、独日両国指導者を裁いた二つの軍事裁判は、主権国家の壁を破って国家行為の責任をその担い手に及ぼした画期的なもので、国際法史に新時代を開いたものだといわれることがあるが、これは疑問である。国家の壁を破ったのは、軍事力であって裁判ではない。いかに侵略し、大量殺戮をほしいままにした国家が存在しても、軍事的に敗北しない限りは、その指導者が国際裁判の対象になることはないであろう(24)。

以上の長尾の議論はイラクでの軍事裁判でも適用される。東京裁判でブレイクニー弁護士の果たした役割を演じたのが、サッダームの弁護団の外国人弁護士ラムゼイ・クラークであった。クラークはジョンソン米大統領政権下の司法長官を務めた経験をもち、ミロシェビッチ元大統領の弁護にも当たった人権派弁護士として国際的にも著名な人物である。クラークもその裁判の政治性を問題にして、次のようにアメリカの傘の下にあるイラク高等法廷そのものを糾弾する。すなわち、イラクの法廷の設立と運営は、アメリカの政治的意向を実現することを目的としており、法廷は、二〇〇三年のイラク攻撃以来のアメリカによる不法占領の産物であるので、法廷は合法的ではなく、公判そのものが公平ではないのは明白であり、その裁定はアメリカとその保護下にある者のための勝者の裁きとなろうと断言する。そもそも、アメリカの法律家たちが特別法廷設立規則の下書きを書き、特別法廷は米国によって資金の供与を受け、法廷関係者も米軍によって選ばれ、訓練され、保護されている。米国は特別法廷の行なうことに直接影響を与えている。さらに、法廷は公平性を保つのに不可欠な独立性をもっていないし、アメリカとアメリカが支援するイラク政治家たちの圧力にさらされている。実際、弁護団のうち四人が誘拐、殺害された。裁判官たちは、サッダーム・フセイン政権下での犠牲者でフセインの敵であることを自認している。ドゥジャイル村事件の裁判長ラウーフ・アブドゥルラフマーンは、ハラブジャのクルド人の村で生まれ育ち、その親族や友人が一九八八年の化学兵器による毒ガス攻撃で殺されたと発言している。

このようにクラーク弁護士は法廷そのものの正当性、その公正性および独立性に根底から疑問を投げかけるのである。そもそも、弁護団は暴力的な妨害によって目撃者の居場所を調査する機会を得ることができなかったし、情報はすべてアメリカに握られ、弁護団は証言や審理記録の転載さえ許されなかったという。サッダーム弁護団の代表であるイラク人弁護士は一九六六年生まれの若いハリール・アル・ドレイミーで、サッダームの長女ラガド・フセインが雇った弁護士であった。彼はフセイン政権下ではバース党員で保健省の法律顧問であった。そしてナジーブ・ヌアイミー元カタル法務大臣およびマハティール元マレーシア首相という大物が弁護団を構成していた。

このようなサッダームの弁護側の主張は少数の例外的なメディアを除いてはわが日本にはほとんど伝

わってこなかった。昨今、東京裁判をめぐる「勝者の裁き」の不当性が自民党を含む保守派・右派陣営においてかくもかまびすしく論じられてきたにもかかわらず、である。おそらく、大川周明が生きていたらこのような首尾一貫しない親米・対米追従からのみ態度決定がなされる体たらくに対して喝を入れるであろう。大川は裁判公判中に狂気に陥ったとはいえ、少なくとも自己の政治的信念に関しては首尾一貫した態度を貫いたからである。

そもそも、日本におけるこの東京裁判とイラク裁判の間の認識上の首尾一貫性の欠如はいったい何を意味するのであろうか。一部のメディアを除いてイラクのサッダーム裁判の「勝者の裁き」を是々非々の立場から断罪する論調が見られなかったことは不思議といえば不思議である。サッダーム裁判の様子がテレビで放映されたとき、裁判が今は亡きイラク大統領の独壇場になってしまい、たとえ数々の虐殺を繰り返した唾棄すべき独裁者であったとしても、クルアーンを手にして右手を振り上げて正論を吐くサッダームの断固たる姿勢に拍手喝采した人も少なからずいたはずである。このサッダーム裁判は第二次世界大戦以来の長い「戦犯裁判」の歴史においてなおも繰り返される「勝者の正義」に基づく裁定だという事実をわれわれは再確認しただけであり、まさに同じ轍を踏んでいるわけである。否、その後、リークを通じてサッダーム・フセイン処刑および処刑場にまつわる醜聞が聞こえてくるにつれて、最悪の報復裁判による陳腐な見せしめ的政治劇としての絞首刑だったといえる側面が見えてきたこともたしかである。フランスの現代イスラーム研究者のジル・ケペルも「〔サッダームの〕処刑は権力をうしなった独裁者の犯罪にたいする模範的な処罰、野蛮さにたいする普遍的正義と法の勝利となるはずだった。しかし処刑はたんなるリンチになってしまった。処刑にたちあった人がその様子を携帯電話のカメラで隠し撮りし、ジハード主義者による欧米人人質の斬首やグアンタナモやアブー・グレイブのアメリカ軍による囚人虐待のビデオをながしていたのとおなじサイトでながされた[25]」と指摘している。これはわれわれが「歴史の教訓」から何も学んでいないことの証左である。

クラークと同じくサッダームの弁護団のアメリカ人弁護士の一人で、国際人権活動家として知られるカーティス・F・ドプラーは、サッダーム裁判を現代史における最悪の正義の濫用の一つで、「もしニュルンベルクが困難な状況における勝者の正義（victor's justice）であるならば、サッダーム・フセイン・イラク大統領の裁判はジョージ・W・ブッシュのイラク侵略という犯罪に基づく勝者の不正義（victor's injustice）だ」としてニュルンベルク裁判や東京裁判などの古典的戦犯裁判の悪しき先例を引き合いに出して、その理不尽さを非難するのである[26]。

五　歴史の教訓に学ぶとは？

サッダーム裁判は「世紀の裁判」だとも呼ばれたりしてメディアの関心が非常に高かったことはたしかである。しかし、国際刑事裁判所と人権問題の専門家ライラ・サーダート・ワシントン大学教授による議論は傾聴に値するだろう。すなわち、「イラク高等法廷の判事は米国による占領の下でもともと選ばれ、そのすべてがクルド系あるいはシーア派出身だとメディアが報じている。さらに、高等法廷のラーヘド・ジュヒー主席判事を含む旧バース党員が最近法廷から〝パージ〟されてしまうという事態が起こった。このこと自体、判事が〝独立的で適正かつ公正で〟ないということを自動的に示すことにはならないものの、しかし、国家が速やかに再創出される事態が、何年間も独立した司法を持たなかった国にとってはおそらくあまりにも早すぎたのかもしれないことを示唆している。ほんの一握りのアメリカ人法律家の監督の下でほんの数週間の研修で、サッダーム・フセイン体制の下で送った三五年の生活を克服することができるなどと考えることができるはずがないに決まっている。……イラク高等法廷の判事は速成であり、現在依然としてイラク国内で軍事行動を行ない、暴力による脅威に晒されている外国の占領軍によって設立された臨時法廷において判決を下すのである」[27]。

アメリカによるイラク攻撃が終わり、サッダーム政権が崩壊したのち、一時的ではあるが、アメリカはイラクの占領のために日本の占領政策の経験を生かすのではないかというような楽観的な議論もあった。しかし、アメリカの占領当局が旧バース党政権の中枢部にいた党幹部を官僚機構や軍部などから追放した後にアメリカのイラク統治は瓦解してしまった。アメリカの占領軍はその意味で日本の占領政策からほとんど学ばなかったという新たな教訓を残したわけである。日本では「象徴天皇」というかたちであれ天皇制の温存が秩序維持にきわめて有効な手段となったが、この場合、いい意味でも悪い意味でもイラク体制を支えていたバース党テクノクラートたちの追放こそが二〇〇三年夏以降、現在（二〇一〇年六月）まで続くイラクの内戦の混乱をもたらしたといえる。それは米占領当局がその身柄の拘束までは、逃亡したサッダームの影に脅え続けていたということでもあろう。

イラク高等法廷でもバース党員の排除が起こった。イラク高等法廷における判事からバース党員などのバース党関係者があらかじめ排除されてしまっていたのである。サッダーム弁護団のドブラー弁護士によると、九〇〇名の判事のうち一八〇名がバース党員で、その数自体はたいした比率ではないが、その一八

○名の多くは経験豊かな長老判事だったという。

大川周明は民間人として、そして右翼として、唯一のA級戦犯に指名され、彼自身が発狂することで免訴になった。しかし、大川が何故A級戦犯に指名されたのかも含めて、東京裁判もイラクでのサッダーム裁判の場合も歴史的な連続性と断続性の観点で見ると、強者の驕りでもって「勝者の裁き」を下してきた者たちは、貴重な「歴史の教訓」を学んでいないことをただただ示しているように思えてならない。

終章　大川周明にとってイスラームとは何であったのか？

日本の思想の貧困は、屢々《しばしば》繰返されるところの嘆きであり、事実また貧困でもある。なるほど日本精神は高調されて居る。その主張者たちの中には、彼等の言論に共鳴せぬ者は非国民なるかの如く怒号する者もある。……同胞をさへも動かし得ぬ言論が、亜細亜《アジア》の心琴に触れる道理はない。亜細亜は切に思想を求めて居るる《ママ》けれど、不幸にして未だ之を与へられて居ない。……思想体系の樹立は、一の戦ひである。それは不断の実践によりてのみ、能《よ》く思想の豊富なる内容を全面的に顕現せしめ、遂に亜細亜を導くに足る思想体系にまで発達させ得るのである。かくして生まるべき思想体系を仮に「新東洋精神」と呼ぶ。（1）

一　『回教概論』はアジア侵略と何の関係もないのか？

大川周明にとってイスラームとは何であったのか。大川が『復興亜細亜の諸問題』の「序」で述べ、その後竹内好や橋川文三の引用によってあまりにも有名になった「宗教と政治とに間一髪をいれぬマホメットの信仰」だとか「宗教と政治との間髪を容れざる回教」などといったイスラームにかかわる表現がある。この表現に象徴される「政教一致」を強調した大川のイスラーム観がこれまで前面に押し出されてきた。しかし、このようなイスラーム観はたしかに一九二〇年代までは確認できるが、少なくとも『回教概論』

や『亜細亜建設者』ではすでに前面に押し出されてはおらず、むしろ後退して影を潜めてしまったことは、これまで本書で確認して来た通りである。また、大川が太平洋戦争末期に出版した『新東洋精神』（一九四五年）においても、冒頭のエピグラムに示したように、アジアを導くに足る思想体系の樹立を強調する割には、古代の中国・インド両文明の精神についての叙述にその紙幅のほとんどを費やしており、イスラームの位置づけは周辺化されてしまってほとんど言及されていないのである。この点に関しては、戦後との連続性との関係で後ほど再度取り上げることにしたい。

ところで、序章において大川の「四つの断層」について触れたが、その断層に再び触れる前にまず、竹内好が講演「大川周明のアジア研究」において明言した一節を改めて検討してみたい。すなわち、序章の冒頭でも引用したが、竹内が大川の『回教概論』を「純粋の学術論文であって、日本のイスラム研究の最高水準だと思います。日本帝国主義のアジア侵略と直接には何の関係もありません」とはっきりと言い放った一節である。そもそも、竹内が何故わざわざこのように挑発的な物言いをしたのか。大川のイスラーム研究を考えるにあたって、私に棘のように刺さって、どうにも気にかかって仕方なかった。またこの問いが本書を成り立たせた動機の一つだともいえる。

従来、『回教概論』（一九四二年）は大東亜戦争が勃発してから出版されたために、大東亜戦争のイデオローグである大川の大東亜共栄圏構想の文脈で取り上げられることが多かった。しかし、本書で検討してきたとおり、『回教概論』は、その構成と叙述の仕方を考えた場合、イスラーム最盛期を理想型とした「原理論」の提示ではあるが、一九四〇年代の「現状分析」に基づく大東亜共栄圏の構想のための理論書ということはできない。実際、私自身もこの本を読んだ時には、当時の私自身が抱いていた「大東亜戦争のイデオローグ」という大川のイメージとはあまりにかけ離れていたので意外だったことを覚えている。それ以来、その意外性とは何だったのかを考えてきたのである。だからこそ、一九一〇年代から四〇年代という三〇年以上の年月が大川のイスラーム観を変えたのではないかという推論が本書の議論の出発点になっているのである。

竹内が『回教概論』を「日本帝国主義とはなんの関係もない」と明言する際に前提になっているのは、大川が「政策とは無縁の場所にたっている」こと、すなわち、政府の政策決定者ではないという点である。この点は第五章でも述べたように、大川がたとえ著名な国家主義者であったとしても、東京裁判で唯一の民間人A級戦犯であることや彼の戦犯指名の不透明性との関係で考える必要があろう。その上で、竹内が「日本帝国主義のアジア侵略」に直接に関係ある書物をどのようなものだと想定しているかを考えると、イスラームに関しては、第一章で紹介した紀行文において竹内が次のように指摘する箇所が示唆的である。「近ごろは日本でもかなり回教関係の書物は出るやうになつたが、その多くは、実際の〔対ムスリム〕工作者の満足を買はないらしい。難解であつて、実地の用に立たぬといふのである[2]」。『回教概論』が工作者の「実地の用」に立つと竹内が考えていたら、さすがに『回教概論』を「日本帝国主義のアジア侵略とはなんの関係もない」とは評価しないだろうと第一章でも指摘した。

また同時に竹内は大東亜戦争期の大川を「思想家としての創造性はこの時期にはなくなっている」とも断言している。竹内は、大川が当時述べていたことはもともと彼がもっていた歴史認識に基づくものであったと考えているからである。それが、あたかも予言が的中したかのように、たまたま日米戦争という時局に一致したためにイデオローグとしてもてはやされたのだというのである。そしてその歴史認識とは、

「世界は東西の対抗をくり返すことによって自己展開され、終局の統一まで導かれるという一種の終末観」だった。

東西対抗が歴史の原動力だという考え方がどのようにして大川に形成されたのか、よくわかりませんが、かなり早い時期に、何かの形で啓示があったのかもしれません。そしてそれを決定的にしたものは、ソロヴィヨフの影響だったろうと思います。ソロヴィヨフというのは十九世紀後半のロシアの神秘主義的な思想家であります。新プラトン派の祖述者といわれ、ドストエフスキイなんかに近い傾向の人です。たぶん大川は、西欧の思想家の中では、知識は別にして、思想的にはソロヴィヨフからいちばん多く影響を受けているようであります。(3)

竹内は、大川がこのウラジーミル・ソロヴィヨフ（一八五三―一九〇〇年）の「東西対抗が歴史の原動力だ」という歴史観を受け継いでいて、そのことは彼が「剣かコーランか」という一句にイスラームの真髄があるというとらえ方をしたことと密接にかかわると考えたのである。竹内は次のように大川のイスラーム観を解釈する。イスラームは「宗教と政治が一体であって、間髪を入れぬ、というわけです。しかもイスラムは、歴史事実としても、戦争を媒介にして東西を融合させるのに大きな要因となってきた宗教であります。超越的であってしかも現世的であり、活気にみちて、未来性がある。イスラムによる世界征服というヴィジョンが大川にはあるような気がします」。竹内はイスラームの世界征服のヴィジョンにまで言及したのである。

竹内のこの部分だけの指摘を取り上げると、大川がイスラームについて一九四〇年代にもこのような考え方を持っていたかのような印象を与えてしまう。実際、そのように受け取った竹内の読者も多くいたことだろう。ところが、竹内の当該個所をよく読むと、大川がソロヴィヨフの東西対抗史観をいつ読んだかを彼ははっきりと示していない。また、竹内は少なくとも大川の東西対抗史観の起源に関しては、啓示があったかもしれないとだけ述べて明示していないが、『日本文明史』（一九二一年）にすでにその萌芽はあって『欧羅巴・亜細亜・日本』（一九二五年）にははっきりと現れていると考えているかのように思われる。

というのも、大川は一九二五年に出版した『欧羅巴・亜細亜・日本』においてソロヴィヨフの名前への言及はないが、ソロヴィヨフ的な東西対抗史観に基づいて構成された世界史の略述を行っているからである。大川はイスラームの勃興を、アラビア人のヨーロッパへの侵略として次のように東西対抗の文脈で説明する。「第七・八世紀に於けるアラビア人の欧羅巴《ヨーロッパ》侵略である。マホメットの出現によつて、忽然強大なる国家となれる、一層適切に言へば強大なる宗教的戦争団体となれるアラビア人は、剣による新信仰の伝道を開始し、向ふところ敵なき勢を以て、常勝の歩みを東西に進めた[4]」。ここでも、「宗教的戦争団体」あるいは「剣による新信仰の伝道」という表現を使うところなど「剣かコーランか」のジハード論的なイスラーム観が前面に押し出されている。その後、大川が「ソロヴィヱフの戦争論」として紹介したのが『月刊日本』（一九二八年六月）誌上においてであった。橋川文三も竹内と同様に「大川が東西決戦にあたって大きな役割をもつとみなしているのが回教世界であり、そのイスラムこそが或は東西決戦終局の仲保者となるかもしれないと考えていたかもしれない[5]」と推測している。

実際、大川が直接ソロヴィヨフの名前を挙げて引用するのは、敗戦の年に出版される『新東洋精神』の中の第一編「大東亜秩序の歴史的根拠」の冒頭においてである。

人類の一般戦争史は驚くべき統一性と合法性とを示して居る。薔薇《ばら》色の面紗《ヴェール》に覆はれたる人間の歴史的幼年時代の記憶の中から、半ば空想的ではあるが最初に明確に浮び出るものはトロヤ戦争の姿である。そは実に東洋と西洋、亜細亜と欧羅巴との最初の偉大なる衝突であつた。ヘロドトゥスは既にトロヤ戦争を是くの如きものと認めて、その歴史を此の戦争から書き始めた。また醇乎《じゅんこ》たる人間的詩歌の最初の天来の作なるイリヤスが、この戦争と関係があるのも決して偶然のことでない。トロヤ戦争こそは、東洋と西洋の宿命的なる戦争を中心として回転せる世界史の序幕であり、爾来《じらい》その戦場は年と共に大きく広くなつて来た。そは今や極限に達して、地球全体を戦場とするに至り、スカマンデル荒野の代りに太平洋、煙るトロヤの代りに厖大《ぼうだい》なる支那とはなつたが、戦争は依然として互ひに相容れざる東西両洋のそれである。(6)

大川がここで引用しているのはかつて自ら翻訳した『善の弁証』(現在のロシア研究者の間では『善の弁明』と訳されているようである)(7)第三部第九章からであるが(8)、文献を明示しないまま、そのソロヴィヨフの東西対抗史観を具体的に提示するのである。ところが、竹内は先ほど引用した部分でソロヴィヨフを文明対抗史観の歴史家というよりは、むしろ「新プラトン学派の祖述者」の神秘家としてわざわざ紹介しているのである。このような竹内の言及の仕方は、戦後大川が枕頭の書としていた一冊がソロヴィヨフの『善の弁証』であったことに由来しているのであろう。第五章でも紹介したとおり、戦後、大川自身が「ソロヴィヨフといふのは彼の大著『善の弁証』のことで、薄伽梵歌と共に多年に亘る私の精神の糧である」と精神的自伝『安楽の門』においてその名前を明記しているのである。大川がこの『善の弁証』を、どのような経緯で、またどの版で読んだか、現時点では詳らかにすることはできない。しかし、そのことは、すでに戦後の大川の関心が大学時代のような内面的・精神的なイスラームの方向に向かったことを示唆している。むろん、この点は今後いっそう文献レベルでの探求が必要であろう。

確認の意味でもう一度、ソロヴィヨフとの関連で問題にしたいのは、竹内が「イスラムによる世界征服というヴィジョンが大川にはあるような気がします」という指摘をしている点である。この竹内の指摘は一九二〇年代の大川には当てはまるが、一九四〇年代の彼の関心とどこまで重なるかは疑問としなければならない。『回教概論』は日本帝国主義のアジア侵略と何の関係もないと断言しているにもかかわらず、大川が「イスラムによる世界征服のヴィジョン」を大東亜戦争当時にもっていたと竹内が考えていたとすると、議論の辻褄があわなくなってしまうからである。大川自身も『回教概論』の「序説」においてイスラームを「欧羅巴の天地を震撼せる回教徒の政治的全盛時代は、もとより返らぬ夢となった」とはっきりと述べているのである。少なくとも大川がイスラームへの姿勢を変化させていたと竹内自身が認識していたと考えなければ、大川がイスラームの世界征服のヴィジョンをもっていたことと『回教概論』が日本帝国主義のアジア侵略とは無関係であることという二つをつなげて説明するには相当強引な議論が必要となる。

もちろん、大川自身も竹内のような解釈を許すような発言をしているのも事実である。これも一九二〇年代に出版された『日本及日本人の道』（一九二六年）においてである。大川は同書の「世界史の新しき頁を書く可き日本」において「これまでの世界史の経過を見て来ますると、東西文明の接触、若しくは東西文明の統一と云ふことは、殆ど例外なしに、殆どと云ふよりは全く例外なしに、戦争に依つてのみ実現されて居ます。天国は剣の影に在りと云ふのはマホメットの言葉でありますが、恐らく東西両強国の生命を賭しての戦ひが、過去に於て然りしが如く今また新しき世界の出現の為めに避け難い運命ではなからうかと考へます」(9)としてわざわざ『サヒーフ・ムスリム』のハディースからの一節を引用して述べているのである。(10)現在でもしばしば「アッラーの道のために戦って死を遂げることは天国への道につながる」と、ジハードの根拠としてしばしば引き合いに出される一節である。しかし、この場合、大川は最盛期のイスラームのジハードをイメージして東西文明の統一を語っており、一九二〇年代の彼がアジア主義の来るべき姿をイスラームの栄華の時代に求めていたことには注意する必要があろう。大東亜共栄圏の現実の姿がどうであれ、イスラームの世界征服のヴィジョンは、帝国日本の理想的な先行モデルとして、当時の大川が描いたアジア主義の世界像が必然的に行き着く姿であったということになる。

ただし、イスラームの世界征服のヴィジョンのイメージをもっていたのは実は大川に限らない。国家改造運動の盟友・北一輝もそのイスラーム観は戦争とイスラーム帝国のイメージの中で形成されていた。それはおそらくカーライルの『英雄崇拝論』におけるムハンマド像に影響されているのであろう。橋川文三が『日本改造法案大綱』を取り上げながら、北一輝の帝国イメージを次のように語る時、日本の国家主義者における「剣かコーランか」のイスラーム受容のあり方はかなり共通していることが指摘できよう。

「革命的大帝国」を建設しえた日本が、世界人類の上に君臨するとき、それは次のようなイメージと結びついている。／「世界各地ニ予言サレツツアル基督ノ再現トハ実ニ『マホメット』ノ形ヲモッテスル日本民族ノ経典ト剣ナリ……戦ナキ平和ハ天国ノ道ニアラズ」（緒言《ママ》）。[11]

そして橋川は「北における法華経信仰と、明治天皇信仰と、そしてマホメット的な世界帝国信仰との間には、脈々として一貫する北その人の生理さえが感じられるのである」[12]とまとめるのである。

さて、竹内の論点におけるいささか瑣末に思われるような点にこだわりながら議論して来たのは、彼が『回教概論』は純粋の学術論文で、アジア侵略とは何の関係もないと言い切ったことを題材にして、一九一〇年代から四〇年代にかけて大川にとってのイスラームの位置づけが、政教一致の理想的宗教としてのイスラームから内面的イスラームに力点を移していったことを述べたかったからである。大川が果たしていた東亜新秩序のイデオローグという客観的な役割からすれば、アジア主義の有する道義的使命を、イスラームの最盛期にその模範的モデルとして見出したという意味では、『回教概論』はアジア侵略に間接には関係あったかもしれない。しかし、そのようなイスラームの大義に託して語る大東亜共栄圏における日本の道義的使命は、太平洋戦争の勃発によって、日中戦争という「内戦」すらも解決できなかったのであるから、事実上破綻したものとして、少なくとも大川にとって主観的には自覚されていた。その意味では『回教概論』は直接には関係がなかった、ということになろう。換言すれば、日本帝国主義のアジア侵略と関係があったかどうかという問いに対しては、大川がかつて期待した理想型としての「宗教と政治に間髪を入れぬ」イスラームが現に存在していれば「そのとおり」ではあろうが、彼の目からすれば、その潜在力には期待するが、当面のイスラームの現実は分裂、衰退して悲惨な状況にあり、彼が当時向かいつつあった精神的イスラームという観点からは、『回教概論』はたんなるイスラームの栄華の日々の夢物語で、日本のアジア侵略には何の関係もなかったということになろう。

そのような大川のイスラームへの現実認識は、次のように変化していったとまとめることができる。すなわち、大川は一九二〇年代に抱いていたイスラーム観をトルコ革命後の「スルタン゠カリフ制」廃止で変えていき、太平洋戦争の勃発が日中戦争の停滞を打破、解決することもなく破綻して敗戦を迎えた後、東京裁判での「乱心中の白日夢で屢々マホメットと会見し」[13]て内面的なイスラームへの関心を深め、次第にイスラームへの関心の出発点に回帰して『古蘭』翻訳に熱情を傾けたのであった。竹内が「たとい現実のイスラム世界がどんなに汚濁にみちていようとも、そんなことはかれ〔大川〕の学問は関知しない。かれは政策とは無縁の場所に立っているのだから」[14]と「大川周明のアジア研究」を結んだのは、オリエンタリストである大川のイスラーム研究の矛盾に満ちたあり方を集約的に表現したもので、究極状況である戦争とそのような状況下の〈知〉のあり方を根本的に問うものである。

もちろん、この大川のイスラーム認識の変化は、イスラームの政教一致に賭けた彼の熱い期待がトルコ革命の「スルタン゠カリフ制」の廃止を含めて現実のイスラーム世界の動きに「裏切られた」ために生じたと考えるべきであろう。[15]そして、それでもなお大東亜戦争に直面しても「決して過去の宗教として取扱はるべきものでない」イスラームの潜在力を擁護しつつ期待し続けたにもかかわらず、現実のイスラーム諸国、少なくとも大東亜圏のアジアのムスリムがそのような大川の期待に応えなかったという意味で、彼の日本の道義的使命に基づく東亜新秩序の構想は、彼のいう「亡国」である敗戦とともにイデオロギー的にも破綻してしまったと解釈できるだろう。だからこそ、晩年の大川は「私は過去の一切を亡国日本と共

に捨て去り新しい大川として生き始めた」と語ることになるのである。(16)

二　大川周明の「四つの断層」

竹内の問いへの回答がすでに本書で結論と呼ぶべきものの大半を語ったことになる。しかし、序章において問うた大川の「四つの断層」への疑問にも答えなければならない。その際、以上に述べたような大川のイスラームへの関心における力点の移動が「四つの断層」を考えるための前提条件になってくる。つまり、イスラームを一枚岩的に捉えていると大川の変化が見えなくなり、「四つの断層」への解も見えなくなるということである。時空間を超えた政教一致のイスラームというステレオタイプ化された見方が大川にとってのイスラームを考えるときの躓きの石になってきたのではないかという問題提起でもある。

大川自身は、宋学的世界観に基づく思想をもっていたということでは生涯を通して一貫していたといえる。それが「修身斉家治国平天下」で象徴される人性論から自然観・宇宙観までを包摂する連続性に基づく体系的な合理主義であることは序章で第一断層に関して指摘したとおりである。竹内好が指摘したように、大川は宋代儒学的（理学的）教養に基づく理気二元論の性即理の世界観を踏まえつつも、どちらかといえば王陽明的な心即理の実践論を重視していたに違いないし、大川は「宗教と政治とに間一髪をいれぬ」イスラームの総合的な体系と宋学的な世界観を重ねて見ていたのであろう。したがって、竹内が指摘する経世済民と形而上学の折衷性あるいは二重性は、大川自身にとっては自己の有機体的な世界観の一部として統合されたた「自然」と認識されていたのであろうし、統合されなければならないものであった。だからこそ、大川は「抱一無離」を重視していた。彼は晩年、かつての東アジアにおける指導原理としての宋学〔新儒学〕を次のように認識していた。「宋代に入りては、程朱〔程頤と朱熹〕の理学が生れ、恰《あた》かも基督教が中世欧羅巴の精神界に君臨せる如く、宋学が印度を除く東亜全域の精神界を支配したのであります。宋学は華厳《けごん》・禅・孔子・老子の諸教説、即ち印度及び支那の精神的主流が、宋儒の魂を坩堝《るつぼ》として渾融せられたる偉大なる思想体系であり、それ故にこそ普《あまね》く東亜の指導原理となり得たのであります」[17]。宋学は大川風の表現を使えば「亜細亜の一如」を表現するイデオロギー体系であったと考えている。

ただ、司馬遼太郎との対談において大川とのつながりを公言し、大川の「新東洋精神」を継承している井筒俊彦は、宋学の説く形而上学的な「理＝本質」と一神教としてのイスラームの本質との間に横たわる深刻な矛盾を次のように語っているのである。

> 経験的世界に存在するすべての事物がそれぞれ「理」、すなわち普遍者としての「本質」、をもち、「理」によって規定され、それらの「理」が整然たる連関を保ちつつ経験界の構造を基礎付け、さらに存在の経験的秩序を超えて形而上的秩序に達し、ついに絶対的「理」〔「無極而太極」〕に究極するという、壮麗な世界像でそれはあった。……一糸みだれぬ「理」体系として荘厳されたこの世界像。遠く孔子の「正名」思想の伝統を継ぐ宋学としては、たしかにこれでいいはずだし、またそれはそれで深い宗教性をも発揮し得る一つの哲学的世界像ではあるのだが、しかし宗教性とはいっても、この「理」体系のようなものをセム的一神教の文化構造の中に持ちこんでくると大変な危険思想にもなりかねないのだ。事実、宋学の「理」体系に対応する「本質」体系の思想が、アリストテレスの名の下

にギリシァ哲学からイスラームに流入してきて、この一神教的思想文化の新しいコンテクストの中で、思いもかけぬ問題性を露呈した(18)。

これは井筒が初期イスラーム哲学史を彩る「原子論」論争だとする問題である。この問題に関して、井筒は、宋学の「理」体系とは、要するに、天地の間に存在するすべての事物はそれぞれ存在すべき根拠があって存在しているのだということ、つまり、事物の一つ一つに普遍的「本質」があることは、イスラームにとっても、ギリシャ哲学との接触を通じて最初に逢着した哲学的大問題だった、と指摘する。それはアリストテレスの哲学から学んだ因果律的思考方法のためであった。というのも、自然界あるいは世界を因果律の仮借なき支配下にある一つの整然たる存在秩序として理解すると、天地万有の創造主、主宰者である神の全能性の否定にほかならなくなってしまうからであり、それはイスラームという宗教の根幹そのものに対して致命的な衝撃として映ったのである。

イスラーム哲学史の流れの中では、全存在界は互いに鋭い断絶によって分離した無数の個体の一大集積として表象される偶然主義の立場をとるガザーリーと、アリストテレス主義の立場からガザーリーを因果律否定論者だとして批判するアヴェロイス（イブン・ルシド）との対立へ議論が展開されているが、本論の流れではそこまで踏み込む必要はない。

大川のイスラーム理解との関連でいえば、むしろ井筒の次のような指摘が重要になってくる。すなわち、「同じイスラームでも、神秘主義《スーフィズム》を母胎としてそこから生れ育った、西暦十三世紀以後のグノーシス的哲学では、神そのものを究極の無限定的「存在」リアリティーとし、それの様々に異る自己限定態として事物の存在を考え、そのように限定された形で現われる神的「存在」リアリティーの種々相を人間の意識が「本質」という形で抽象的に把握し仮構する、と考えるのであって、こうなるとイスラームもだいぶ仏教に近くなる」[19]という井筒の指摘である。「仏教に近いイスラーム」こそが一九四〇年代の大川のイスラーム理解のキーワードになってくる。というのも、宇宙を超越した絶対的存在を想定しない宋学的世界観では、宇宙をも創出した超越的存在である一神教的な神を否定してしまうことになり、大川もこの矛盾に関してしては自覚的であったはずだからである。

換言すれば、超越的な絶対神としての「神と人とを峻別」するイスラームと、神と自然と人生とを直観的・体験的に生命の統一体として把握する「シャル」のイスラームとの間の両極分解の断層を大川はどう捉えているのかという問題である。『新東洋精神』『大東亜秩序建設』の段階の大川は、イスラームを「西洋」的性格のものではなく、ムハンマドという人格を通して「東洋」的性格のものとして位置づけなおすことによって、儒教・仏教と同列に扱うことになっていく。したがって、宋代儒学的教養に由来する大川内部の両極分解の断層をイスラームとの関係でどう捉えるのか、という第一の断層をめぐる問題に関しては、彼は「完全なる人格」としてのムハンマドを介して分裂の危機を回避しようとしたということになろう。大川は晩年には「新東洋精神」という名において内在的な超越的存在を想定して「宗教」を語っていたのである。それは大川にとって「支那事変」から「大東亜戦争」の展開にあたって自らのアジア主義の構想の破綻が露呈し始めて、その後の敗戦体験を通して加速化されていった過程でもあったと推測できるであろう。この論点は後ほどまた取り上げる。

そして、第二の断層、すなわち、二つのイスラームをめぐる断層であるが、大川の東京裁判での精神錯乱という事件は、本人が自覚していたか否かにかかわりなく、いわばイデオロギー的な破綻と同時に人格的な破綻として東京裁判前後の断絶を象徴していたともいえる。それは、それまで試みてきた大川の政治的プロジェクトの破綻でもあった。彼はこの精神的危機を、執拗低音のように鳴り続けていた預言者ムハンマドへの関心を狂気の中で「再発見」することで克服し、それによってスーフィー的な大川の一面が再度前面に出てきたと考えることができるのかもしれない。いささか乱暴ないい方をすれば、大川は「乱心中の白日夢で屡々マホメットと会見」してコーラン翻訳を再開しつつ「一九一三年夏」の転回点以前の彼に回帰したのであろう。そこには「宗教と政治に間一髪を容れぬ」イスラームを追い求める大川の姿はすでに後退している。再び預言者ムハンマドという「理想的人格」への傾倒を通して内面的生活に向かった大川は、この第二の断層に嵌ってしまうという危機も切り抜けて、彼のいう「安楽の門」、つまり彼の理解した「宗教」に預言者ムハンマドを通じて改めて辿り着いたといえるのであろう。

　第三の断層、すなわち、イスラームはアジア的ではあるが、東洋的ではないという問題は、第一の断層の解消とともにとりあえずは解決されたと考えることができる。それは大川がイスラームを「東洋」的なるものに収斂させ、「東洋」的と性格づけたことで切り抜けたからである。ただ、彼は大東亜戦争中の著作において「分裂し対立する亜細亜の現実に圧倒されて、〔アジアの中の〕東洋否定論者は亜細亜の一如を否認するのでありますが、吾々は是くの如き分裂状態そのものが、実は欧米によって作り出されたものであることを銘記せねばなりませぬ[20]」という姿勢がいよいよ明確になっている。すなわち、以前からあった傾向ではあるが、大川は、彼の理想においてあるべき「東洋」あるいは「アジア」をヨーロッパとの対比において実体化していく方向に急速に向かうことになっていく。しかし、この問題はむしろ後に述べる井筒俊彦の問題設定へと継承されていくことになり、戦後、井筒が深化させていくことになる。

第四の断層はイスラームと天皇制の問題である。一九二〇年代の大川にとって日本的な神と一神教的な神は明らかに異なるものとして認識されており、たとえ天皇を「現人神」と呼んだところで、その神は一神教の絶対的な超越神ではなかったという点はすでに指摘した。もちろん、大川が天皇を崇拝する天皇主義者であることは論を俟たない。それは天皇が宇宙から神として生成したと彼が考えているからである。丸山眞男のいう「超国家主義者」の天皇制原理とは、無限の古にさかのぼる伝統の権威を背後に負うことによって、はじめて究極的価値の絶対的存在者とみなされる天皇の支配ということである。天皇は神的存在とみなされたが、その神性を保証したものは、これを垂直に貫く一つの縦軸としての国体という伝統的価値観にほかならなかった。こうして中心からの価値の無限の流出は、縦軸の無限性（天壌無窮の皇運）によって担保されている。[21] このような天皇制原理は大川が抱いていたものである。だからこそ、彼は総力戦体制における国民動員というレベルで国体論のイデオローグの役割をも果たしえた。

しかし大川は、イスラーム主義者たちが預言者ムハンマドの生きていた時代におけるウンマを理想とするように、宇宙から神として顕現した天皇を中心とした君民一体の共同体を理想として想定してはいるが、その統治形態は君民一体であればよく、必ずしも現人神的な天皇による「親政」でなければならないというふうに固執していたわけでもなかった。この点のあいまいさが、国家改造論者として名高い大川が出版しベストセラーとなった『日本二千六百年史』[22] が、神がかり的な皇国史観を主張する原理日本社の蓑田胸喜《みのだむね》らによって告発されて不敬書事件を引き起こす要因でもあった。だが、大川は「……予は喜んで売名愛国者どもの挑戦に応ぜんとす」（一九四〇年二月一五日付日記）[23] と対決の姿勢を示しながらも、改訂版でその部分を訂正するなど非常に戦略的に対応した。大川自身は久野収がいうところの「密教」としての天皇機関説を否定しながら、少なくともイスラームの文脈でその天皇観を考えた場合、事実上天皇機関説を容認する立場をとっていると考えざるをえないのである。

三　大東亜戦争とアジア主義

本節では、今まで見てきた大川のアジア主義や東亜新秩序の「破綻」の問題について、より具体的に見ていくことにしたい。竹内好は、アジア主義が世界制覇の最終目標を眼前において、今まさに瓦解しようとする予兆への「痛恨無限」の嘆声を、「正真正銘のファシスト」大川周明の文章から聴き取っている。竹内は、大川が「破産の明確な自覚がある点で、〔「世界史の哲学」を唱えた高山岩男らの〕京都学派とちがって、これはこれなりに実行に責任をもつ思想のことばである」と一定の評価を与える。大川は「日支両国は何時までも戦ひ続けねばならぬのか。……日本は、味方たるべき支那と戦ひ乍《なが》ら、同時に亜細亜の強敵たる米英と戦はねばならる《ママ》破目になつて居る[24]」と嘆くわけである。大川は次のように書く。

〔一九四〇年九月二七日に〕日独伊三国同盟が結ばれたころから、支那事変は世界戦争の連環の一つであり、従つて是くの如きものとして解決せらるべきものであるとの主張が、いろいろなる方面から唱へられ初めた。此の主義は半ば正しく、半ば誤まつて居る。即ち支那事変は単に日支両国だけの関係に於て考ふべきものでなく、事変の背後には有力なる第三国が、日本を敵として東洋制覇の野心を抱き、あらゆる術策を逞しくして来たので、事変の進展如何によつては、遂に其の第三国とも、具体的に言へば英米とも一戦せねばならぬことを認識するものとして、この主張は正しくある。而して現に事変は対米英戦争にまで発展した。併し乍ら其故に支那事変は、世界戦争の一連鎖として、世界戦争そのものの処理と共に解決せらるべきものとする意見は、吾等の決して首肯し得ざるところである。(25)

このような大川の「嘆き」は、『大東亜秩序建設』を出版した一九四三年以前の時期における日中戦争の解決不能の事態に対して発せられたものである。彼は引用部分で日中戦争を世界戦争の一環として解決することには反対している。というのも、「支那事変は欧羅巴戦争に先ちて、日支両国の間に起れる悲劇である。その解決は決して第三国の介入を許さず、両国直接の折衝によつて解決せねばならぬ。加ふるに大東亜戦争は、事実によつて支那事変の性格を一変し、之を以て東亜に於ける一個の内乱たるに至らしめた。吾等は一刻も早く此の内乱を鎮定してこそ、初めて大東亜戦争の完遂を期し得るのである」(26)という現状認識をもっていたからである。すなわち、中国との戦争は、大東亜戦争の勃発で世界戦争の一環となったと同時に東アジアの「内乱」になったと考えた。だからこそ、大東亜秩序内の「内乱」である中国との戦争は早期に解決されなければならないのである。

もちろん、呉懐中が指摘するように「何よりも相手の中国はこの「内乱」意識を持っておらず、逆に大戦の現実を、米英を同盟国として引き寄せながら日本を外に追い出すプロセスとして受け止めていたのである」(27)という事実に照らしたとき、大川は当然、その中国認識を改めていかざるをえなかった。「……一九四〇年半ばに入って日本軍による中国沿岸封鎖や北部仏印進駐で、米英の援助ルートがほとんど遮断されたにも拘わらず、蔣介石国民政府がなお抗戦を続けたという事実は、すでに大川にある程度対中認識の変化を起こさせ、思想的反省をもたらしていたと思われる[28]」と呉は考えるのである。

このことに関して、竹内好は「大川の図式では、中国の民族復興と、そこにおける日本の道義主体としての参加とは一体でなければならないのに、事実は原理的な対立になった。ということは大川理論が破綻したわけです。その破綻を大川は暗黙に認めていると私は思います。かれは学者として、また思想家として、それだけの良心はありました。たとえば、日中戦争が太平洋戦争に拡大した後でも、日中問題の解決と日米問題の解決とは論理的に区別しなければならぬという主張を変えていません。私が大川を買うのはこの点なのです[29]」といって、評価することになるのである。

もちろん、そのような中国との戦争は日本の一方的な侵略の結果であることは歴史的事実である。その事実を踏まえて、竹内が、大川はすでに日中戦争がそのまま太平洋戦争に発展してしまったことで、彼の考える大東亜秩序が破綻の兆しを見せ始めたことを認識していると考えたことはすでに指摘した。では、中国との戦争がそのまま続いて、何故早急に解決されないのか、と竹内は問う（と同時に、それは大川も「大東亜秩序の歴史的根拠」で問うている問題の論理的帰結でもあった）。竹内は、その原因は太平洋戦争の二重構造が認識されないままに忘れさられようとしているからであり、さらに遡っていえば、明治国家の二重構造が認識の対象にされていないからであると、日本の近代の問題として指摘する。つまり、日本は一方で完全独立のために欧米列強との不平等条約の解消を目指しながら、他方でその不平等条約をアジアの隣国の朝鮮、そして中国に押しつけた。換言すれば「朝鮮や中国への不平等条約の強要が日本自身の不平等条約からの脱却と相関的であった。この伝統から形成されたのが『東亜共栄圏』のユートピア思想であり、そのために『大東亜戦争』は不可欠な条件であった」と竹内はまとめつつ、「大川は解決不能の形で問題を提出しているが、問題の提出そのものは誤りではなかった。問題はそのまま今日に持ち越され、課題としてわれわれの前におかれている」と課題を投げかけて結ぶのである。[30]

大川は明治以来の日本の「二重構造」の論理的帰結としての対米英戦争（大東亜戦争）におけるイデオローグとして、共栄圏の破綻の象徴でもある中国との戦争の継続という事実に「痛恨無限」の嘆声をあげたわけである。もちろん、彼はことイスラームに関連して大東亜共栄圏の破綻に具体的に言及することはない。しかし、『大東亜秩序建設』において示唆はしている。「日本が〔ヨーロッパに対して〕其の味方を亜細亜に求めることは当然である。日本が自由なる暹羅《タイ》、自由なる支那、而して恐らく自由を得ずば止むまじき印度と提携するに何の不思議があるか。提携して起てる亜細亜は、仮に西亜のセム民族の協力を除外しても、まことに力ある連合である。固《もと》より是くの如きは遠き将来のことであらう[31]」と記しており、西アジアのムスリムはアジアにおけるムスリム人口の多数派を占めているわけではないとはいえ、「西亜のセム民族」を大東亜共栄圏の範囲から事実上除外した上でアジアの連合は「遠き将来のことであろう」と悲観的な展望を述べているのである。そこには、大川が大東亜戦争の緒戦の段階で述べた「今や大東亜共栄圏内に多数の回教徒を包擁するに至り、回教に関する知識は国民に取りて必須のものとなつた。予の小著〔『回教概論』〕が多少なりとも其為に役立つならば欣幸《きんこう》無上である[32]」といった期待を表明した前向きの姿勢からも後退したといっていい現状認識がある。

四　大川周明の「継承者」

大川は、大東亜戦争末期に出版した『新東洋精神』において「いま日本は、自ら慰め自ら安んずるためだけでなく、亜細亜を動かすための思想体系を生み出さねばならぬ。それは亜細亜諸民族を積極的に日本に協力させるための欠くべからざる条件である」[33]として、本章冒頭でも指摘したように、その新たな思想体系を「新東洋精神」と呼んだ。大川のいう「東洋」は日本・中国・インドの三国を中心とした広義の「東アジア」の文化地域が想定されている。大川はアジアに関しては、東洋とアジアを互換的に使用する。イスラームは事実上、文化地域としてはこの段階では注意深く除かれている。そして、ヨーロッパがアジア人の覚醒・統一・団結を望まないが故に、アジア人が相互に無知になってしまい、さらに、アジア人はヨーロッパを媒介としてしかお互いを知ろうとしないので、そのヨーロッパに害されてアジア人の中にはむしろアジアの統一性を否定する者が多いと大川は嘆く。ところが、反対に、ヨーロッパには東洋否定論者などはおらず、ヨーロッパ人にとって東洋は存在するのだと大川は断言する。彼がそのように主張する二項対立的な「他者論」の論理は以下の通りである。

欧羅巴は或は憧憬の対象として、或は軽蔑の対象として、或は恐怖の対象として、或は掠奪《りやくだつ》征服の対象として、現に一個の東洋を認めて居ります。而して事実東洋は存在し、随《したが》つて東洋精神も東洋文化も存在するのであります。[34]

大川は以上のようにして、西洋に対立する東洋的なるものの本質は何かという二項対立的な問いを立てて、それに答えて東洋という「実体」を列挙する。本章の文脈における最も大川らしい「東洋的」なるものの描写である。

東洋は、神的なるものと人間的なるもの、個人の生命と宇宙の生命、本体と現象、過去と現在、此岸と彼岸との間に、本質的なる対立または差異を認めないのであります。色即是空・空即是色・色不異空・空不異色であります。このことは欧羅巴人からは非論理的・非合理的と思はれて居りますが、それは東洋の一元論的・汎神論的世界観から流れ出る生命感情の自然の発露であります。……東洋に於ける対立と差異とを認めながらも、一切の存在は其の至深の奥底に於て相結んで居り、且つ宇宙を以て一切を支配する力によって生命を与へられて居る統一体として観察し、これを合理的方法によらず、経験によつて内面的に把握せんとするのであります。……東洋は諸々の力の均衡と調和とを尊重するのであります。……果実の落下を〔ニュートンとは違い〕宇宙全体と関連させ、自己を宇宙と結合して、個体の存在を宇宙に順応せしめるのであります。それは〔ヨーロッパの分析における〕分離とは全く対蹠的なる綜合的直観であり、東洋精神の著しき特徴の一つであります。(35)

以上のように、大川はヨーロッパとの対比の中で「東洋的」なるもの、とりわけ宗教的には「東洋の一元論的・汎神論的世界観」を析出しながら、東アジア復興のためにその古代文化の純粋性の復活を唱えることになる。つまり、古代の文化的原型とでもいうべきものの中に民族的なるエッセンスを求めていく、ある種の「復古主義」の立場を取るのである。ただし、大川はこれを現代的文脈での活性化の重要な構成要素と位置づけており、その点にたんなる古代回帰の復古主義とは一線を画す姿勢を見いだせる。

東亜復興のための根本的な条件の一つは、東亜諸民族が其の古代文化の純粋性を各自の内部に生きたるものとして復活させることであります。而して今生れ出ねばならぬ新東亜精神の最も重要なる構成要素となるべきものは支那精神及び印度精神であります。それ故に吾々は先《ま》づ支那的なるもの及び印度的なるものの再探求を行はねばならぬと存じます。(36)

だからこそ、『新東洋精神』の叙述においては古代インドと古代中国の思想を概観することになるのである。そのため、同じ復古主義といっても中国精神とインド精神を排除したような排他的・排外的な日本精神は、大川の非常に厳しい批判の対象となる。何故ならば、そのような排他的・排外的な姿勢では大東亜圏の思想の指導原理になりえないからだと大川は主張するのである。

世上に唱へられている日本主義なるものは、日本精神の一面を詠歎的に賛美して居るだけで、日本人自身をさえ納得させ得ないのみならず、その或るものは甚しく排他的または排外的で、自分の思想に同意せぬものに対しては聞くに堪へぬ言葉を以て攻撃を加へるという有様であり、本来の日本精神と相距《あいへだた》ること最も遠い、偏狭至極のものでありますから、これを以て大東亜圏の思想指導原理たらしめる如きは思ひもよらぬ話であります。(37)

狂信的なあるいは排外的な「日本精神」の流行についてはよほど腹をすえかねていたのか、「巻頭言」を担当していた東亜経済調査局の雑誌『新亜細亜』（一九四三年九月）においても「亜細亜的言行」を執筆し、そこでも同様の批判を若干具体的に展開する。「儒教や仏教をまで否定して、独り「儒仏以前」を高調賛美する如き傾向は、決して亜細亜の民心を得る所以ではない。日本民族は、拒むべくもなき事実として、自己の生命裡に支那及び印度の善きものを摂取して今日あるを得た。孔子の理想、釈尊の信仰を、その故国に於てよりも一層見事に実現せるところに日本精神の偉大があり、それ故にまた日本精神は取りも直さず亜細亜精神である(38)」と非難するのである。大川は日本主義者の似非国学的な、あるいは似非古神道的な狂信的・排外的復古主義には徹頭徹尾批判的であった(39)。アジア主義者の面目躍如といったところではある。

しかし、もちろん注意しなければならないのは、大川が「日本精神は取りも直さずアジア精神である」という場合も日本の指導的立場を前提としている点である。実際、同じ雑誌の翌月号の「巻頭言」の「指導能力と指導権」においてはっきりと日本の指導的地位に言及している。「大東亜秩序も、それが秩序である限り、指導・被指導の関係を前提とする。若し指導能力ある者が指導の地位に立つに非ずば、秩序は必ず紊乱《びんらん》せざるを得ない。大東亜圏内に於て、日本が指導的地位に立つことは、東亜新秩序の確立と発展とのために、最も自然にして且つ必要なることと言はねばならぬ(40)」。

ただ、ここで改めて強調しておきたいのは、このような大川の見方は決して彼自身のアジア蔑視に由来するものではないということである。もちろん、アジア側から見れば蔑視になる矛盾を孕んでいることを前提とした上でのことである。むしろ大川の「アジアの一如」の理念からすれば、この理念に悖《もと》るものに対する批判の矛先は日本人であっても、アジア人であってもまったく同じなのである。そこに大川のアジア論の特徴があるが、同時に彼のアジア論が現実遊離へと向かっていく必然性をも内在化しているともいえる。実際、大川のインドへの一方的な思い入れは、インドのネルーと中国の蒋介石との関係の緊密化により反日攻勢というかたちで裏切られていく。中国・インド・日本の「三国」による共栄圏構想の破綻が大川の思想家としての悲劇であったともいえる。

大東亜戦争が拡大し、中国との戦争も一向に解決の兆しが見えない中で、大川は中国の激しい抵抗の現実に直面して、その認識を次第に改めていった。『亜細亜建設者』の「序」(一九四〇年一二月に執筆)において「孫〔文〕・蒋〔介石〕両者の功罪を正しく認識することは、相手にすべき者と相手にすべからざる者とを誤らぬためだけでも、東亜新秩序建設の重大なる準備の一である。唯だ予は東亜を以て亜細亜のうちの特殊の地域となし、之を別個に研究の対象たらしむべきものと考へ、暫く東亜を除外して亜細亜という文字を使用した(41)」と述べているように、大川の中国認識に変化があったと受け止めることができる。

これは「政教一致」というイスラームの思い入れに対して、スルタン=カリフ制の廃止というトルコ革命の現実の中で次第に認識を改めていったことと軌を一にする。竹内のいう大川の思想家としての「誠実さ」はこの点に見出せる。ただし、ここで述べられている大川の表現に従えば、彼は東アジアだけをアジアのうちの「特殊の地域」、つまり、戦争継続という状況下で日本の利害関係が直接かかわっている地域とみなし、それ以外のアジア、すなわちイスラーム圏のアジア、つまり蘭領インドネシアや英領マレーといった地域、ひいては西アジアといったような地域の戦略面での相対的な重要性の低さを示唆するような表現も使っている。結論的には、大川の「東洋」の議論の中では積極的な役割を果たすイスラームはすでに後退してしまっているのである。そして、第四章でも触れたように、トルコとともに彼がもっとも期待していた英領インドの独立が戦後、インド・パキスタン分離独立というかたちに収斂した歴史的現実は、彼のアジア主義構想の最終的破綻とみなすことができ、彼のイスラーム認識のあり方が躓きとなったことを図らずも示している。もちろん、戦後の大川はこの点については沈黙を保っている。

ところで、太平洋戦争期の大川のアジア論に関しては、大東亜共栄圏における日本の指導的地位ということが前提となって組み立てられているが、そのようなイデオローグとしての彼は別として、『新東洋精神』などに見受けられる発想は戦後の「日本文化論」にも通じる側面ももっていることは、現時点において認める必要もあろう。もちろん、A級戦犯にまで指名された大川の議論が戦後ほとんど顧みられることもなかったことも、当時の敗戦状況の反動の中で当然のことではある。しかし、以下の引用文において大川が「日本精神」と呼んでいる表現を「日本文化」と置き換えて読みかえると意外なほどに戦後しばしば指摘された日本文化論の根幹に触れる問題提起になっているのである。もちろん、国家主義者の「日本精神論」であることは否定できないことは重々承知の上でのことである。

> 日本精神の数ある特徴の中、その最も著しきものは綜合の精神、統一の精神、包容の精神であります。己れを失はずして他を採り入れ、古きを失はずして新しきを採り入れ、すべての思想文化を具体的なる日本国民の生活の上に、それぞれの意義と価値とを発揮させて来た日本精神は、東洋の綜合的精神の生きた姿であります。この精神によつて日本はすべて東洋の善きもの、貴きものを摂取し、その本国に於ては単に偉大なる過去の影となり果てたものでも、日本に於ては現に潑剌《はつらつ》たる生命をもつて躍

動して居るのであります。[42]

ここで、大川は、日本は西洋的なるものを過度に受容し、西洋崇拝ともいえる精神的状況すらもきちんと認識できなくなってしまっているほど西洋に毒されているという危機感をもっているが故に、逆に極端な反西洋的スタンスを取るという議論の仕方をしている。だからこそ、結果的に日本的＝東洋的（＝アジア的）なるものが強調されることになってくる。しかし、この点は大川が岡倉天心から継承した矛盾でもあり、この矛盾は矛盾として残されたままである。丸山眞男による岡倉天心に関する矛盾の指摘の表現を借りれば次のようになる。「アジアないし日本は一方で「調和」と「不二一元」という理想の名において内部的対立を否認されながら、他方で対外的にヨーロッパとはまさに「芸術」対「科学」の名において象徴的に対置され、たんなるジャンルの区別にとどまらぬ範疇的な対立関係へと駆り立てられることになる。むろん、天心は後年ファシストたちが担ぎ上げた「大東亜新秩序の予言者」という祭壇から「名誉恢復」されて然るべきであり、またそれは大して困難なことではない。にもかかわらず、東洋の内在的発展の論理が右のような近代ヨーロッパとの対抗の図式に結びついたとき、天心の使命観は彼が意識すると否とを問わず、ある致命的な個所でルビコン河を渡っていたのである」（傍点は丸山）[43]。当然ながら、丸山はファシストの一人に大川を加えているのであろうが、少なくとも大川の著作を見る限り、彼が天心を「大東亜新秩序の予言者」の祭壇に祀りあげたとは思えない。大川にとって天心は学生時代からのアジア主義の師であり、その時以来、天心の思想は血肉化してしまっていたからである。大川も岡倉同様に「名誉恢復」されてしかるべきときが来たのかもしれない。

もちろん竹内は、大川が天心の「アジアは一つ」の論理は受け継いでも、その論理を中国侵略の段階にまで適用することについては批判する。「アジアの特質はあくまで内的な自由にあり、その実現のために力が必要だという論理、これはまったく天心と同一であります。／ただし天心と大川とは、時期がちがいます。私は天心の先駆的役割りは大いに認めるのですが、日本が帝国主義の仲間入りをし、中国への侵略の方向を決定した大正以後の段階まで天心の論理をそのまま適用することには賛成でありません。大川は天心の論理を受けついだが、時勢を見ぬく明察は受けつがなかった」[44]。

しかし、そのような大川の議論の前提さえ理解すれば、日本の文化受容のパターンをいささか図式化しすぎるものの、大川の指摘は戦後日本の議論を彷彿させる。思想的に対極の位置にある加藤周一の「雑種文化論」が敗戦後の日本において精神的に打ちひしがれた日本人に国際社会において生きる自信を与えたように、である。加藤はその議論を敷衍して後に「日本人の世界観の歴史的な変遷は、多くの外来思想の浸透によってよりも、むしろ土着の世界観の執拗な持続と、そのために繰り返された外来の体系の「日本化」によって特徴づけられる」と述べるようになる[45]。

また、本書でも何度か参照した丸山眞男も次のように述べている。「日本の歴史意識の古層をなし、しかもその後の歴史の展開を通じて執拗な持続低音《バッソ・オスティナート》としてひびきつづけて来た思想様式のうちから、三つの原基的な範疇を抽出した。強いてこれを一つのフレーズにまとめるならば、「つぎつぎになりゆくいきほひ」ということになろう。……右のような基底範疇は、こうして「つぎつぎ」と摂取された諸観念に微妙な修飾をあたえ、ときには、ほとんどわれわれの意識をこえて、旋律全体のひびきを「日本的」に変容させてしまう。そこに執拗低音としての役割があった」（傍点は丸山）[46]。

もちろん、わざわざ加藤周一や丸山眞男といった「近代主義者」の例を引くまでもなく、「新東洋精神」という文脈でいえば、東亜経済調査局でアラビア語の資料整理をして大川と知己を得た井筒俊彦の「精神的東洋」の思想の中にも、大川の思想は違ったかたちで生き延びているともいえる。井筒は次のように考える。すなわち、明治以来、一途に欧化の道を驀進《ばくしん》してきたわれわれ日本人の場合、その意識――少なくとも意識表層――は、もはや後にはひけないほど西洋化しているのだ。ほとんどそれと自覚することなしに、われわれは西洋的志向で物事を考える習慣を身につけてしまっている、ということを前提にして、井筒は次のように述べる。

我々現代の日本人の実存そのもののなかに、意識の表層と深層とを二つの軸として、西洋と東洋とが微妙な形で混交し融合しているということだ。／思えば古来、日本人は歴史的に、いつもこのようなパターンで自己の文化を形成してきたのではないだろうか。「和魂漢才」とは、まことに言い得て妙。漢と西との実質的違いこそあれ、結局は同じ一つの文化パターンである。そして今また我々現代の日本人が、こういう東西二座標軸的意識をもって「東洋的なるもの」を考えなおし、再評価していく、そこにこそ日本の置かれた現在的世界状況における東洋哲学の意義と問題性とがある、と私は信じる。／東と西との哲学的関わりというこの問題については、私自身、かつては比較哲学の可能性を探ろうとしたこともあった〔傍点は井筒〕(47)。

井筒が最後に「だが実は、ことさらに東と西とを比較しなくとも、現代に生きる日本人が、東洋哲学的主題を取り上げて、それを現代的意識の地平において考究しさえすれば、もうそれだけで既に東西思想の出逢いが実存的体験の場で生起し、東西的視点の交錯、つまりは一種の東西比較哲学がひとりでに成立してしまうのだ」と述べるとき、井筒は、岡倉天心の「アジアは一つ」を「日本はアジアを表している」という大川の解釈で継承しているということができるのである。

大川が晩年、思想的に辿りついた地点は『安楽の門』に記されている。『安楽の門』は「安楽の門」つまり彼にとっての「宗教」をめぐる精神的自伝であるともいえるが、イスラームに関連させていえば、その到達点が以下の一節に凝縮されている。

絶対者は涅槃《ねはん》・真如・仏性・如来など、いろいろな名前を以て呼ばれて居るが、その具体的表現たる「方便法身《ほっしん》」を信じて之と一体になれば、人間の心そのものが直ちに絶対者となる。即ち信心が客観化された神仏をも超えて純一無雑の主観となれば、その純主観が直ちに純客観であり茲《ここ》に宗教の絶対境が現れる。かかる心もまた固《もと》より色もなく形もなく、心も及ばず言葉も及ばぬものであるから、〔親鸞〕上人は之を「不可思議・不可称・不可説の信楽《しんぎょう》」と言つた。異なる方便法身を信心の対象とするために、いろいろな既成宗教が生れる。キリストを方便法身とする基督教、阿弥陀如来を方便法身とする浄土教、マホメットを方便法身とするイスラーム教等々がそれである。此等の宗教は皆な自教の方便法身を唯一無上のものとして互に対立して居るが不可思議の信楽に二つある道理はないから、真実の信者が経験する心境は、平等一味の筈である。(48)

親鸞の『教行信証』の一節を引用しつつ、大川が最晩年に到達した境地とは、絶対者の具体的表現としての「方便法身」を信じて一体になれば、人間の心そのものがそのまま絶対者になるというものなのであろう。その境地においては、ムハンマドも、キリストも、阿弥陀如来も、方便法身として同列に置かれてしまうことになる。そこでは「宗教と政治に間髪を容れぬ」イスラームの姿は後退し、内面的・精神的なイスラームの姿が預言者ムハンマドを通して前面に出てきているのである。

しかし、このような境地こそが大川周明の主体的な思索の結果、晩年に至って行き着いた「東洋」であり、その文脈におけるイスラーム理解の最終的なかたちということになるのであろう。それは、井筒俊彦がその代表作『意識と本質』において「共時的構造化」の方法で主体的に追い求めた「精神的東洋」と通底するものがある。井筒はその東洋に、新プラトン主義はもちろんであるが、イスラームのみならず、ユダヤ教カッバーラーまでも含めて壮大なる「精神的東洋」を構築しようとした。イスラーム研究者としての大川周明を今日の文脈において読み直す思想的な可能性はこのあたりにあるのかもしれない。

註

序章

（1）竹内好「大川周明のアジア研究」『竹内好全集』第八巻、筑摩書房、一九八〇年、一八三―一八四頁（以下、竹内「アジア研究」と略記）。

（2）以下、本文中では基本的には「イスラーム」と表記するが、引用文中の表記に従って「イスラム」あるいは「回教」という用語も適宜使用する。また、引用での「マホメット」という表現も同様の扱いとするが、本文では基本的に「ムハンマド」と表記する。ただし、「アル・クルアーン」は「コーラン」（古蘭）とし、これまでの慣用に従う場合もある。

（3）古屋哲夫「日本ファシズム論」『岩波講座　日本歴史』第二〇巻、岩波書店、一九七六年、七九―一二六頁。

（4）本書では基本的には当時の呼称をそのまま使用する。もちろん、本文では「太平洋戦争」という表現も適宜使用する。「十五年戦争」あるいは「アジア太平洋戦争」は一九三一年の満州事変から一九四五年の敗戦までを示す用語として使用されることが多いが、本書では使用していない。

（5）回教圏研究所は一九三八年三月に設立され、敗戦まで存続、雑誌『回教圏』を発行していた。所長は大久保幸次、所員に小林元、松田壽男、野原四郎、井筒俊彦などがいた。臼杵陽「戦前日本の『回教徒問題』研究――回教圏研究所を中心として」『岩波講座　「帝国」日本の学知　東洋学の磁場』第三巻（二〇〇六年、二二五―二五一頁）を参照されたい。

（6）竹内「アジア研究」、一九九頁。

（7）松本健一はその『大川周明』の中で「竹内好は日本帝国主義の力量、つまり「純粋の学術論文」を植民地経営の有益な資料とする能力に対して、やや軽くみていたようにおもわれる。そしてそのぶんだけ、大川周明の学問の社会的機能を過小評価しているのである」と評価し（松本健一『大川周明』岩波現代文庫、二〇〇四年、四六六頁）、また鈴木規夫も竹内の発言には無理があり「東亜の新秩序におけるイスラームの位置づけを明確化しようとして『回教概論』を出版した」（鈴木規夫『日本人にとってイスラームとは何か』ちくま新書、一九九八年、一九七頁）と述べているが、竹内が何故あえて日本帝国主義のアジア侵略と直接には何の関係もないと発言したかを竹内自身の内在的な論理で――仮に推測であっても――松本も鈴木も説明していない。

（8）最近では松本健一『大川周明』（岩波現代文庫、二〇〇四年）、および大塚健洋『大川周明――ある復古革新主義者の思想』（講談社学術文庫、二〇〇九年）が文庫版として復刊された。また、佐藤優『日米開戦の真実――大川周明著『米英東亜侵略史』を読み解く』（小学館、二〇〇六年）、関岡英之『大川周明の大アジア主義』（講談社、二〇〇七年）が大川再評価の流れの中で話題を提供している。

（9）古屋前掲論文、八一頁。

（10）とはいっても、山内昌之をはじめ相当数のエッセイ等があるが、学術的な観点で正面から取り組んだのは、三沢伸生「大川周明と日本のイスラーム研究」（『アジア・アフリカ文化研究所研究年報』第三七号、二〇〇二年、七三―八三頁）である。もちろん、鈴木前掲書も大川の復権に寄与している。

（11）『井筒俊彦著作集』別巻、中央公論社、一九九三年、三七九頁。

（12）井筒俊彦「イスラームの二つの顔」『中央公論』第九五巻第九号、一九八〇年七月、七〇―九二頁。

(13) 栄沢幸二『日本のファシズム』教育社歴史新書〈日本史〉一四八、一九八一年。
(14) 松本前掲書、二頁。
(15)『日本歴史大事典』小学館、二〇〇七年、電子手帳版。
(16) 大塚健洋『大川周明と近代日本』木鐸社、一九九〇年、一二五頁。
(17) この巻頭言は全集では第二巻に『新亜細亜小論』として所収されている。
(18) 全集の発行年は、第一巻が一九六一(昭和三六)年、第二・三・四巻が一九六二(昭和三七)年、第五巻が一九六三(昭和三八)年、第六巻が一九六九(昭和四四)年、そして第七巻が一九七四(昭和四九)年で、大川周明全集刊行会が編集し、いずれも岩崎書店からの出版である。
(19)『日本精神研究』は第一巻に収められているが、内容的にはむしろ④の人物評伝である。
(20) 丸山眞男『日本政治思想史研究』(東京大学出版会、一九五二年)の第一章および第二章を参照。
(21) 大川周明『日本的言行』『大川周明全集』第一巻、大川周明全集刊行会、三四〇―三四一頁(以下、全集からの引用の場合は「全集第一巻」などと表記する)。
(22) 大川周明『中庸新注』全集第三巻、四―五頁。
(23) 大川周明『大東亜秩序建設』全集第二巻、八三五頁。
(24) 竹内「アジア研究」一八八頁。
(25) 橋川文三「解説」、橋川文三編『大川周明集』(近代日本思想大系21)、筑摩書房、一九七五年、四四二頁。
(26) 竹内「アジア研究」一八七頁。
(27) 大川周明『回教概論』慶應書房、一九四二年、四頁。
(28) 大川周明『米英東亜侵略史』全集第二巻、七六〇―七六一頁
(29) 大川周明『復興亜細亜の諸問題』全集第二巻、六頁。

（30）同上。

（31）トルコ大国民会議は一九二二年一一月、スルタン制とカリフ制を分離してスルタン制を廃止、一九二四年三月にはカリフ制も廃止した。

（32）中東とは基本的にアラビア語圏、トルコ語圏、ペルシア語圏を含んだ西アジアから北アフリカの地域を指す。西はモロッコ・モーリタニアから東はイラン・アフガニスタン、北はトルコから南はアラビア半島・スーダンまでの地域を含む。もちろん、クルド語（クルディスタン）やヘブライ語（イスラエル）などの言語をしゃべる人々の住む地域も含む。

（33）一九三九年七月に出版された『日本二千六百年史』は、四〇（昭和一五）年が皇紀二六〇〇年にあたるということで関心を呼び五〇万部に達するベストセラーになったという。しかし、三九年秋頃から内容に不敬の箇所があるとして問題になり、四〇年二月、大日本新聞の宅野田夫が東京地方裁判所検事局に告発し、同月皇道新報社土屋長一郎がこれに続いた。蓑田胸喜も『大川周明氏の学的良心を愬《うった》う』を著わし大川の頼朝論、尊氏論、泰時論、明治維新論を糾弾した。そして同年三月、参議院予算委員会において政友会の猪野毛利栄が同書を取り上げるに至って不敬書問題は重大化した（大塚健洋『大川周明と近代日本』二四一頁）。

第一章

（1）『復興亜細亜の諸問題』全集第二巻、一七一頁。

（2）尾崎秀実『現代支那論』岩波新書、一九三九年、一頁。

（3）同上書、二頁。

（4）「大川周明博士略歴」『新勢力』第三巻第一二号、一九五八年、一五七頁

（5）山本哲朗編『東亜経済調査局付属研究所』二〇〇七年、『東亜経済調査局付属研究所　手記で綴った

大川塾』二〇〇九年。なお、両書ともウェッブサイト「大川周明とイスラム」においてPDF版で閲覧可能（http://wakame.econ.hit-u.ac.jp/~areastd/okawa/）。

（6）竹内「アジア研究」一八二頁。

（7）『回教圏』第一巻第一号、一九三八年、一〇頁。

（8）回教圏攷究所編『回教圏史要』四海書房、一九四〇年、一一―一二頁。

（9）同上書、一四―一五頁。

（10）『東半球に於ける防共鉄壁構成と回教徒』、大日本回教協会編、一九三九（昭和一四）年三月、一三頁。

（11）井筒俊彦『イスラーム思想史』中公文庫、一九九一年。

（12）大川周明『回教概論』中公文庫、一九九二年、二六二―二六三頁。ただし、『回教概論』はちくま学芸文庫として二〇〇八年に再版された。

（13）鶴見俊輔・加々美光行編『無根のナショナリズムを超えて――竹内好を再考する』日本評論社、二〇〇七年、二二六―二二七頁。

（14）竹内「アジア研究」一九八〇年、一七七―一九九頁。

（15）同上書、一七七頁。

（16）同上書、一八六頁。

（17）同上書、一八三頁。

（18）同上書、一七八頁。

（19）同上書、一八〇頁。

（20）臼杵陽「竹内好のイスラム観――戦前と戦後のあいだで」喜安朗・安丸良夫共編著『戦後知の可能性――歴史・宗教・民衆』山川出版社、二〇一〇年刊行予定。

(21) 竹内好「北支・蒙疆の回教」『回教圏』第六巻第八号、一九四二年八月、五〇―五一頁。
(22) 同上論文、五一―五二頁。
(23) 同上論文、五四―五五頁。
(24) 同上論文、五五頁。
(25) 同上論文、五五―五六頁。
(26) 同上論文、五六―五七頁。
(27) 同上論文、五七頁。
(28) 竹内「アジア研究」一八〇頁。
(29) 同上書、一八三頁。
(30) 同上書、一八五―一八六頁。
(31) 同上書、一八八頁。
(32) 同上書、一八九頁
(33) 同上書、一九〇頁
(34) 丸山眞男『日本政治思想史研究』東京大学出版会、一九五二年、二六頁。
(35) 竹内「アジア研究」一八〇頁。
(36) 大川周明『日本文明史』大鐙閣、一九二一年、六頁。なお、本書は国立国会図書館ウェッブサイト「近代史デジタルライブラリー」にて閲覧可能。
(37) 竹内「アジア研究」一九二―一九三頁。
(38) 同上書、一九三頁。
(39) 同上書、一九三―一九四頁。
(40) 同上書、一九五頁。

(41) 同上書、一九五―一九六四頁。
(42) 大川周明顕彰会編『大川周明日記 明治36年~昭和24年』岩崎学術出版社、一九八六年。
(43) 大塚健洋『大川周明と近代日本』木鐸社、一九九〇年、同『大川周明――ある復古革新主義者の思想』中公新書、一九九五年(二〇〇九年に講談社学術文庫として再版)、刈田徹『大川周明と国家改造運動』拓殖大学研究叢書、人間の科学社、二〇〇一年。
(44) 工藤真輔「思想形成期の大川周明:宗教と社会主義」『北大法学研究科ジュニア・リサーチ・ジャーナル』一五、二〇〇八年、二七―四八頁(ウェッブ上で閲覧可能。http://eprints.lib.hokudai.ac.jp/dspace/bitstream/2115/40083/1/JRJ15_002.pdf)。
(45) 竹内「アジア研究」一八六頁。
(46) 大川周明『安楽の門』全集第一巻、七七四頁。
(47) 竹内「アジア研究」一八七頁。
(48) 同上書、一八九頁。
(49) 大川周明『宗教論』全集第三巻、二八一頁。
(50) 大川周明『宗教原理講話』東京刊行社、一九二一年、一三頁。なお、国立国会図書館ウェッブサイト「近代デジタルライブラリー」にて閲覧可能。
(51) 『安楽の門』全集第一巻、八六一頁。
(52) 竹内「アジア研究」一八九―一九〇頁。
(53) 同上書、一八九頁。
(54) 同上書、一九八頁。
(55) 同上書、一九七頁。
(56) 同上書、一九九頁。

（57）同上。
（58）同上。

第二章

（1）白川龍太郎（大川周明）「神秘的マホメット教」『道』第二五号、一九一〇年五月、一五頁。
（2）「神秘的マホメット教」は大川周明関係文書刊行会編『大川周明関係文書』（芙蓉書房、一九九八年、一一四―一一九頁）にも再録されている。なお、『道』に掲載されたオリジナル論文はウェッブサイト「大川周明とイスラム」上においてＰＤＦファイルで閲覧できる（http://wakame.econ.hit-u.ac.jp/~areastd/okawa/okwronbun.htm）。
（3）大川は明治天皇崩御および乃木夫妻殉死に衝撃を受けて一九一二年春から天皇中心の日本史の研究を始めて翌年六月に一段落ついて『列聖伝』を完成させ日本回帰のきっかけとなったが、本書ではこの思想的転回には触れない（昆野伸幸『近代日本の国体論――〈皇国史観〉再考』ぺりかん社、二〇〇八年、二七―二九頁）。
（4）『ＣＤ・ＲＯＭ版　岩波イスラーム辞典』二〇〇九年。
（5）『宗教論』全集第三巻、二九八―二九九頁。
（6）井筒俊彦「イスラームの二つの顔」『中央公論』第九五巻第九号、一九八〇年七月、八二頁。
（7）同上論文、八二―八三頁。
（8）同上論文、八三―八四頁。
（9）前嶋信次（昭和二六年一〇月二四日付大川周明宛書簡）、大川周明関係文書刊行会編『大川周明関係文書』芙蓉書房出版、一九九八年、七七七頁。
（10）『安楽の門』全集第一巻、七四四頁、七四〇頁。

(11)『宗教論』全集第三巻、三三七―三三八頁

(12)同上書、三三八頁。

(13)本書の関心のあり方とは異なるが、最近では嶋本隆光「大川周明の宗教研究――イスラーム研究への道」『日本語・日本文化』三四号、大阪大学、二〇〇八年五月、一―二二頁(ウェッブ上で閲覧可能。http://ci.nii.ac.jp/naid/110007147216/ja/)、がシーア派の思想との関連でこの問題に言及している。

(14)マーク・R・マリンズ著、高崎恵訳『メイド・イン・ジャパンのキリスト教』トランスビュー、二〇〇五年、第五章「自己修養の道」を参照。

(15)詳細は本書第三章「日本的オリエンタリスト」の「三　宗教観をめぐって」を参照。

(16)『大川周明関係文書』一二一頁。

(17)同上書、一二二頁。

(18)大川がスーフィズムの学説を紹介するに当って名前を挙げている研究者は「トーラック」であるが(おそらく孫引きであろう)、フリードリッヒ・トルックF. R. D. Tholuck(一七九九―一八七七年)のことであろう。トルックはドイツのプロテスタント神学者で、一八二一年にヨーロッパ語としては初めてラテン語でスーフィズム概説書を刊行した。彼はイスラームとスーフィズムの関係を、セム的律法主義対アーリア的神秘主義という図式で捉え、そのことは彼の著書のタイトル『スーフィズム、もしくはペルシア人の汎神論的神智学』(*Sufismus, sive theosophia Persarum pantheistica*)にも明らかである。以上のトルックに関する情報については東長靖氏(京都大学大学院アジア・アフリカ地域研究研究科)からご教示を受けた。記して感謝するものである。

(19)白川龍太郎(大川周明)「神秘的マホメット教」、一一頁。

(20)同上。

(21)同上。

(22) 同上論文、一二頁。
(23) 同上論文、一三頁。
(24) 同上論文、一四頁。
(25) 同上論文、一五頁。
(26) 井筒俊彦訳『ルーミー語録』イスラーム古典叢書、岩波書店、一九七八年。後に『井筒俊彦著作集』第一一巻(中央公論社、一九九三年)に再録。
(27) 井筒俊彦『イスラーム思想史』中公文庫、改版、二〇〇五年、一七二―一七五頁。
(28) 同上書、一八三頁。
(29) 同上書、一八二頁。
(30) 白川龍太郎(大川周明)「神秘的マホメット教」、一〇頁
(31) 井筒俊彦『意識の形而上学――『大乗起信論』の哲学』中公文庫、二〇〇一年。
(32) 『復興亜細亜の諸問題』全集第二巻、四頁。
(33) 同上書、五―六頁。
(34) 同上書、六頁。
(35) 大川『回教概論』慶應書房、一九四二年、三頁。
(36) 同上書、三頁。
(37) 大川周明「宗教講話(其十三)~(其十六)」『道』第六五号―第六八号、一九一三(大正二)年九月―一二月。
(38) 大川周明「マホメット語録」『道』第七五―第七九号、一九一四(大正三)年七月―一一月。
(39) 『安楽の門』全集第一巻、七四二頁。
(40) 大川周明「宗教講話(其十三) マホメット及びその宗教」『道』第六五号、一九一三年九月、三八頁。

(41) 大川周明『宗教の本質』全集第三巻、七七九頁。
(42) 大川周明「回教及び其の教祖」『道』第八五号、一九一五年五月、一八—三一頁。
(43) 大川周明「回教とはいかなるもの乎」『道』第九五号、一九一六年三月、四二—五四頁。
(44) 大川周明「回教及び其の教祖」『道』第八五号、三〇—三一頁。
(45) 同上論文、三一頁。
(46) 大川『回教概論』慶應書房、一九四二年。「はしがき」は一—一三頁。ただし、本書の奥付の発行年月日は「昭和十七年八月二十日」になっているが、大川の「はしがき」の日付は発行月よりも遅い「昭和十七年九月」になっている。
(47) 大川『回教概論』一頁。
(48) 大川が挙げている事例は環インド洋地域のムスリムであって、どこまで他の地域に適用できるかはまた別の議論となろう。
(49) 大川『回教概論』七—八頁
(50) 同上書、二頁。
(51) 松長昭『在日タタール人——歴史に翻弄されたイスラーム教徒たち』ユーラシア・ブックレット一三四、東洋書店、二〇〇九年。
(52) 大川『回教概論』五頁。
(53) 同上書、五—六頁。
(54) 原正男『日本精神と回教』誠美書閣、一九四一年。神道研究者の原は大日本回教協会の依頼で執筆したが、依拠したのが次の文献であった。S. M. Zwemer, *The Influence of Animism on Islam: An Account of Popular Superstitions*, New York: Macmillan, 1920.
(55) 大川『回教概論』七頁。

(56) 同上書、八―九頁。
(57) 同上書、一〇頁。
(58) 同上書、一一頁。
(59) 同上書、一二頁。
(60) 同上書、一三頁。
(61) 竹内「アジア研究」一九九頁。
(62) 『安楽の門』全集第一巻、七四〇頁。
(63) 同上書、七四〇頁。
(64) 沼波武夫（一八七七―二七年）は一高教授、国文学者・俳人。
(65) 以下の文献だと思われる。Manassewitsch [Manasevich], Boris, *Lehrbuch, die arabische Sprache durch Selbstunterricht schnell und leicht zu erlernen*. Verlag: Wien/Leipzig. A. Hartleben's Verlag.o.J. 1912.
(66) Khan, Mohammad Abul Hakim, *The Holy Qur'an*, Patiala, 1905.
(67) 『安楽の門』全集第一巻、七四一―七四四頁。
(68) 大川周明「まえがき」『古蘭』全集第七巻、一頁。全集第七巻は第一部『回教概論』、第二部『古蘭』となっており、それぞれに頁が付され、第七巻としての頁数が通しではふられていない。したがって、『古蘭』での頁数を示すことにする。
(69) 同上書、二頁。
(70) 同上書、三頁。
(71) 同上書、一頁。
(72) 同上書、四頁。

(73) 松村とあるが確認できなかった。内藤がこの追悼を書いた当時、坂本健一訳『コーラン経』(一九二〇年)、高橋五郎・有賀阿馬土・山口瑞穂共訳『聖香蘭経(イスラム経典)』(一九三八年)、井筒俊彦訳『コーラン』(一九五八年)があった。
(74) 内藤智秀「大川周明氏を偲ぶ」『新勢力』五七―五八頁。
(75) 前嶋信次(昭和二六年一〇月二四日付大川周明宛書簡)、『大川周明関係文書』七七七頁。
(76) 前嶋は座談会において井筒の口語訳コーランを「モスレムの人には、ああいうのはね。/コーランには詩の言葉が、非常に多く書かれていますからね。文章語ですから」と批判的に見ていた(「〈座談会〉日本におけるイスラム学の歩み」『イスラム世界』第二号、一九六四年七月、七〇頁)。

第三章

(1) 大川周明「第一章　序説」『回教概論』一頁。
(2) 松本健一「ハンチントンは大川周明を超えたか」『諸君!』第三一巻第八号、一九九九年八月号、一四〇―一五五頁。
(3) 安藤礼二「大東亜共栄圏の哲学――大川周明と井筒俊彦」『アソシエ』第一七号、二〇〇六年、一一一―一二五頁。同『神々の闘争』講談社、二〇〇四年。
(4) 大川『回教概論』二―三頁。
(5) 同上書、四―五頁。
(6) 同上書、六頁。
(7) 竹内好「アジア研究」、一八三―一八四頁。
(8) 竹内は「アジア主義の展望」の中で「戦後になって突如としてアジアのナショナリズムという新しい問題が投入されるが(飯塚浩二「アジアのナショナリズム」参照)、これが過去のアジア主義と切れて、天心なり〔宮崎〕滔天なり内田〔良平〕なり大川なりと無関係に論じられることに、そもそも問題があるわけだ」として戦前のアジア主義に触れない飯塚を批判している（竹内好編『現代日本思想体系9　アジア主義』筑摩書房、一九六三年、六一頁）。

（9）藤本勝次「コーランとイスラム思想」『コーラン』中央公論社、世界の名著15、一九七〇年、一〇頁。

（10）松本健一『大川周明』四六八頁。

（11）同上書、四六六頁。

（12）同上。

（13）小林寧子「イスラーム政策と占領地支配」『岩波講座アジア・太平洋戦争　第七巻　支配と暴力』岩波書店、二〇〇六年。

（14）「大川周明著『回教概論』――所内研究会報告」『回教圏』第七巻第三号、昭和一八年三月一日、六一―六三頁。

（15）大川は『復興亜細亜の諸問題』の序において黒崎幸吉について次のように書いている。「就中当時住友の社員たり、今は内村鑑三氏の分身たる黒崎幸吉君が、国際問題に関する予の一小著に対し、切々として予が印度哲学より如是の研究に移るの非を諫めたる書面を送り来れることは、今尚ほ感謝なくして想起し得ざる所である」（『復興亜細亜の諸問題』大川全集第二巻、五頁）。

（16）鈴木規夫「大川周明『回教概論』」「ブックガイド日本の思想――『古事記』から丸山眞男まで」『現代思想』第三三巻第七号（六月臨時増刊号）、二〇〇五年六月、一七三頁。

（17）鈴木規夫『日本人にとってイスラームとは何か』ちくま新書、一九九八年、一九七頁。

（18）大川『回教概論』二一二―二一三頁。

（19）同上書、三頁。

（20）同上書、四―五頁。

(21) 末木文美士「大川周明と日本のアジア主義」『近代日本と仏教　近代日本の思想・再考Ⅱ』トランスビュー、二〇〇四年、三三二―三六四頁

(22) 大川がしばしば引用しているマクドナルド『イスラームの諸相』の構成は次のとおりである。第一講演「ムスリム自身が示すムスリム東方」、第二講演「ムハンマドの時代と生涯」、第三講演「クルアーン――現在のムスリムのムハンマドに対する姿勢」、第四講演「ムスリム神学と形而上学」、第五講演「神秘主義的生活と聖者の結社」、第六講演「続・神秘主義的生活と聖者の結社」、第七講演「イスラームの聖典およびキリストの人格に対する態度」、第八講演「ムスリムの布教活動」、第九講演「ムスリムの教育観」、第十講演「ムスリムの生活の内的側面――民衆文学」。

(23) 大川が利用した文献の一部は現在、酒田市立図書館光丘文庫として所蔵されており、「大川周明旧蔵書目録」で参照できる。私もイスラーム関係の欧語文献に関しては同文庫で閲覧した。便宜を図って下さった同文庫のスタッフの方々に記して謝する次第である。オリエンタリストの研究に関しては、ヨーハン・フュック著、井村行子訳『アラブ・イスラム研究誌――２０世紀初頭までのヨーロッパにおける』法政大学出版局、二〇〇二年、を参照されたい。

(24) 大川『回教概論』六九―七〇頁。

(25) 同上書、七六頁。

(26) 同上書、二五八頁。

(27) D. B. Macdonald, *Development of Muslim Theology, Jurisprudence and Constitutional Theory*, London, 1926, p. viii.

(28) エドワード・W・サイード著、板垣雄三・杉田英明監修、今沢紀子訳『オリエンタリズム』下巻、平凡社ライブラリー、一九九三年、一七二―一七三頁。

(29) 大川『回教概論』一三頁。

(30) 『井筒俊彦著作集』別巻、中央公論社、一九九三年、三七九―三八〇頁(初出「二十世紀末の闇と光」『中央公論』一九九三年一月号)。
(31) 橋川文三「解説」、橋川文三編『大川周明集』四四一―四四二頁。
(32) 大川周明『安楽の門』全集第一巻、七八九頁。ただし、ほぼ同様の表現は一九二二年に刊行した『復興亜細亜の諸問題』の「はしがき」にも見える。
(33) 橋川前掲書「解説」、四四二頁。
(34) 同上書、四四二頁。
(35) 大川は日米戦争を「一は太陽を以て、他は衆星を以て、それぞれ其の国の象徴として居るが故に、其の対立は宛も白昼と暗夜との対立を意味するが如く見える」(『米英東亜侵略史』全集第二巻、六八九―六九〇頁)のように例えたのである。
(36) 『安楽の門』全集第一巻、七六九―七七〇頁。
(37) 同上書、七六九頁。
(38) 同上書、七七七頁。
(39) 同上。
(40) 同上書、七八六頁。
(41) 同上。
(42) Macdonell, A. A. A *Sanskrit Grammar for Students*, Oxford, 1927. と思われる。
(43) 『安楽の門』全集第一巻、七八七頁。
(44) 同上書、八六三―八六四頁。
(45) 同上書、八六一頁。
(46) 同上書、八六一―八六二頁。

（47）大川周明『日本精神研究』全集第一巻、一〇八―一一四頁。
（48）橋川文三編「解説　昭和超国家主義の諸相」『超国家主義』（現代日本思想大系31）、筑摩書房、一九六四年、三三頁。
（49）丸山眞男『忠誠と反逆――転形期日本の精神史的位相』ちくま学芸文庫、一九九八年、三四四頁。
（50）『日本精神研究』全集第一巻、一〇九頁。
（51）大川が持ち歩いていた本は以下ではないかと思われる。Annie Besant (translation & commentary), *The Bhagavad-Gita : with Samskrit text, free translation into English, a word-for-word translation, and an introduction on Samskrit grammar*, London and Benares: Theosophical Publishing Society, 1905.
（52）大塚健洋『大川周明――ある復古革新主義者の思想』講談社学術文庫、二〇〇九年、二二三―二二四頁。大川塾に関しては、第一章の註（5）を参照されたい。
（53）野原四郎「回教研究の役割」『回教圏』第六巻第一号、一九四二（昭和十七）年一月、一二頁。
（54）同上論文、一〇頁。

第四章

（1）大川周明『日本文明史』大鐙閣、一九二一年、八―九頁。
（2）『復興亜細亜の諸問題』全集第二巻、三頁。
（3）『道』誌に所収の論考に関する書誌的な研究は、大塚健洋「道会における大川周明（上）」『政治経済史学』第二三〇号、第二三七号、一九八五年、一―一一頁：大塚健洋「道会における大川周明（下）」『社会経済史学』第二三七号、一九八六年、六六―七五頁、を参照。刈田徹『拓殖大学論集』（その一、第一五八号、一九八五年、一八七―二三五頁：その二、第一六〇号、一九八六年、二〇七―二四〇：その三、第一六二号、一九八六年、三四七―三八一頁：その四、第一六四号、一九八七年、三八三―四一〇頁：その五、第一六六号、一九八七年、一二三―一四九頁：その五、第一七六号、一九八九年、一六九―二〇五頁）。大塚論文は『道』所収論文の紹介であり、刈田論文は基本的には、その論文タイトルに解題と総目次とあるように『道』誌所収のすべての論考のタイトルをリストアップしたもので、研究者にはすこぶる便利なものである。筆者自身も次のような文献目録を作成した。臼杵陽「道会雑誌『道』所収の大川周明による論考の解題および論考題名一覧」『日本・イスラーム関係データーベース構築――戦前期回教研究から中東イスラーム地域研究への展開』平成十七年度―平成十九年度科学研究費補助金基盤研究（A）研究成果報告書、課題番号17201050、一八一―一九一頁。

（4）松村介石の評伝に関しては、加藤正夫『宗教改革者・松村介石の思想――東西思想の融合を図る』（近代文芸社、一九九六年）を参照されたい。

（5）以下において〈 〉で示しているのは『道』誌に掲載された論文の書誌情報である。「第一　革命欧羅巴と復興亜細亜」、「第二　西蔵問題の由来及び帰趨」（チベット）〈「西蔵問題の意義」一三六号、一九一九年〉、「第三　英仏狙上より脱出せんとする白象王国」（タイ）〈「餘喘を保つ暹羅」一四九号、一九二〇年〉、「第四　革命行程の印度」（インド）、「第五　阿富汗斯坦及び阿富汗問題」（アフガニスタン）〈「阿富汗問題」一三七号、一九一九年九月〉、「第六　復興途上の波斯」（イラン）〈「落日の波斯」一三九号、一九一九年一一月〉、「第七　労農露西亜の中東政策」、「第八　青年土耳古党の五拾年」（トルコ）、「第九　埃及に於ける国民運動の勝利」（エジプト）〈「英吉利と埃及問題　一～三」一五九―一六一号、一九二〇年七―九月〉、「第十　欧羅巴統治下の回教民族（上下）」「第十一　復興亜細亜の前衛たるべき回教聯盟」〈「蘇らんとする回教徒（上下）」一五三号、一五四号、一九一九年一月、二月〉〈「回教の一改革者」一六二号、一九二一年一〇月〉、「第十二　メソポタミア問題の意義」（イラク）〈「英國は何故にメソポタミアに執着するか」一五七号、一九二一年五月〉、「第十三　猶太民族の故国復興運動」〈一四〇―一四一号、一九一九年一二月―二〇年一月〉、「第十四　バグダード鉄道政策の発展」〈シェーファー著『バグダード鉄道政策の発展』のドイツ語から大意翻訳〉。

(6) 山口博一「大川周明のアジア認識」中岡三益編『戦後日本の対アジア経済政策史』アジア経済研究所、一九八一年、二三頁。

(7) 同上論文、二六頁。

(8)『英雄崇拝論』の邦訳は石田羊一郎・大屋八十八郎訳で丸善から一八九三（明治二六）年に出版されている。本訳は国立国会図書館近代デジタルライブラリーで閲覧可能。

(9) 杉田英明『日本人の中東発見――逆遠近法のなかの比較文化史』東京大学出版会、一九九五年、一四八頁―一五〇頁。

(10) 下中弥三郎「無論正気な大川君だった」『新勢力』第三巻第一二号、一九五八年一一月、六一頁。

(11) 大川周明『亜細亜建設者』全集第二巻、二五二頁。

(12) 山口前掲論文、二八頁。

(13) 同上論文、三一頁。

(14) 同上論文、三六頁。

(15) 同上。

(16) 同上論文、三六―三七頁。

(17) 竹内好「解題　アジア主義の展望」『現代日本思想大系9　アジア主義』四四頁。

(18) 大川『日本文明史』一九二一年、七頁。

(19) 同上書、八頁。

(20) 同上書、九頁。

(21)「われわれの民族の誇りと有機的統一体という岩石は、アジア文明の偉大な二つの極（中国とインド）から押し寄せる強大な波濤を浴びながら、千古巌として揺るがなかったのである。国民的本性はかつて圧倒されることはなかったのである。模倣が自由な創造に取って代わるということはかつてなかったのである。受けた影響を、それがいかに巨大なものであろうとも、これを受容し改めて応用するための豊かな活力が常にあったのである」(岡倉天心『東洋の理想』講談社学術文庫、一九八六年、三二頁)。
(22) 大川『日本文明史』一〇頁。
(23) 大川は奈良朝文化を挙げて西域・南北朝期中国を通じた西アジア文化の受容を示唆しているが、ササン朝ペルシアの文化の受容であってイスラーム文化ではない(同上書、五九頁)。
(24) 大川『回教概論』四―五頁。この発想は最初の論考「神秘的マホメット教」において「スウフィズムは殆ど基督教と云ふを妨げず。少くとも、プラトー及新プラトー哲学を基礎とせる精神的基督教と同一の信仰を有す。スウフィズム信者自身は決してこの断定を拒まざる可し」と述べている(前掲『大川周明関係文書』一一九頁)。
(25) 『米英東亜侵略史』全集第二巻、七六〇―七六一頁
(26) 竹内「アジア研究」一九七頁。
(27) 大川周明『新東洋精神』全集第二巻、九五七頁。『大東亜秩序建設』全集第二巻、八三五頁。
(28) 同上書、九六二―九六三頁。
(29) 大川周明「回教徒の政治的将来」『改造』第四巻第一一号、一九二二年、一一八頁。
(30) 同上論文、一一八頁。
(31) 同上論文、一一九頁。
(32) 『亜細亜建設者』全集第二巻、三四五頁。
(33) 同上書、三六五―三六七頁。
(34) 『復興亜細亜の諸問題』全集第二巻、一七一頁。
(35) 同上書、一七五頁。

(36) ツゥラン主義あるいはトゥーラン主義。「トゥーラン民族」、つまりウラル・アルタイ語系の民族を統一しようとする運動で、西はフィンランド、ハンガリーからトルコ、中央アジア、モンゴル、朝鮮、そして日本までも含んでしまうパン的運動。戦前に出版された著書として、野副重次『ツラン民族運動と日本の新使命』日本公論社、一九三四年、あるいは今岡十一郎『ツラン民族圏』龍吟社、一九四二年、などがある。

(37) 大塚健洋『大川周明と近代日本』木鐸社、一九九〇年、一二五頁。

(38) 「五・一五事件　尋問調書」橋川文三編『超国家主義』筑摩書房、三六三頁。

(39) 大塚久雄の「転向」問題に関しては、中野敏男『大塚久雄と丸山眞男――動員、主体、戦争責任』青土社、二〇〇一年、を参照。

(40) 大川周明『特許植民会社制度研究』全集第四巻、六八二頁。

(41) 同上書、八六〇―八六一頁。

(42) 満川亀太郎『列強の領土的並経済的発展』弘文堂書店、大正七年、二―三頁。本書は国立国会図書館近代デジタルライブラリーで閲覧可能。

(43) 『近世欧羅巴植民史』全集第五巻、四頁。

(44) 『復興亜細亜の諸問題』は全集では第二巻（三―二四七頁）の冒頭に収められて「解説」の書誌情報でも初版本のものである。しかし、実際には「第十三　猶太民族の故国復興運動」が抜け落ちてしまっている。つまり、全集の編集の際、一九三九年の再版を定本にした可能性があり、また中公文庫版も全集に依拠したための欠落であると想像される。

(45) 大塚健洋によればこのシオニズム論文はもともと東亜経済調査局の『経済資料』（第三巻第一二号、大正六年一二月）に「植民政策より見たるジオニズム」というタイトルで掲載されたものだった（大塚健洋『大川周明と近代日本』木鐸社、一九九〇年、一二六頁）。

(46) 大川周明『復興亜細亜の諸問題』大鐙閣、菊版、一九二二（大正一一）年七月三〇日発行、三六二―四〇五頁。
(47) 大川周明『復興亜細亜の諸問題』明治書院、B6版、一九三九（昭和一四）年四月二五日発行（ただし、筆者が所有するのはさらに再版の同年五月一五日のもの）。
(48) 松本健一は「［猶存社は］中国の革命運動に加わった北［一輝］と、インドの解放・独立運動やイスラム圏の動勢に詳しい大川と、ロシア革命とユダヤ人問題、あるいは世界の人種闘争に詳しい満川［亀太郎］との合体によって、日本のナショナリズムをアジア的関連のもとに置くことを可能にした」とユダヤ人問題家として満川を評価している（松本健一『大川周明』岩波現代文庫、二七三頁）。
(49) 満川亀太郎『ユダヤ禍の迷妄』平凡社、一九二九年。同書は二〇〇八年に慧文社から復刊された。
(50) 矢内原忠雄「シオン運動に就て」『矢内原忠雄全集』第一巻、一九六三年、岩波書店、五四一―五九四頁。
(51) 大川周明「猶太民族の故国復興運動（下）」『道』一四一号、一九二〇年一月、五二頁。
(52) 「大川周明博士略歴」『新勢力』第三巻第一二号、一九五八年、一五八頁。
(53) Franz Carl Endres, *Zionismus und Weltpolitik*, Leipzig: Duncker & Humblot, 1918.
(54) 大川周明『復興亜細亜の諸問題』初版、三八六―三八九頁。大川はエンドレスの引用頁を明示していないが、Endres. *op.cit.* pp.50-52. の部分をそのまま引用している。なお、本書は京都大学経済学部図書館に所蔵されており、本書の閲覧に当たっては京都大学大学院アジア・アフリカ地域研究科の堀抜功二氏のお世話になった。記して謝する次第である。
(55) 『復興亜細亜の諸問題』初版、四〇〇―四〇三頁。
(56) 同上書、三九〇頁。
(57) 同上書、三九二―三九三頁。

(58) 同上書、四〇四頁。
(59) 同上書、四〇四—四〇五頁。
(60) 同上書、三六二頁。
(61) 同上書、三六二—三六三頁。
(62) 大川周明『日本文明史』五頁。
(63) 同上書、一八頁。
(64) 同上書、六頁。
(65) 同上書、二三頁。
(66) 丸山眞男『現代政治の思想と行動』上巻、未来社、一九五六年、三九—四〇頁。
(67) 大川周明『日本文明史』二五頁。
(68) 丸山眞男『忠誠と反逆——転形期日本の精神史的位相』ちくま学芸文庫、三六一頁。
(69) 大川周明『日本文明史』二七頁。
(70) 同上書、二七—二八頁。
(71) 久野収・鶴見俊輔『現代日本の思想——その五つの渦』(岩波新書、一九五六年)における「Ⅳ 日本の超国家主義——昭和維新の思想」を参照。久野は「注目すべきは、天皇の権威と権力が「顕教」と「密教」、通俗的と高等的の二様に解釈され、この二様の解釈の微妙な運営的調和の上に、伊藤の作った明治日本の国家がなりたっていたことである。顕教とは、天皇を無限の権威と権力を持つ絶対君主と見る解釈のシステム、密教とは、天皇の権威と権力を憲法その他によって限界づけられた制限君主と見る解釈のシステムである。はっきりいえば、国民全体には、天皇を絶対君主として信奉させ、この国民のエネルギーを国政に動員した上で、国政を運用する秘訣としては、立憲君主説、すなわち天皇国家最高機関説を採用するという仕方である」と説明している(一三二頁)。

(72) 大川周明『日本文明史』三四九頁。
(73) 大塚健洋『大川周明と近代日本』二四二頁。
(74) 大川周明『日本文明史』三四九頁。
(75) 同上書、三五一頁。
(76) 同上書、三六五頁。
(77) 大川はその後、「天皇とは『天神（あまつかみ）にして皇帝（すめらぎ）』の意味である。吾等の祖先は、天神にして皇帝たる君主を奉じて此日本国を建設した。而して吾国は文字通り神国であり、天皇は現神（あきつかみ）であり。……国祖の直系であり、且つ国祖の精神を如実に現在まで護持し給ふ天皇を、神として仰ぎ奉るのである。吾等は永遠無窮に一系連綿の天皇を奉じ、盡未来際（じんみらいさい）この国土に拠り、祖先の志業を継承して歩々之を遂行し、わが国体をしていやが上に光輝あるものたらしめねばならぬ」（『国史読本』一九三一年、一七―二〇頁）といったように、「神」の説明抜きで叙述するようになった。
(78)『宗教論』全集第三巻、三三八頁。
(79)『亜細亜建設者』全集第二巻、三四三頁。
(80) 同上書、三五二―三五三頁。
(81) 同上書、二九三―二九四頁。
(82) 同上書、二七七―二七八頁
(83) 同上書全集第二巻、二八三頁。
(84) 同上書全集第二巻、二八四頁。
(85) 同上書、二八三―二八六頁。
(86) 同上書、二八六頁。

(87) ケマルは一八八一年生まれだが、イブン・サウードは一八七六年あるいは八〇年などの諸説があり、同じ年の生まれとは言えない。
(88) 『亜細亜建設者』全集第二巻、三七一―三七二頁。
(89) 『日本精神研究』全集第一巻、二五二―二五三頁。
(90) 大川周明『大東亜秩序建設』大川全集第二巻、八三五頁。

第五章

(1) 『安楽の門』全集第一巻、七三六頁。
(2) 児島襄『東京裁判（上）』中公新書、一九七一年、一四六―一四七頁。
(3) 内村祐之「精神鑑定の随想――大川周明博士を繞って」『精神医学者の滴想』中公文庫、一九八四年、一一五―一一七頁。
(4) 清瀬一郎『秘録　東京裁判』初版、中公文庫、一九八六年、一一九―一二〇頁。
(5) 『安楽の門』大川全集第一巻、七三六頁。
(6) 松本健一『大川周明』二八一―二八二頁。
(7) 大塚健洋「大川周明のアジア観」岡本幸治編著『近代日本のアジア観』ＭＩＮＥＲＶＡ日本史ライブラリー（5）、ミネルヴァ書房、一九九八年。
(8) 粟屋健太郎『東京裁判への道』下巻、講談社選書メチエ、二〇〇六年、一三九頁。
(9) 同上書、一四〇―一四一頁。
(10) 『安楽の門』全集第一巻、七三二頁。
(11) 『大川周明日記』四二二頁。
(12) 同上書、四二三頁。

(13)『安楽の門』全集第一巻、七三二頁。
(14) 同上書、七三二頁。
(15) この第十二章はもともと大川周明「英国は何故にメソポタミアに執着するのか」『道』第一五七号、一九二一年五月、五〇—五五頁、に加筆したものである。
(16)『復興亜細亜の諸問題』全集第二巻、二一〇頁。
(17) 同上書、二一〇頁。
(18) 同上書、二一三頁。
(19) 同上書、二一三—二一四頁。
(20) 同上書、二四七頁。大川がこの章を一九一四年で終えているのは翻訳論文に従ったためである。もともと、この章のオリジナルになっている初出論文が「英国は何故にメソポタミアに執着するか」『道』（第一五七号、一九二一年五月）であり、改稿の余裕がなかったからだと思われる。
(21) 同上書、六—七頁。
(22) 同上書、七頁。
(23) M. P. McNeil, *Saddam on Trial: Understanding and Debating the Iraqi High Tribunal*, Durham, NC: Carolina Academic Press, 2006, pp.57-59.
(24) 長尾龍一「解説」、清瀬一郎『秘録　東京裁判』初版、二八六頁。
(25) ジル・ケペル著、丸岡高広訳『テロと殉教——「文明の衝突」をこえて』産業図書、二〇一〇年、五頁。
(26) Curtis F. Doebler, "The Saddam Hussein Verdict: An Abuse of Justice", http://jurist.law.pitt.edu/forumy/2006 /11/saddam-hussein-verdict-abuse-of.php
(27) Leila Sadat, "Is the Saddam Hussein Trial One of the Most Important Court Case all of Time?", M.

P. McNeil, *Saddam on Trial: Understanding and Debating the Iraqi High Tribunal*, Durham, NC: Carolina Academic Press, 2006, pp.230-231.

終章

（1）『新東洋精神』大川全集第二巻、九四四—九四五頁。
（2）竹内好「北支・蒙疆の回教」『回教圏』第六巻第八号、一九四二年八月、五四頁。
（3）竹内「アジア研究」一九七頁。
（4）『欧羅巴・亜細亜・日本』全集第二巻、八五二頁。
（5）橋川文三「解説」、橋川文三編『大川周明集』四四一頁。
（6）『新東洋精神』全集第二巻、九四六頁。『大東亜秩序建設』は「大東亜秩序の歴史的根拠」「大東亜圏の内容及び範囲」「欧羅巴・亜細亜・日本」の三篇からなり、とりわけ最初の論考が重要である。最後の論考はすでに大正末年に出版した本の再録である。
（7）大川「ソロヴィエフ《ママ》の戦争論」全集第四巻、五五三頁。ただし、『新東洋精神』では元々の訳稿と比べるとかなり表現が変えられている。
（8）ソロヴィヨフの思想と生涯を貫いていたもの、多様な思想潮流を一つにまとめていた軸は「オカルティズム」だという視点から書かれた、大川の思想を考える上でも示唆的な興味深い論文として、杉浦秀一「ウラジーミル・ソロヴィヨフとオカルティズム」『スラヴ研究』五二号、北海道大学スラヴ研究センター、二〇〇五年、一七七—二〇四頁、がある。
（9）大川周明『日本及日本人の道』全集第一巻、七五頁。
（10）邦訳では『統治の書』の「殉教者には天国が約束されている」において「アッラーのみ使いは『天国の門は剣の影の下にある』と申された」と訳されており、この引用部には注が付されて「アッラーの道のために戦って死を遂げることは天国への道につながるということ」とある（『日訳サヒーフムスリム』磯崎定基他訳、第三巻、日本サウディアラビア協会、一九八九年、五四頁）。

（11）橋川文三編「解説　昭和超国家主義の諸相」、前掲『超国家主義』三九頁。橋川は引用部分を『日本改造法案大綱』の「緒言」としているが、実際には同書の「結言」に現れる（『北一輝著作集』第二巻、みすず書房、一九五九年、三五一頁）。

（12）同上書、四四頁。

（13）『安楽の門』全集第一巻、七四〇頁。

（14）竹内「アジア研究」、一九九頁。

（15）ケマル・アタチュルクに心酔したと言われる橋本欣五郎などの陸軍将校との国家改造運動と大川との関係をイスラームの文脈でどのように評価するかは改めて検討すべき課題であろう。

（16）大川は敗戦後の自分の境涯を昭和三〇年正月元旦付中村武彦宛書簡において次のように書き送っている。「私の志すところは『救国』ではなく『立国』です。たった一字の相違ですが住んで居る世界が違うのですから実は白雲万里の懸隔です。私は過去の一切を亡国日本と共に棄て去り新しい大川として生き始めたので……昔の大川は最早現実界には居りませぬ。……私の生理的年齢は古稀に達しましたが、生まれかわってから幾年も経たないのだから思想も感情も幼少時代に逆転しました」（中村武彦「思い出の断片」『新勢力』第三巻第十二号、一九五八年一一月、一〇〇頁）。

（17）『新東洋精神』全集第二巻、九五二頁。

（18）井筒俊彦『意識と本質――精神的東洋を索めて』岩波文庫、一九九一年、一〇五―一〇六頁。

（19）同上書、一五〇―一五一頁。

（20）『新東洋精神』全集第二巻、九五三頁。

（21）橋川前掲書、八頁。

(22) 不敬書事件に関しては、大川の天皇観をイスラームとの関係で知る上で興味深い事件であるが、とりあえず松本健一『大川周明』、大塚健洋『大川周明と近代日本』、昆野伸幸『近代日本の国体論』の該当する箇所を参照されたい。
(23) 『大川周明日記』二一二頁。
(24) 『大東亜秩序建設』全集第二巻、八〇二頁。
(25) 同上書、八〇二―八〇三頁。
(26) 同上書、八〇三頁。
(27) 呉懐中「『大東亜戦争』期における大川周明の思想戦――その日中関係論を中心に」『同志社法学』五九巻第二号(通号第三三一号)、二〇〇七年七月、三一七頁。呉氏は大川論をまとめて『大川周明と近代中国――日中関係の在り方をめぐる認識と行動』日本僑報社、二〇〇七年、を刊行した。なお、本論文はインターネットで閲覧可能である(http://elib.doshisha.ac.jp/cgi-bin/retrieve/sr_bookview.cgi/U_CHARSET.utf-8/BD00011753/Body/028003210010.pdf)
(28) 同上論文、三二三―三二四頁。
(29) 竹内「アジア研究」一九六頁。
(30) 竹内好『近代の超克』筑摩叢書285、筑摩書房、一九八三年、九八頁。
(31) 『大東亜秩序建設』全集第二巻、七七七頁。
(32) 大川『回教概論』一三頁。
(33) 『新東洋精神』全集第二巻、九四四頁。
(34) 同上書、九五四頁。
(35) 同上書、九五八―九五九頁。
(36) 同上書、九六四―六四五頁。

(37) 同上書、九六二頁。
(38)『新亜細亜小論』全集第二巻、九一七頁。
(39) 大川は本居宣長から平田篤胤に連なる国学自体は「支那崇拝」の荻生徂徠らの古学派よりも高く評価した。しかし、欧米崇拝の見られる井上哲次郎の日本思想史研究には批判的で、学術的に唯一例外として評価できる研究は村岡典嗣『本居宣長』だと述べているところに大川の学問的「日本主義」の独自の立場が表われている(『日本的言行』全集第一巻、三四五頁)。
(40)『新亜細亜小論』全集第二巻、九一八頁。
(41)『亜細亜建設者』全集第二巻、二五三頁。
(42)『新東洋精神』全集第二巻、九七八頁。
(43) 丸山眞男『忠誠と反逆――転形期日本の精神史的位相』ちくま学芸文庫、三四七―三四八頁。もちろん、大川は「『亜細亜は一つ』とは、偉大なる先覚者岡倉天心の三十年前の提唱であり、大東亜戦争の進行と共に、新たな感激を以て再認識せられつつある言葉であります。然るに日本の学者の中には、東洋または東洋精神の存在を否定するものがあります」(『新東洋精神』全集第二巻、九五一頁)と述べていることも事実であるが、「祭壇に祀り上げた」かどうかは議論の余地があろう。
(44) 竹内「アジア研究」一九五頁。
(45) 加藤周一『日本文学史序説』上巻、筑摩書房、一九七五年、二四頁。
(46) 丸山眞男『忠誠と反逆――転形期日本の精神史的位相』四〇二頁。
(47) 井筒俊彦『意識と本質』四一四―四一五頁。
(48)『安楽の門』全集第一巻、八七二頁。

あとがき

大川周明との出会いはいつだったかを考えてみた。名前を聞いたのは随分前のことである。東京裁判で東條英機の頭を叩いた人物がいたことは子供の頃から知っていたように思う。もちろん、それ以上ではなかった。北一輝を尊敬している友人がいた。中学校の頃からか、彼の家に遊びに行くと、何かにつけて北一輝の『日本改造法案大綱』について熱弁をふるっていた。著作集もその時に見せてもらった気がする。私自身は当時、父への反発からあらゆる軍国主義的なるものを生理的に嫌悪し、かつ拒否していた。陸軍軍医学校出身で速成の薬剤官将校であった父は何かにつけて、任地であった台湾でのウライ製薬工場長時代の思い出話を語っていたからだった。北一輝も遠ざけていた。おかしなパフォーマンスの大川周明の場合はなおさらであった。毛嫌いといってよかったかもしれない。

竹内好も一九四〇年四月に回教圏研究所に入るまでは、大川周明を右翼陣営の重鎮ということで毛嫌いしていたという。大川が世間的に有名になればなるほど彼の著作を読む気をなくしたと講演記録「大川周明のアジア研究」で述べている。竹内はさらに「むかしは私も人なみに、頭山満や徳富蘇峰が毛ぎらいの筆頭格だった時期がある。しかし、毛ぎらいはよくない、と反省した。頭山満を理解しなくては日本思想史は語れない、と考えるようになった」(「頭山満著『幕末三舟伝』」『竹内好全集』第一二巻、一九八一年、四〇四頁)とも書いている。その後、竹内はアジア主義や「近代の超克」について名論文を書くことになる。竹内は回教圏研究所でイスラーム研究に携わるようになって毛嫌いしていた大川周明を読み始め、思想的に論理の骨組みが太く、心の琴線にふれる大川を「発見」した。私のようなものが竹内を引き合いに出すのははなはだ不相応でおこがましいが、毛嫌いはよくない、という竹内の反省は私にも当てはまる。おかげで大川周明を理解しなくては戦前・戦時期日本のイスラーム研究は語れないと考えるようになった。本書は、「魔王」北一輝が大川を称して呼んだという「須佐之男《スサノオ》」大川周明をめぐる竹内好との知的格闘でもあった。あるいは竹内の問いにあまりにも圧倒されすぎたかもしれない。しかし、彼こそが大川の仕事に最初に真摯に向き合った知識人だと確信するようになったが故に、竹内の問いには答えなければならないと思ったのである。

ただ、ファシズム、ナチズム、あるいは超国家主義運動の文脈で北一輝や大川周明に知的な関心を持ち始めた端緒は大学時代であったことは間違いない。というのも、当時、国際政治史の木畑洋一氏の世界史ゼミに参加していて、そのときのゼミのテーマが一九三〇年代論だったからである。私の卒論のテーマでもあったが、当時のパレスチナ人指導者ハーッジ・アミーン・アル・フサイニーのジハード論的扇動による政治指導のあり方は「ファシズム」的なのかといった問題関心をもつことになった。ハーッジ・アミーンは第二次世界大戦中、「敵の敵は味方」の論理でナチス・ドイツと手を組み、ユダヤ人からは「悪魔」であるかのように呼ばれていた人物である。

その後もパレスチナ解放運動への支援に多少なりともかかわりつつ、自分の中で整理しなければならないと思ったのが、戦後まで続く「アジア主義者」たちの第三世界の民族解放運動との連帯をどのように評価するかという問題であった。とりわけ、戦後日本において日本アラブ協会会長としてパレスチナ解放を支援した重鎮が中谷武世であった。彼は故アラファートPLO議長とも会っている。『昭和動乱期の回想――民族への自叙「民族運動六十年史」中谷武世回顧録　昭和維新の源流「猶存社」北一輝・大川周明とその同志達』（泰流社、一九八九年）によると、東京帝大時代、大川の講演を機に彼らが組織した学生団体「日の会」に入会し、その後、大川、満川亀太郎、安岡正篤らと共に行地社にも参加している。

日本ではアジア主義が「右翼運動」あるいは「超国家主義」と結びついてしまった過去があったために、戦前のアジア主義とは切れた形で、戦後の民族解放運動との連帯はＡＡＬＡ（アジア・アフリカ・ラテンアメリカ）連帯運動の一環として組織された。敗戦後いち早く『パレスチナ物語』（一九五〇年）を著した、岡倉天心の孫である岡倉古志郎がその代表といえるだろう。その後一九七〇年代に新左翼の日本赤軍が、パレスチナ解放運動の中のＰＦＬＰ（パレスチナ解放人民戦線）と共闘して、レバノンを中心に武力闘争に参加した歴史をどのように評価するのかも、戦後のアジア主義の文脈で残された課題である。アジア主義と第三世界の民族解放運動というテーマはずっと突きつけられていたのであるが、私自身は戦前と戦後の連続性の観点で正面からなかなか取り組むきっかけがなかった。この問題は、大川や竹内が指摘するように、右翼・左翼といった政治勢力が形成される以前の明治以来の近代日本が抱え込んだ「二重構造」に由来する根深い問題でもあり、戦後まで尾を引いている。

他方、「イスラームの二つの顔」を援用しつつ本書で要としている井筒俊彦の著作を一九七〇年代後半の学生時代に読んだ時の衝撃は忘れられない。新プラトン主義的な「流出論」の議論に魅惑されたのである。森安達也氏の古典ギリシア語の授業に出ていたこともあって、恥ずかしながら、読後の感銘が冷めやらぬまま、プロティノスのギリシア語原典の全集を北沢書店で買ったのを覚えている。もちろん、現在に至るまでプロティノス全集はほこりをかぶったままである。当時、大川と井筒が結びつくとは考えてもみなかった。

イスラーム研究者としての大川周明に本格的に関心を持ち始めたのは、私が一九九五年に大阪の国立民族学博物館に付設された地域研究企画交流センター（地域研）に赴任してからで、地域研での共同研究会を通じてだった。もちろん、それ以前から板垣雄三氏（東京大学名誉教授）の薫陶もあって戦前・戦時期のイスラーム研究についてそれなりの関心を抱いてはいたし、佐賀大学時代（一九八八―九五年）にも講義でしゃべったりしていた。ただ、そのような関心のあり方が大川のイスラーム研究に取り組むこととはなかなか結びつかなかった。しかし、二〇〇一年三月一五日の共同研究会で大塚健洋氏をお迎えして「大川周明とアジア」についてご報告をいただき、コメンテーターは滝沢誠氏と佐藤昇一氏にお願いして研究会を開催したことが、大川のイスラーム研究を考え直す直接的な契機となった。当時、一緒に共同研究会を主宰していた故・大塚和夫氏の提案がなければ実現しなかった研究会であった。さらに二〇〇五年二月二八日に旧東京都立大学において開催したワークショップ「大川周明のアジア主義と今日のイスラーム研究」において板垣雄三氏、大塚健洋氏、松本健一氏が話をして下さり、この時も故・大塚氏の尽力があってのことであった。そのような中で拙論「戦時下回教研究の遺産――戦後日本のイスラーム地域研究のプロトタイプとして」（『思想』第九四一号、二〇〇二年、『イスラームはなぜ敵とされたのか――憎悪の系譜学』青土社、二〇〇九年、に若干の改訂を加えて再録）や回教圏研究所についての論文を執筆することになり、戦時期イスラーム研究についても、現代中東研究とともに「二足のわらじ」をはくことになってしまった。

率直なところ、漢籍は言うまでもなく欧米文献にも造詣の深い大川の文章に、私のようなまったく素養のない素人は最初戸惑ったこともたしかである。ただ、偏見を排して大川の作品を読み、その流麗な文体に慣れるにつれて実に論理的な（時として杓子定規の）文章を書く人物だと思うようになった。もちろん、講演が活字になった書籍も多いので同じ内容が繰り返されており、その繰り返しが大川のいいたいことだということも理解の助けになった。竹内好が大川に関して次のような疑問を投げかけている。「私はかねて、大川のような合理主義者がどうして日本主義――かれ自身は日本精神と申します――のとりこになったのか疑問でならなかったし、いまでも疑問がなくなったわけではないが、この宋学的認識論と秩序尊重とを援用すれば、あるいは解釈できるのではないかと思います」（「大川周明のアジア研究」『竹内好全集』第八巻、一九八〇年、一九〇頁）。この一節を読んだとき改めて、なるほど、まったくそのとおりだ、と思った。ベストセラーになった『日本二千六百年史』や大東亜戦争直前に出版された『亜細亜建設者』などを読んでもたしかに狂信的な部分はまったく感じられなかったが、「〜ねばならぬ」的な日本精神の道義的使命観があまりにも前面に出すぎていた。だからこそ、大川の文章はつまらないという評価があるのかもしれないし、竹内好も橋川文三も大川には神秘的なところはないと断言するわけである。

ただ、大川のイスラームあるいは預言者ムハンマドへの尋常ならぬ関心という観点に立ったとき、やはり彼が戦後、狂気を境にして再度コーラン翻訳に心血を注いだ動機と翻訳作業を行ったエネルギーがいったいどこから出てきたかわからないという疑問が残った。その上、竹内が『回教概論』は純粋の学術論文で日本帝国主義のアジア侵略とは何の関係もないと明言したのである。これが私の出発点としてあった。

この疑問に答えられたかどうかはわからないが、やはり一番の大きな問題は大川のイスラーム認識のどの側面をどのように理解するかということが、彼のイスラーム論を考える焦点なのかもしれないと思うようになり、最初期の論文「神秘的マホメット教」のスーフィズムへの関心と『回教概論』でのスーフィズムの章の欠落が大きなテーマとして迫ってきたのである。大学を卒業する頃、三木亘氏からデイル・アイケルマン『中東――人類学的考察』を読むように勧められ悪戦苦闘しつつ書評会で報告したことがあった。後に故・大塚氏がこの本を翻訳することになるが（岩波書店、一九八八年）、おそらくこの書評体験と三木氏のコメントがなければ『回教概論』を読んで違和感を持たなかったかもしれない。包括的な文明体系としてのイスラームを前面に押し出す私の「オリエンタリズム」的な理解に対して三木氏から厳しい批判があったからである。

本書の書き下ろしと既出論文の書き直し・書き足しの部分に関しては、そのほとんどの作業を在外研究先であるベイルートで行った。岐阜県ほどの広さの小さな国レバノンにおいては、イスラームといっても少なくともスンナ派、シーア派、そしてドルーズ派が社会的にも、政治的にも重要な位置を占めている。アラビア語で「ターイフィーヤ」と呼ばれる宗教・宗派体制があるから大統領・首相・国会議長、閣僚、そして議会には宗教・宗派ごとに「指定席」がある。キリスト教徒のマロン派、ギリシア正教、ギリシア・カトリック、アルメニア正教などもそうである。そしてそのような宗派体制から排除されて無権利状態のままのパレスチナ難民も存在する。大川は現実のイスラーム世界の現場を経験していなかった。そもそも大川は、その思想的体質といってもいい、理念から現実を観る傾向がとりわけ顕著であったが故に、彼にとって研究の対象としての「現場」はさほど大きな意味はもたなかったかもしれない。

ただ、大川にとってレバノンはその「東西対抗史観」の出発点である。「……フェニキアは決して純乎たる亜細亜《アジア》的国家に非ず、また其の文化は亜細亜的特色を具へたるものでなかつた。……さり乍《なが》ら〔ギリシアとの〕此の角逐も、フェニキアが自国文明並にエジプト・バビロニアの古文明をギリシアに伝へ、その影響と刺激とによつて、強国ギリシアを出現せしめたることに於て、疑ひもなく世界史的意義を有して居る」（『大川周明全集』第二巻、八一三頁）と『亜細亜・欧羅巴・日本』において述べている。大川の「近代の超克」とは何だったのかを、彼が「非亜細亜国家」だと規定し、古代フェニキア人の末裔（だと信じる人もいる）の国レバノンで改めて思っている。

今、大川の盟友であった満川亀太郎の「ユダヤ禍」批判論やシオニズム論を含む議論をもう少し勉強してみたいと思っている。小国レバノンの南に位置する「軍事大国」イスラエルの現状を考えると、二〇年近くイスラエル研究に携わってきた者としてはやはり気になるからである。大川と満川の二人を合わせてアジア主義を再考するという課題であるが、これについては他日に期したい。

ところで、「大川周明とイスラム」（http://wakame.econ.hit-u.ac.jp/~areastd/okawa/）というウェッブサイトがあることをここでご紹介しておきたい。一橋大学の加藤博氏の主宰するニーズ対応型地域研究推進事業「アジアの中の中東：経済と法を中心に」のホームページ内に立ち上げた。本書でも多く引用した大川の初期の論文や東亜経済調査局付属研究所（通称・大川塾）に関する資料もＰＤＦファイルで利用できる。なぜこのようなサイトが立ち上げられたかは同サイト上の加藤氏の「『大川周明とイスラム』立ち上げまでの経緯」を是非ご覧になっていただきたい。また、大川塾二期生の山本哲朗氏と面識ができたこともこの本をできるだけ早く出版しなければならないという追い風になった。ご高齢でありながらいまだ矍鑠《かくしゃく》としており、大川的な詩情を彷彿させる『コーランの世界』という素晴らしい書物まで出版された。大川塾の資料も山本氏の編纂によるものである。

本書が生まれるまでにはいろいろな方々のお世話になった。まず、大川家当主の大川賢明氏および大川周明博士顕彰会、そして酒田市立図書館光丘文庫の関係者の皆様に感謝申し上げたい。前述のとおり大川周明研究の先達者である松本健一氏および大塚健洋氏のお仕事からは多くを学んだ。戦時期イスラーム研究へのきっかけを作って下さった板垣雄三氏、病中でありながらお葉書の短いコメントの中で大川の植民史研究の重要性をご教示下さった中岡三益氏、前任地の地域研センター長であった松原正毅氏・押川文子氏、さらに、竹内好のイスラーム論や本書の中心的論文である大川のイスラーム研究を『季刊日本思想史』等に執筆する機会を与えて下さった磯前順一氏、林淳氏、島薗進氏、安丸良夫氏、喜安朗氏の諸氏、これまで拙著への技術的な誤りを含めていつも厳しいコメントを頂戴している杉田英明氏、「アジア主義研究会」で報告の機会を作って下さった武者小路公秀氏および早尾貴紀氏、そして孫歌氏、西谷修氏、丸川哲史氏、米谷匡史氏、鈴木規夫氏などコメント等を下さった出席者の皆さん、そして一人ひとりお名前を挙げることはできないが後記の臼杵科研の分担者・協力者の方々、在外研究の機会を与えて下さった日本女子大学文学部史学科の同僚の方々、また臼杵研究室アシスタントの皆様にも心からお礼を申し上げる次第である。新たなクルアーン論を出版された小杉泰氏、「神秘的マホメット教」に関して貴重なご教示をいただいた東長靖氏、何かにつけご相談に乗っていただいた長澤栄治氏・美沙子氏には公私ともどもご迷惑をおかけした。そして、ベイルートでもさまざまな人びとに助けられたが、とりわけ東京外国語大学アジア・アフリカ言語文化研究所・中東研究日本センター（ＪａＣＭＥＳ）所長の黒木英充氏には一方ならぬお世話になった。とりわけ、黒木氏は二〇〇八年二月二二日にベイルートで「第二次世界大戦期における日本のイスラーム研究」と題する講演を行なう機会を与えて下さった。その際、臨席して下さったレバノンのムスリム指導者の方々も大川のイスラーム研究に非常に強い関心を示されたことを付け加えておきたい。

最後に、本書の出版にまでこぎつけることができたのも、前著『イスラームはなぜ敵とされたのか――憎悪の系譜学』と同様、青土社編集者の渡辺和貴氏のご尽力のおかげである。本書も渡辺氏からの提案がなければこのようなかたちで日の目をみることもなかった。今、大川周明のイスラーム研究を語ることの意味はいったい何なのかをともに考えた記録でもある。記して感謝申し上げる次第である。

なお、本書は科学研究費基盤研究（B）「第二次世界大戦期の日本及び枢軸国の対中東・イスラーム政策の比較研究」（研究代表　臼杵陽、課題番号20320095）の研究成果の一部である。

事項索引

さ行

た行

な行

は行

ま行

や・ら・わ行

人名索引

ま行

や・ら行

初出一覧（本書収録にあたり、加筆修正をほどこした）

序章　書き下ろし

第一章「日本のインテリジェンスの盲点：イスラーム」『学際』一九号、二〇〇六年

第二章　書き下ろし

第三章「大川周明のイスラム研究――日本的オリエンタリストのまなざし」『季刊日本思想史』第七十二号、二〇〇八年

第四章「大川周明のシオニズム論――道会雑誌『道』と『復興亜細亜の諸問題』初版本のテクスト比較」『日本女子大学大学院文学研究科紀要』第一五号、二〇〇八年

第五章「東京からバグダードへ――大川周明の東京裁判とフセインのイラク高等法廷」『現代思想』第三五巻第一〇号、二〇〇七年

終章　書き下ろし

臼杵 陽（うすき・あきら）

一九五六年生まれ。東京大学大学院国際関係論博士課程単位取得退学。佐賀大学、国立民族学博物館などを経て、現在、日本女子大学文学部史学科教授。京都大学博士。専攻は中東地域研究。著書に『見えざるユダヤ人――イスラエルの〈東洋〉』（平凡社）、『中東和平への道』（山川出版社）、『イスラムの近代を読みなおす』（毎日新聞社）、『原理主義』『世界化するパレスチナ／イスラエル紛争』『イスラエル』（以上、岩波書店）、『イスラームはなぜ敵とされたのか――憎悪の系譜学』（青土社）ほか多数。

大川周明　イスラームと天皇のはざまで

二〇一〇年 八 月三〇日　第一刷発行
二〇一〇年一一月 八 日　第二刷発行

著者　臼杵陽

発行者　清水一人
発行所　青土社
東京都千代田区神田神保町一―二九　市瀬ビル　〒一〇一―〇〇五一
電話　〇三―三二九一―九八三一（編集）　〇三―三二九四―七八二九（営業）
振替　〇〇一九〇―七―一九二九五五

印刷所　ディグ（本文）
方英社（カバー・表紙・扉）
製本所　小泉製本

装幀　菊地信義

ISBN978-4-7917-6556-0